日本女事记

6位文化奇女的人生

唐辛子 著

上海三联书店

自 序

当我动手给这本新书写序的时候，其实还并不知道该如何给这本书决定一个书名。但在十年前，这本书曾经叫《日本女人的爱情武士道》。

是的，这本书是《日本女人的爱情武士道》的改版。注意：是改版，不是再版。因为这次在原有的基础上，不仅进行了大幅度的修改与增删，还追加了一位新人物——日本著名女教育家津田梅子。加上作家宇野千代、濑户内寂听，诗人柳原白莲、与谢野晶子，以及歌手加藤登纪子，这一次的新版，一共介绍了六名卓越的日本女性和她们的人生，以及她们对待生活、对待情感的态度。

这六名日本女性，都是近代日本乃至现代日本中出类拔萃的女人，她们的人生传奇和情感经历，虽然各自不同，且都并不具备广泛性，但是，从她们对待人生与爱情的态度中，依旧可以寻找到相同的品质。例如：勇气与尊重。

这世间所有的人生传奇或爱情传奇，都是基于勇气而完成的，并因尊重而向往，因向往而被赋予美感。所以，人们敬重津田梅子，感恩她在日本还男尊女卑的时代，便有勇气放弃高收入，独立创业，并将一生都奉献给女性教育事业；赞美诗人柳原白莲宁可放弃地位与财产，也要为爱私奔。当然，还有用一支笔为爱人写下了无数炽热诗句的"情热女诗人"与谢野晶子；为爱而不惜与学生领袖藤本敏夫狱中结婚的歌手加藤登纪子，终其一身都在追求"恋爱与革命"；无拘无束，无遮无挡，放浪一生爱自由的尼僧作家濑户内寂听；以及为爱而生，并在恋爱与失爱之间不断破茧而出、实现自我完成的作家宇野千代。

这当中，我个人尤其欣赏作家宇野千代对于爱情的态度。

宇野千代39岁那年，爱上比自己年轻十岁的年轻记者北原武夫，彼时的千代，作为日本家喻户晓的女作家，已经三次结婚又三次离婚。但情感与婚姻的挫折，并没有令千代丧失爱的勇气。尽管所有人都不看好这段姐弟之恋，但42岁那年，千代依旧在没有祝福的掌声中，穿上婚纱，与32岁的北原举办了一场盛大婚礼。又在67岁那年，结束与北原长达25年的婚姻，安静地目送57岁的北原离开自己，去到另一位女人身边，并在日记里写下这样的句子：

"我们极其自然地分开了，就像秋天到了，树叶从枝头飘落那样地自然。即使有些许的苦恼，但那也只是类似于树叶离开枝头时，一瞬间的微痛而已。"

不埋怨、不挽留，甚至不愤怒。仅仅只是在树叶飘离枝头的瞬间微痛中，与曾经相依相伴的人告别。如此顺其自然，既要勇气，更要尊重。对此，千代说过一句名言："对于离去的男人，我从不追赶和挽留，也不计较或拷问男人的负心。这是我的恋爱武士道。"

当然，本书的目的，并非为了赞美某种武士道，也并非为了赞美日本女性，更不是为了要给女性读者树立某种人生楷模。因为无关国籍，每个人，都是不同的个体，每个人，都是独一无二的自己。本书仅仅只是想讲述六位日本女性的故事，想告知世人她们如何鼓起勇气，从曲折的情感经历中，逐步完成情感的独立，并最终成就具备有独立人格的一生。

就像本书中的日本女诗人与谢野晶子所说的那样：

"我认为，作为人，不管是男是女，作为理想，必须经历并完成四个独立，才能形成完整的人格。这四个独立就是：思想的独立、感情的独立、创作的独立、经济的独立。有了这四个独立做前提，才真正完成作为人的独立。"

如何把握有限的时间，在我们各自不同的人生道路上，在生活的修罗场中，走出情感的泥沼、人生的困惑，让自己成为经济、思想、精神都具备真正独立意义的女人？若这本书里所讲述的故事，可以提供给读者，特别是女性读者们某些参考甚或启迪，那将是本书存在的最大意义。

2023 年 3 月 1 日　于日本京都

目 录

柳原白莲记

孟子曰："仁，人心也；义，人路也。舍其路而弗由，放其心而不知求，哀哉！"意思是说：所谓"仁"，就是人的心，而"义"则是人的路。放弃正路不走，丧失良心而不懂得寻找，好可悲呀！

这是中国人的老祖宗对于"义"的诠释。日本人将中国的"义"学了过去，运用在武士道精神之中，并复加上他们自己的认识在里面。日本的著名海防思想家林子平武士这样解释武士道中的"义"，说："义，乃是一种毫不犹豫地据理而为的决断力，当死即死，该击则击。"

换句话来说：日本武士道中的所谓"义"，就是一旦自己认准了的事，就得有背水一战的决心和破釜沉舟的行动力。俗话说"义勇双全"，"义"与"勇"如同一对形影不离的孪生兄弟，缺一不可。

柳原白莲似乎正是这么一位"义勇双全"的奇女子。

一

柳原白莲的本名叫柳原烨子，"白莲"是她写和歌短诗时使用的笔名。柳原白莲在日本近代史上被称为"大正三美人"之一（"大正"是介于明治时期与昭和时期的日本年号。1912—1926年为大正时期），不仅容貌超凡，还才华出众，是日本近代史上有名的和歌女诗人。

白莲出生于1885年日本明治年间，父亲柳原前光是天皇的朝臣，日本明治天皇即位之后，对贵族们实行"爵位制度"，白莲的父亲便成了柳原前光伯爵。白莲的生母出身于没落的士族之家，因为家道贫寒被送去做了艺伎，后来被柳原前光伯爵看中，娶回家做了小妾。白莲便是前光伯爵与这位曾经做过艺伎的小妾所生的女儿。

按照日本贵族的习惯，不管是哪个小妾生的孩子，在生下来之后就会马上被抱走，孩子的一切监护抚养权归正室所有，即使是小妾所生，孩子也被视作正室的骨肉养大成人。因此，白莲在出生之后便与生母分离，一直生活在父亲前光伯爵的正房夫人初子的身边，唤初子为"母亲"，根本不知道自己的生母其实另有其人。从白莲的这段身世来看，其生母似乎只是一个代孕的工具，虽然为身份高贵的丈夫生下了孩子，却永生不得相见。这不禁令人心生悲悯。

白莲到上学年龄时，也和其他贵族家的千金一样，被送到贵族女子学校去学习。日本贵族女子学校成立于1885年，当时由明治皇后美子和负责日本皇宫事务的宫内厅直接管理，直到1906年才与贵族公子们上学专用的"贵族学校"合并在一起，成为现在的

"学习院"。日本的皇室成员和贵族后代，几乎都是从这所"学习院"毕业出来的，例如昭和时代的天皇裕仁、平成时代的天皇明仁，以及令和时代的天皇德仁和德仁的独生爱女爱子公主等，学生时代都就读于"学习院"。

明治天皇的皇后美子，是个十分重视女子教育的人，不仅要求从贵族到平民，所有的日本女子都必须上学，还提倡"女德"教育，要求日本女子们即使没有先天的"容姿端丽"，也必须具备后天的"贤妻良母"品德。对平民女子要求是如此，对贵族千金就更严格有加。在由美子皇后直接负责管理的"贵族女子学校"里，开设有修身、文学、欧语学（为未来培养外交官夫人做准备）、代数、几何、历史、生理（含解剖学与养生）、动物、植物、教育（含心理学）、家政（含理财学）、裁缝、礼仪、图画、音乐、体操等共计16门课程。这16门课程又各有不同的讲究和细则。例如：礼仪课上学习"筷子使用法"，要求用餐时筷尖接触米饭和菜肴的部分，只允许在3.03厘米的范围内，超出这个范围，便被视为不雅和失礼行为。

白莲便在这种要求严格的贵族教育中长大。当时的日本女人，无论接受多么高等的教育，等待她们的出路都只有一条：结婚。所有的知识、礼仪、技能学习以及"女德"教育，都是为了婚后成为"贤妻良母"而做准备的。

因此，白莲15岁那年，贵族女子学校还没毕业，便在家人的安排下，与子爵北小路家的公子资武结了婚。子爵北小路家是白莲家的远亲，白莲10岁时曾经在北小路家寄养过，那时候两家便为白莲和资武定下了这门娃娃亲。北小路家虽然有子爵的贵族头衔，但没有担任任何公职，因此，家庭生活虽然保持着贵族的格调，而

女诗人柳原白莲

经济上却十分拮据。北小路子爵幼年曾经深得孝明天皇的宠爱，是位气质高雅、容貌出众的美男子，而北小路子爵夫人则是拥有与诸侯同等权势的四国白鸟神社的女儿，是位国学造诣极深的人。白莲后来成为著名的和歌诗人，与北小路子爵夫人曾经手把手的指导是分不开的。

　　而成为白莲丈夫的贵公子资武，则是北小路子爵与女侍从所生的孩子，有点儿天生弱智，资质十分愚笨，在贵族学校学习时，常常考试不及格。嫁给这种毫无作为的男人，自然让聪慧过人而又容貌出众的白莲内心无比郁闷，连新婚之夜也不愿意与资武同房。资武看到白莲如此心高气傲，便对白莲用强，还同时奚落她说："你只不过是小妾生的女人……"白莲因此终于得知了自己的身世，这令一直自视清高的她，受到了很大的打击。

白莲与资武婚后第二年产下一子。日本贵族的孩子，出生之后都由乳母带养，与亲生父母之间虽有血缘，但亲情却都很淡。生活在贵族家庭里的白莲自然也不例外。所以虽然有了孩子，仍然无法令白莲对夫家产生一丝一毫眷恋。婚后第六年，因为再难忍受丈夫资武的愚钝和变态性爱，白莲从夫家出奔回了娘家，就此结束了与资武的婚姻关系。

离婚后住回娘家的白莲，不久便进了东洋英和女学校学习，东洋英和女学校现名"东洋英和女学院大学"，是一所由加拿大循道卫理教会筹建的教会学校。重新过回学生生活的白莲，不仅在教会学校学习西方文化，还加入了由日本著名诗人、国文学者佐佐木信纲主持的"竹柏园歌会"，开始日本和歌创作。

从东洋英和女学校毕业之后，家里人便张罗着为白莲物色再婚的对象，适逢日本九州的煤炭大王伊藤传右卫门因原配妻子去世，要寻一名正室填房，于是来上门提亲，并带来二万日元的聘礼。当时一名贵族参议员的年俸为三千日元，而现在一名日本国会议员的年俸大约是三千万日元，由此换算过来，当时的二万日元，相当于现在的二亿日元了——这可不是个小数目！

传右卫门是出生在日本九州的平民，小时候家境贫寒，跟着父亲一起靠贩鱼为生。在 1850 年世界爆发能源革命之前，煤炭是继木炭之后的主要能源。明治维新之后的日本，从西方引进先进的工业技术后，开始进入产业革命时期，为了保证产业改革的能源供给，1872 年明治政府公布矿山开放令，于是从政府到民间很快掀起一股煤炭开采的热潮，传右卫门的父亲传六，便是卷入这股"煤炭开采热"中的一位。

传六从贩鱼买卖转行进行煤矿开发之后，很快步入轨道，生活开始变得安定富裕起来。传右卫门虽然因幼年家里穷，没有好好上学读过书，除了假名之外，汉字不认识几个，但却是一位很有实干精神的实业家。父亲传六打下根基的煤矿产业，传到传右卫门手中之后，业绩越做越大，也是老天眷顾，传右卫门掌管的"伊藤矿业"，开采到极其优质丰富的矿源，没几年工夫，便聚集了巨万财富，显赫一方。难能可贵的是，传右卫门在身家暴发起来之后，并没有忘记要回报社会，不仅设立法人社团的育英会，无私提供奖学金给学习优异的寒家子弟，还斥资创办女子学校。

白莲所处的那个时代，虽然日本已经经历了明治维新，但"自由恋爱"依旧只是个美丽的传说，男女婚事都缘于媒妁之言。白莲的哥哥义光，当时正竞选贵族院（即现在的日本参议院）议员，急需一笔竞选资金，于是好说歹说做白莲的工作，希望她为了柳原家的前途答应了这门婚事。

1911年，26岁的白莲下嫁51岁的煤炭大王伊藤传右卫门。婚礼豪华隆重，轰动一时，通过新闻报道，全日本都知道了一个天大的事实：平民出身的煤炭大王传右卫门，花二万日元的高价，"买"到了三大美人之一的贵族千金柳原烨子（即白莲）。

二

九州是位于日本西南部的一个岛，距离日本的经济文化中心东京有近千公里。离开熟悉的东京远嫁陌生的九州，白莲的内心有一种"昭君出塞"般的悲壮感，面对一句也听不懂的九州方言和传右卫门家极其复杂的人脉关系，白莲畏惧、胆怯、孤独而无力。在九州的新婚庆宴上，来宾们都对盛名远播的白莲充满好奇，大家都想争相一睹当代美人的绝世风采。传右卫门虽然聚集了巨万财富，却仍是粗人一个，看到众人艳羡的眼神内心十分得意，在婚宴上便毫不客气地朝白莲努努嘴，命令道："喂，你站起来，给他们瞧瞧！"

白莲顺从地站了起来，但内心却十分难受，感觉自己就像一件商品，被传右卫门"买"下，并四处炫耀。这种"炫耀"令她充满耻辱感。她不知道未来等待她的是什么，只能在心里自己对自己鼓气，并自我安慰地想：即使在最深刻的不幸之中，也一定能寻找到幸福的种子。在这个人多混杂的家庭中，只要努力，也一定可以寻找到自己的爱之所在吧。

一开始，白莲知道传右卫门花钱办了女子学校，还曾经幻想能去这所学校办教育，这样即使在婚姻中找不到爱，但自己投身于教育，也能在事业中寻找到意义与乐趣。可是婚后白莲才知道，传右卫门并不是"投资"，而是全额捐款建了一所女学校。因为捐款，并不掌握学校的管理权和经营权。白莲婚后的第一个幻想就此破灭，在说不出的失望之中，转而改变方向，强迫自己拿出女主人的气势，要对这个毫无生活品质可言的暴发户家庭进行"新改造"。

传右卫门没有儿子，只有一个由小妾所生的女儿静子，以及从自己妹妹那儿过继来的两个养子，分别唤作金次与八郎。白莲的"新家庭改造"，便从这几个孩子的礼节礼仪入手。她拿出贵族的规矩来，要求孩子们必须使用敬语请安，体态要矜持端正，不可奔跑、不可在偌大的院子里与女佣们玩到满身是泥、汗流浃背，更不可喜怒形于色——这些规矩对于从小野惯了的几个孩子来说，是件十分痛苦的事。但白莲是家中女主人，是他们的"新妈妈"，所以，几个孩子虽然心里极其不情愿，嘴上却不敢违抗什么。

接下来白莲开始进行"饮食结构改革"：出现在传右卫门家早餐桌上的，不再是传统的日式酱汤和米饭，而是涂上了黄油的烤面包和牛肉。白莲对孩子们说：你们要多吃肉，多吃面包，面包加牛肉比米饭加鱼更营养，所以西方人会长得那么强壮。……传右卫门并不讨厌白莲的这些"家庭改革"，尽管他在跟随白莲一起去听西方交响音乐时，会因为无聊而边听边嘎嘣嘎嘣地大嚼煎饼，但对于可以"强身健体"的西餐却大感兴趣，不仅大口吃肉，还大口嚼面包，令全家上下惊奇不已。

白莲所行使的女主人权利和"新家庭改造"，引起了一个人的不满。这个人便是女佣头目阿崎。阿崎四十来岁，长得白白胖胖的，曾是传右卫门已过世的前妻春子的贴身女佣。传右卫门热爱女色，暴发起来之后愈加寻欢作乐，不仅包养艺伎，就连阿崎这样的女佣人，也一样毫无顾忌地拉上床。在白莲嫁入门之前，阿崎一直在这个家中行使着女主人一般的权利，就连家中几个孩子的零用钱，都是每月从阿崎手中领取的。

阿崎在白莲面前尊称白莲为"夫人"，背后提及白莲时却很轻蔑地称"那个女人"，白莲贵为伯爵家的千金，可是阿崎对手下的女佣们说，"什么贵族千金，只不过是艺伎的女儿，小妾生下的种……"更过分的是：每次传右卫门沐浴，阿崎都会理所当然地服侍左右，跳进浴池里为传右卫门搓背、跪在地上用毛巾给全身赤裸的传右卫门擦去身上的水迹……阿崎对自己时刻流露出来的不屑和不自觉流露出来的女主人姿态，都令白莲的心情十分不悦，但从小接受的贵族教养，又令白莲无从发作，结果只能一个人憋在心里闷闷不乐。

终于有一天早餐时，发生了这么一件事。

在九州的"福冈新闻"上，有一个栏目叫《名流夫人列传》。那一天这个栏目隆重地介绍了白莲，跟专题采访文章一起上报的，还有很大一幅白莲的近照。看到报纸上对自己的介绍，白莲自然很高兴，就连传右卫门，虽然看不太懂文章内容，但看到美貌妻子的照片，那么大幅地刊登在报纸上，心里也说不出的得意洋洋。

就在大家都兴高采烈的时候，白莲的贴身女佣铁青着脸跑了进来，对白莲说："不好了不好了，夫人，阿崎将有夫人头像的报纸扔在地上用脚踩，还吐口水，最后还将有夫人头像的那张报纸做柴火给烧掉了呢。"

白莲一听，不由胸口一闷，好不容易晴朗起来的心情一下子阴暗起来。碍于自己的身份与教养，白莲无法马上变脸发作，当下只能面不改色地继续用餐。待早餐完毕之后，白莲才装作若无其事的样子，将阿崎唤过来问话。

阿崎看着白莲，似笑非笑地回答说："噢哟！我怎么知道那报纸上有夫人的照片呢，报纸掉在地上，不小心被脚踩到了而已。我看那报纸被踩脏了，便当成柴火给烧了，有什么不对吗？每天生火做饭，要烧掉很多报纸呢，难不成烧掉之前我还得一张张报纸去检查，看是否有夫人的照片？"

白莲忍住内心不悦，婉言告知说，在她娘家，报纸烧掉之前，都会好好检查，万一报纸上有自己尊敬的长辈的名字、有天皇的照片，等等，那是不能随意烧掉的，这是一种尊重与教养。

"我可不懂这种教养，也不识字，谁知道那报纸上都登些什么，想烧就烧了呗！"阿崎毫不示弱地回嘴道，满脸都是胜利者的笑容。

从小养尊处优的白莲，哪里受得了这股怨气，何况对方还只是家中一个小小的女佣，居然敢对自己如此无礼！白莲再也忍不住心头的怒气上升，待要发作骂人，却发现自己接受的教养中，没有骂人的词汇，嘴巴张开来之后，搜肠刮肚老半天，却骂不出一个字，不由心中又怒又急，两行热泪无法控制地夺眶而出……

这是白莲有生以来第一次在大庭广众之下如此失态，被一个佣人当众羞辱落泪，情何以堪啊！想到自己一向自视高洁，如今却为了钱财下嫁粗人，就连家里的女佣也可以瞧不起自己，白莲越想越悲，越想越耻，越想越泪流不止，当下找到传右卫门，提出要辞退阿崎。

可是白莲的要求却遭到了传右卫门的拒绝，传右卫门说："这个家不能没有阿崎。"传右卫门认为这个家里错综复杂的人际关系，还有那些每天来家里要钱的、来闹事的，都只有阿崎能对付得了。而白莲虽然出身高贵，容貌秀美，但对传右卫门而言，却充其量不过是一只美丽的花瓶，如同女儿节的人偶，最多只能摆放在家里做个装饰品。

传右卫门不肯辞掉阿崎，令白莲感觉自己在这个家里颜面全无，于是低下头来对传右卫门请求说："既然不辞退阿崎，自己也没法在这个家里呆下去了，只能离婚。"传右卫门虽大字不识几个，却也极有个性，白莲提出要离婚回东京娘家去，他也不强留，当下沉默不语地打点了行装，两人一起乘上火车直奔东京。

到了东京之后，白莲的哥哥义光在听说白莲提出离婚一事之后，当着传右卫门的面便指责白莲的不是，并给传右卫门赔罪，说父母早逝，自己没有管教好这个妹妹，还请多多体谅宽容，云云。

哥哥义光的一番话，让白莲冷到了骨子里，眼见娘家是回不去了，哥嫂不会欢迎，百般无奈之中，只得跟随传右卫门重新返回了九州幸袋的家中，每天以泪洗面，闭门不出。在九州这片陌生的土地上，白莲身边连一个可以说贴心话的人都没有，唯有借助诗歌来消遣心中忧愁。想到自己的人生如此不幸，白莲赋诗这样表达内心的迷茫与悲伤：

似谁而鸣，啼啼有声；金丝小雀，黄金鸟笼。

前无行路，后无归途；此身何居，生否？死否？

白莲将自己比喻成一只被关在黄金笼子里的金丝鸟，看不到未来的希望，也找不到返回的路，自己的人生该如何安放？是继续这样活下去？还是一死了之的好？

三

就在白莲心中无比失望悲伤的时候，因为传右卫门的一场大病，两个人的关系突然有了转机。

传右卫门从东京返回九州之后，因为旅途劳顿，加上传右卫门一直有胃溃疡的老毛病，突然口吐鲜血，被紧急送到医院看急诊。曾经在贵族女子学校学习过生理养生学的白莲，在传右卫门住院期间，一直不眠不休地在传右卫门身边精心看护，令传右卫门大为感动，对白莲的态度也亲近起来，还主动对白莲说起自己的童年往事，结婚三四年，两人之间总算找到了一个可以交谈的话题。

为了回报白莲对自己的精心照顾，出院之后，传右卫门便将阿崎遣出了家门，在工厂的食堂里给阿崎安排了一个差事，甚至还突然改邪归正，不再外出寻花问柳，只专心致志将心思放在白莲一个人身上。如此以来，白莲又开始遭受到新的折磨：白莲与传右卫门本就是"金钱婚姻"，毫无感情可言，何况从年龄上来说，比白莲大二轮的传右卫门，完全可以做她的父亲，与传右卫门同床而眠，对于白莲来说实在是极为勉强的事。而偏偏年过五十的传右卫门，是个性欲超旺的男人，白莲经常在半夜熟睡之中，被传右卫门重重地压上来的身躯惊醒……甚至就连白莲来月经的日子，传右卫门也毫无怜香惜玉之心，只贪图自己的快感，日复一日，原本瘦弱的白莲变得憔悴不已。传右卫门眼看白莲无法满足自己旺盛的性欲，便提出另纳小妾，一到晚上，三个枕头并排放在一起，传右卫门在一旁搂着小妾寻欢作乐，这地狱般的场景令白莲生活在屈辱之中，感觉自己与娼妇毫无二异。

适时明治天皇驾崩，大正天皇即位，这位大正天皇的生母，叫柳原爱子，正是白莲父亲的亲妹妹，白莲的亲叔母。白莲不仅是伯爵千金，更是皇亲国戚，大正天皇如假包换的亲表妹，如此显赫的地位，不仅令传右卫门家族的人对白莲另眼相看，就连传右卫门也跟着心花怒放，得意洋洋。自己花去二万大洋，居然"买"回当今天皇的皇妹，这世上哪儿还能找出第二笔这样的好买卖？为了博得自己皇亲国戚美人妻的欢心，传右卫门斥巨资为白莲盖建纯赤金屋顶的宫殿般的庄园别墅，还不惜出大价钱为白莲出版了她的诗集处女作《踏绘》。

白莲的处女作诗集《踏绘》出版之后，受到许多读者的喜爱，每天都有不少粉丝给白莲写信，甚至还有年轻男子写来的求爱信，白莲的精神世界一下子变得丰满起来，在传右卫门斥巨资盖建的"赤金宫殿"里，白莲经常举办各种沙龙派对，招待社会名流与才子佳人。白莲的出众才华与旷世美貌，还有她显赫的出身以及"钱权联姻"的结婚故事，都是极其引诱大众胃口的上乘"八卦料理"，嗅觉灵敏的新闻记者自然不会错过。1918 年，在报纸《朝日新闻》上，开始出现名为《筑紫女王·烨子》的长篇连载。"筑紫"是白莲居住在九州的地区名，而"烨子"则是白莲的本名。《筑紫女王·烨子》开始连载之后，白莲越发大名远播，当时日俄战争正接近尾声，就连远在他乡的日本军人，在阅读到白莲的故事之后，都从炮火纷飞的战地给她写情书表白心声，说："伊藤烨子属于她不幸的婚姻，而柳原白莲却属于我的心。"

来自粉丝们一封封真情流露的书信，令白莲干涸的感情世界变得丰盈滋润，一种灵感和直觉在心里告诉她：有一个她一直等待的人，会在某个不期而遇的时刻，来敲响她的命运之门，引领她走出这座金色的牢笼，一起牵手奔向灵肉相依的美好世界。

而那个人，他真的出现了。

受 1917 年俄国社会主义革命的影响，1920 年 5 月 2 日，日本劳动者们第一次大规模集会，有一万多人聚集在东京上野公园，要求改善非人的劳动待遇，制定实施八小时劳动制、失业保障制度以及最低工资法制度。俄国十月革命的成功，令日本政府进一步加深了对工人运动的弹压，也令日本的社会主义信徒们心怀鼓舞，在明治政权对无产阶层的弹压政策之下，有一群心怀理想的勇士们，在竭力为普通劳动者们争取应有的权利而奔走呐喊。

宫崎龙介便是这样一位为普通劳动者呐喊奔走的年轻人。

宫崎龙介出生于 1892 年，毕业于东京帝国大学（即现在的东京大学）法律系，不仅是位社会活动家、还是一名优秀的新闻记者和律师。而宫崎龙介的父亲，则是被中国人尊为"国父"的孙文先生的亲密朋友宫崎滔天。

"宫崎滔天"这个名字，对于普通中国人而言无疑十分陌生，在此有必要好好介绍一下。

宫崎滔天本名宫崎寅藏，生于 1871 年，卒于 1922 年，是日本熊本县一个下级武士的八儿子，也是末子。宫崎一家八兄弟，出了好几位社会民权活动家：宫崎八郎、宫崎民藏、宫崎弥藏，加上宫崎寅藏（即宫崎滔天），一起被世人合称为"民权兄弟"。宫崎寅藏为人豪放侠义，喜好结交天下有识之士，自称"大陆浪人"，自号"白浪滔天"，于是，便有了"宫崎滔天"这个称呼。

1895 年，孙中山组织第一次广州起义失败之后流亡海外，并于 1897 年从英国来到日本。在日本的横滨，孙中山与宫崎滔天首次相遇，两个人在见面之前早已彼此慕名已久，因此一见如故，但碍于语言不通，只能使用笔谈形式交流。那一次两人的笔谈，整整写满十九页纸，这些初次见面的交流心得，后来被宫崎滔天写进著作《三十三年落花梦》里，获得极为广泛的影响，孙中山先生也因此书而为普通日本大众所知。

作为中国革命最大的支持者和理解者，宫崎滔天不仅在孙中山先生流亡日本时大力相助，而且还在日本筹资购械，接济当年的国民革命军，支持中国的辛亥革命。除了孙中山，革命先驱黄兴也是宫崎滔天的老朋友，黄兴逃亡日本时，也由宫崎滔天一手安顿照顾，黄兴曾为宫崎滔天题字"儒侠者流"以示敬仰感谢。1917 年黄兴去世，宫崎滔天为参加黄兴葬礼从日本远赴湖南长沙，当时，还是湖南省立第一师范学校学生的毛泽东，曾慕名赶到宫崎滔天居住的旅馆登门拜访，遗憾的是，两人擦肩而过未能谋面。毛泽东为此还特意在旅馆给宫崎滔天留下这样一封亲笔信：

> 白浪滔天先生阁下，久钦高谊，见面无缘，远道闻风，令人兴起。先生之于黄公，生以精神助之，死以涕泪吊之，今将葬矣，波涛万里，又复临穴送棺，高谊贯于日月，精诚动乎鬼神。此天下所希闻，古今所未有也。植蕃、泽东，湘之学生，尝读诗书，颇立志气。今者愿一望见丰采，聆取宏教。惟先生实赐容接，幸甚幸甚。湖南省会第一师范学生　萧植蕃　毛泽东上

所谓"虎父无犬子"，作为宫崎滔天的长子，宫崎龙介也传承了父亲开朗侠义的性情。从大学开始，就与志同道合的同学一起成立"新人会"，并创办《解放》杂志，声援工人运动。

四

1920年1月31日，下午的时钟敲响四下时，穿戴整齐正准备出门的白莲，突然想起一件事，对身边的女伴们说：

"糟了，差点忘记一件事，今天不能出门了。"

原来，白莲临出门前突然想起前几天收到一份名为《解放》杂志的编辑来信，说他们杂志想刊登白莲写的一个新戏曲，并希望能搬上舞台，因此期待能与作者见个面，商量一下相关事宜。并说编辑部会有人在31号傍晚从东京到达九州。

　　既然有约在先，白莲就只能在家静待来访者了。

　　黄昏的时候，长长的走廊上传来女佣急切的脚步声，传右卫门为白莲建的"赤金宫殿"实在太大了，佣人们不得不用"跑"的方法来缩短距离。

　　"夫人，有位东京来的宫崎先生要见夫人。"女佣通报说。

　　"嗯，带他进来吧。"白莲庄重端坐，轻言作答。

　　不一会儿，女佣领进来一名头戴礼帽、穿着灰色西装的高个子年轻人。

　　"初次见面，我是《解放》编辑部的宫崎龙介。"年轻人取下礼帽，朝白莲鞠躬自我介绍道。

　　"不胜欢迎。请坐。"白莲微微颔首，朝一侧的长椅抬手示意。

　　宫崎龙介微笑着谢过，在一侧的长椅上坐了下来。因为刚才急匆匆赶路，坐下来之后龙介感觉有些热，于是拉松了领带，并解开了白色衬衣最上边的一颗纽扣。龙介很自然很习惯地进行着这一系列小动作时，似乎突然意识到这并不是在自己的家里，不由得十分腼腆地朝着白莲笑了笑，露出一排整齐雪白的牙齿。年轻人害羞的笑容和看向自己时炙热的眼神，令白莲不由得有些呆了呆。

　　白莲长这么大，所接触过的男人，除了病态的前夫北小路资武，就是年过半百却仍色心不老的传右卫门了。像宫崎龙介这样充满年轻朝气与活力的男子，白莲有生以来第一次见到。

　　"请说吧，愿洗耳恭听。"白莲端正坐姿，拿出传说中"筑紫女王"的矜持与威严来，慢条斯理地发问道。

　　这是白莲第一次见到龙介时的情形。当时白莲35岁，龙介28岁，比白莲要年轻7岁。28岁的龙介曾因结核病休学过一年，所以当时仍未大学毕业，并且一边上学，一边与"新人会"同仁们合作创办了《解放》杂志，声援工人运动，是初生牛犊不怕虎的一介书生；而35岁的白莲，是当时大正天皇的表妹，大名鼎鼎的煤炭大王伊藤传右卫门夫人，有过两次婚姻史，并因"金钱婚姻"和才华美貌而大名远播，八卦不断，粉丝成群。

一个是二十来岁的有志青年，一个是年过三十的名流夫人；

一个是庶民书生，一个是皇亲国戚。

无论从哪个方面而言，龙介与白莲之间，都是不可能的。

可是，事情偏偏朝着可能的方向发生了。

龙介在白莲的豪宅逗留了两个晚上之后，便乘上夜行火车返回了东京。龙介离开的第四天，白莲收到了龙介写来的第一封信。从信件日期来看，龙介写给白莲的第一封信，是在离开当天的夜行火车上写成的，因为火车行驶中的摇晃，信中龙介的字迹显得有些歪斜。

龙介在来信的最开头，先是文绉绉地这样写道：

"此行多有打扰，但实在愉快之极。还承蒙厚意相送，不胜感激之至。"

接下来，话锋一转：

"告别之后，各种幻觉不断地在我的脑海中来来往往。看起来如此寂寞的你的灵魂的伤口，为俗世而苦累的你的心脏的呢喃，还有你略显疲惫踟蹰行走的背影……在迷迷糊糊之间，火车已经渡过了关门海峡。

"我感觉我的内心增添了一份忧愁。一份莫大的忧愁。可是我想忧愁也常常会演变为解救。但如果不能从消极走向积极，忧愁是不可能意外地成为解救的。可是，所谓解救是什么？那就是爱。所谓爱是什么？那就是诗。所谓诗是什么？那难道不正是心与心、心与自然这二者的拥抱么？对人而言，有一样极珍贵的宝贝，那就是泪。啊，真想淋漓尽致地大哭，一直哭到心脏破裂时。"

龙介年轻稚气的浪漫，从信中的每一个字符之中散发了出来，团团包围住怔怔发呆的白莲。白莲将龙介的来信看了一遍又一遍，一种可望不可及的向往在焚烧着她，令她的身心因这份焚烧而变得无比灼痛。

白莲还没想好该如何给龙介回信，龙介的第二封信又已经飘然而至。这封信是一首抒情的小诗：

> 寒冷的天空和月和云
>
> 还有青白色的光
>
> 小松的阴影在冰凉中摇曳
>
> 升腾出悚然的幻影
>
> 拥抱着昨夜遇见的温暖的梦
>
> 孤独的旅人　寂寞伫立
>
> 战栗和风　还有
>
> 云在流动
>
> 漆黑的黑暗降临
>
> 人和梦和黑暗
>
> 与我的泪　串成一行

紧接着，第三封、第四封、第五封……龙介每天一封的来信，开始紧紧地纠缠住白莲的心，令她变得无法安宁起来。可就在白莲心乱如麻，踌躇着该如何回信时，龙介排山倒海般的情意却戛然而止。接下来的日子里，当白莲迫不及待地继续拆开龙介一天一封的来信时，所有的炽热似乎都在一夜消失了，龙介在信里开始一本正经地跟白莲谈工作，说他已经完成了白莲那部新戏曲的校稿，很快要投入印刷了，又很客气地感谢白莲的盛情款待，礼貌地说要给白莲邮寄几本最近出版的新书云云。白莲拿着龙介的来信，翻来覆去地读了又读，想从字里行间寻出一些隐藏的暗意，但却找不出一点蛛丝马迹，这令白莲不由得患得患失起来，心想：年轻男人的心，也会如同天上的浮云一般，如此捉摸不定啊。在年长的女人面前，他玩弄着他年轻的浪漫，小小地挑逗你，一旦你稍稍开始心动，他却顽皮地想转身离开了！

"35 岁了。"想到自己的年龄，白莲不由得叹了口气：自己已经不年轻了！且早已为人妻室，怎可再有什么非分之想呢？

可是，龙介看向自己时那灼烫的目光，还有年轻男孩特有的腼腆笑容，不断浮现在白莲的脑海里。还在女子贵族学校上学的时候，少女时代的白莲，就对进出于东京大学这类名门学府的青年学子们倾羡不已。在白莲的眼中，能考入这类名牌学府的男子，必定有过人的才华和智慧，出入这些学府的、气质儒雅的青年才俊，才是白莲从少女时代在内心一直偷偷向往着的存在。可是，偏偏自己人生不幸，老天无眼，从未遇到过一个自己想要的好男人。第一任丈夫北小路资武，天资愚笨，不学无术；第二任丈夫伊藤传右卫门更差，甚至连大字都不认识几个。按白莲的想法，传右卫门之所以好色成癖，主要是因为读书过少造成的。白莲认为一个人越是博览群书，就愈加识得何谓"礼义廉耻"，人只有拥有了廉耻之心，才能做到知书达理，豁达于天下。

白莲在心里细细思量了一番之后，终于提笔给龙介写了一封简短的回信，大意是：

"收到您的来信真是欣喜不尽，并感谢您特意相赠书籍。刚刚收到前不久去大阪时拍摄的照片，转赠于您，且作感激之回报。"

白莲将信写好之后，从写真集里找出一张自己满意的照片，照片上的白莲身穿小豆色和服，显得格外妖媚娇嫩。有"大正三美人"之称的白莲，深知自己的美貌对于异性的吸引力，为此她在给龙介的信件里撒了个小小的谎，说照片是"刚刚收到"的，那不过是为了掩饰一个女人内心小小的狡猾而已。

就这样，白莲与龙介开始你来我往，鸿雁传书。转眼之间两个月的时间过去，三月三日女儿节那天，白莲因事与丈夫传右卫门一起去了东京，事情办完之后，白莲让传右卫门先回九州，说自己因洽谈书籍出版事宜，还要在东京多逗留几天。

在东京银座的一家高级料亭，白莲第二次见到了龙介。

作为贵族出身的名流夫人，白莲从小到大，出门时身边都跟着随从，此次与龙介见面自然也不例外。因为身边有人，白莲和龙介的对话显得十分事务性，在谈完书籍出版以及舞台剧改编事宜，眼见龙介应该告辞离去了，白莲身边的随从帮忙去叫计程车，只留下白莲和龙介在座，才总算找到了短暂的只属于两个人的时间。

"你生气了吗？"龙介紧紧地盯着白莲，低声问道。目光之中的灼烫仿佛要将白莲整个人都彻底燃烧掉。

"你在说些什么，我为什么要生你的气？"刚刚还举止优雅、气定神闲的白莲，在龙介的目光之中，变得心慌意乱起来。

"我在给你的信里，写了那么多失礼的话。"龙介的双眉扬起，脸上的表情居然带有一丝苦涩的怒气，说道："你为什么将我害得这么苦？"

龙介有些发怒的表情，将他埋藏在内心的真情表露无遗，这让白莲不由得欢喜了起来，这份期待中的欢喜令她安心，也令她须臾间恢复了平静，重新找回一直维护着的矜持。白莲淡淡笑道：

"怎么会？我什么时候又害过你了？"

"你还说没有？你给我写那么温柔的信，让我每天反反复复将你的信、你的照片，看上千遍万遍，你还要说你没有害得我很苦？"龙介的目光仍然紧紧地盯着白莲，那是一种怎样渴望的目光？龙介仿佛要用这目光将白莲当场溶化掉，马上变成他自己身体的一部分。

龙介的眼神令白莲再也无法压抑自己的情感，可就在一切将要爆发的时候，白莲远远瞥见去叫计程车的随从正朝这边走来，于是，白莲突然从嘴里很快地吐出几句连她自己都大为吃惊的话：

"明天我到京都，居住的旅馆地点以前在信里告诉过你的。如果你还想再见我，明天来京都找我吧。"

三月初春的京都，雨丝绵绵。因为女儿节在日本又被称为"桃之节句"，女儿节前后的季节，原本应该是桃花盛开的。但是自明治维新之后，日本不再使用阴历，并从1873年（明治六年）开始全部改用西方的阳历，为此，曾经是阴历三月三日的女儿节，也变成了阳历的三月三日。这一改，女儿节所处的季节便有些不对了，比桃花盛开的季节整整提早了差不多一个月。虽然仍号称为"桃之节句"，却倒是梅花开得正灿烂的时候。

白莲一个人静静地等待在旅馆的房间里，拉开贴着和纸的日式推门，可以看到院外在春雨中悄悄绽放的梅花。白莲钟情莲花，也喜爱梅花，因为这两种花的性情和品质都如此接近。莲花出淤泥而不染，梅花于严寒中傲立，同样的容貌娇柔，却又本质倔强，极具个性，还带有一丝孤芳自赏，好比白莲这个人一般。

看着雨中盛开的梅花，白莲幽幽地叹了一口气，心中禁不住有些懊悔：昨天突然之间，那么匆忙地约了龙介来京都见面，龙介也没有回答自己来是不来，便告辞离开了；若是他不来，并没有再与自己相见之意，那将会令自己何等的羞愧！自己岂不是成了自作多情的主，变成那年轻人的一个笑柄吗？

白莲正在独自胡思乱想得入神的时候，室外传来旅馆女老板的轻声呼唤：

"夫人，有位东京来的宫崎先生拜见夫人。"

白莲回头一看，果然看到在小巧的旅馆女老板背后，站立着高高大大的龙介。

白莲刚刚的千肠百肚转眼之间全化作了无比的欢心，为了掩饰住内心的喜不自禁，白莲别过脸去，眼睛盯着雨中的那株盛开的梅树，淡淡地道：

"请进吧。"

"谢谢，打扰您了。"龙介礼貌地鞠了鞠躬，跨入室内。女老板给两人送来茶水之后，将房间的门关上，转身离去了。偌大的榻榻米和室里，只留下白莲和龙介二人面面相对，室内的空气不由显得有些紧张尴尬起来，白莲待要开口对龙介说些什么，好打破屋子里尴尬的气氛，龙介却已经走了过来，白莲还没来得及说出一个字，整个人便已经被龙介拥入怀里。

五

从京都返回九州的家中都已经好几天了，回想起在京都与龙介相依相偎的时刻，白莲依旧怦怦地心跳不已。

35岁的白莲，第一次品尝到男欢女爱的甜蜜滋味，第一次知道，与自己所爱的男人在一起时，男女之间的性爱可以如此幸福，如此甘美，如此忘乎所以。白莲回想起自己的第一任丈夫北小路资武，那是个只会对她用强来满足变态性爱的纨绔子弟，而第二任丈夫伊藤传右卫门，不仅在外包养了好几个情妇，回到家里，还要搂着小妾与自己同枕一室，那种内心的隐痛和屈辱，如同鬼魅一般黏附在自己的灵魂深处，甩不脱、摘不掉。自己在大庭广众之下，是风光无限的"筑紫女王"，当今大正天皇的表妹，上流社会里也屈指可数的名流贵夫人，可这一份作为正常人的隐痛与屈辱，自己却无处可诉，也无人可说。

白莲想起在京都的旅馆里，当自己将这一切的隐痛和屈辱痛痛快快地全部倾诉给龙介之后，龙介，那个高高大大的、总是充满阳光的年轻男孩，居然陪着自己一起泪流满面，并对自己发誓说：我一定要救你出来！将你从这屈辱的生活中救出来。

"龙介，龙介！"白莲在心中默默地呼唤着这个名字，这个叫宫崎龙介的年轻男人，是今生今世自己第一次主动挑选的男人，也将是自己唯一想要的男人。

白莲收到龙介的来信：

"……我只能一个人悄悄地想，这真是不可思议的命运。此刻的我，就如同婴儿渴望母亲的乳房一样，如此地渴望着你。而你每天都在想些什么呢？你会不会偶尔也会想起我？"

白莲这样给龙介回信：

"请紧紧地抱住我的灵魂吧！请连你的手，也不可再碰其他女人的唇，连你的脑，也不可再想其他女人的肉体。抱住我的灵魂吧，紧紧地，哪怕是一点点的敷衍，也决不可以。……这样可怕的女人，你讨厌吗？讨厌吗？如果讨厌的话，请尽早告诉我吧，快告诉我吧，告诉我你的回答。"

从 1920 年 1 月第一次见面开始，到 1921 年 10 月，一年零十个月的时间里，白莲与龙介之间的恋文情书共计有七百余封，即使一个世纪之后的现在，作为旁观者来阅读这些情书，都可以抚摸得到两个人之间热烈的情感和彼此无比渴望的相思。

1921 年 10 月 22 日，在《朝日新闻》朝刊的社会版，全版刊登了这样一个惊世骇俗的重大消息：

"筑紫女王·柳原白莲女士失踪"。

这份社会新闻专稿报道说：

"抛弃同居十年的丈夫，白莲女士奔向情人的怀抱。"并在显赫的大字标题下方，配上白莲和传右卫门的结婚照，以及白莲的情人宫崎龙介的照片。在同一天的《朝日新闻》，还同时刊登了以白莲的名义，写给传右卫门的一封绝缘公开信：

"这是我以你的妻子的名义，写给你的最后一封信。

我的这封信对你而言，也许会感到十分突然，而对我来说，却是必然的结果……我要与依仗金钱势力而无视女性人格的你做永远的告别，我要为维护自我的个性自由与尊贵而从此与你决绝……"

20 世纪 20 年代的日本，还处于"大日本帝国主义"时代，民主自由还是不可想象的事，更谈不上男女平等。在这样的前提下，已婚女子与情人私奔，按当时的日本刑法，只要女方的丈夫上诉，便完全可以"私通罪"的罪名，将私奔的男女二人绳之以法。

而柳原白莲与宫崎龙介两人，不仅藐视当时的"大日本帝国"法律，还胆大包天地在报纸上撰文，明言要与合法丈夫决裂，以柳原白莲的身份和地位，这已经不是有伤风化的问题，而是有关国体庄严的大事了！一时之间，"柳原白莲女士与情人私奔事件"闹得沸沸扬扬，上至社会舆论，下至平民百姓，全日本社会都对白莲和龙介两人，完全采取一边倒的批判与谴责态度。此事不仅殃及白莲的哥哥义光丢了官，就连龙介也被"新人会"的兄弟们开除了——因为"新人会"是一个支持社会主义和无产阶级的团体，作为一名社会主义运动的支持者，为广大无产阶级呐喊的年轻人，居然与贵族阶层的名流夫人私奔，龙介的行为，无疑是令他"新人会"里的热血兄弟们鄙视的。

然而，这一切的轰动、批判、谴责、声讨，全都在白莲和龙介的意料之中。在白莲与龙介决定"私奔"之前，学法律出身的龙介已经想到"通奸罪"这一条，并慎重地询问过白莲：

"如果伊藤传右卫门告我们通奸罪，我们两个都要被抓起来坐牢，对此，我已经做好了思想准备，你呢，你也准备好了吗？"白莲当即毫不犹豫地回答说，即使是和龙介一起被抓起来投入牢笼，她也心甘情愿，绝不后悔。

两个人的心情都如此坚决，并且对"私奔"之后的结果都做好了最坏的准备，既然已经没什么好畏惧的了，接下来，两人便悄悄计划该如何行动。

1921年10月中旬，大正天皇为庆祝皇太子一行访欧归来，在东京皇宫举办接尘宴会，白莲和传右卫门夫妇作为皇室近亲，也一同受邀出席参加。宴会结束之后，10月20日，按计划白莲应该与传右卫门一起乘火车返回九州，就在这一天，在龙介事先的周密安排下，白莲顺利地在东京"失踪"了。接下来，两天之后，在《朝日新闻》朝刊出现了白莲写给传右卫门的公开绝缘信，并作为重大社会事件，做了整个版面的专题报道。

"白莲事件"掀起轩然大波之后，传右卫门也以"受害者"身份，接受了记者的采访。传右卫门在接受采访时说，对于自己的天才妻子，是能够理解的。又说："即使彼此的世界不同，但谦让才是夫妻之道，因此在看过绝缘信之后，会做相应处置……回头看看我们的家庭生活，我认为应该没有什么不愉快、不满意的……因为我是个没受过教育的乡下人，对于她的文学世界一无所知，为此，自己一直在这方面敬而远之，她想干些什么，我从没说过一个不字。"

同时，针对白莲写的"公开绝缘信"，传右卫门也口述了一封回信，刊登在报纸上，这封回信说，"与白莲女士结婚的十年，对我而言是最痛苦的十年……"

传右卫门的谈话采访和给白莲的回信，被报纸刊登出来之后，其"受害者"身份愈发浓郁起来，全日本都对传右卫门表达友爱同情，社会舆论对于白莲和龙介两人的谴责更盛，甚至有过激派跑到龙介家门外闹事，就连龙介家的邮箱里，每天都塞满了来自日本各地的谴责信件。当时的日本人，对于天皇的效忠精神，就好比旧时的中国人对于皇帝的满肚子忠心一样。龙介作为社会主义的崇拜者和工人运动的支持者，在当时普通人的目光中，本就属于"异类"，而今这名"异类"居然还敢引诱天皇的表妹私奔，情何以堪啊！在众人眼里，这个叫"宫崎龙介"的家伙，不仅仅是个十足的"流氓"，还是十恶不赦的"恶党"和"国贼"，人人得以诛之。

尽管白莲和龙介对于事件的后果已经做了最坏的心理准备，但是铺天盖地的舆论谴责，依旧压得两人抬不起头来，两个人白天都不敢出门，只能闷在家里。龙介的父亲宫崎滔天，前面有过介绍，是位性情豪放，喜欢行侠仗义的人，因此从小对于儿子们的教育，都一直采取自由放任的方法，从不多加束缚，让儿子们的个性顺其自然地发展。此次龙介与白莲闹出这样天翻地覆的事件来，宫崎滔天也没有训斥过儿子半句，而是一直保持着平静的沉默，旁观龙介自己如何处理此事。在舆论谴责最激烈，甚至有人跑到家门外来闹事的时候，宫崎滔天只对儿子龙介说了一句这样的话：

"如果你们实在支撑不下去，两个人去殉情自杀也可以。我这把老骨头，倒还可以帮你们在佛前烧烧香。"

可话虽这么说，眼见儿子有难，天性乐于助人的宫崎滔天自然也不会见死不救。不久，在宫崎滔天的安排下，龙介领着白莲一起寄住到了父亲的好友山本家，待事件稍稍平息一些之后，龙介在自己家附近租了一幢日式小楼，与白莲一起搬了进去，过起了同居生活。

而伊藤传右卫门，不知道出于什么样的考虑，不仅放弃了对白莲和龙介二人"通奸罪"的起诉，连家族里有人激愤地想去找白莲家和龙介家报仇，也全被传右卫门制止了。不仅不允许复仇，传右卫门甚至都不允许家里任何人再提及白莲的名字。有后人猜测传右卫门是因为顾忌大正天皇是白莲的表哥，而不敢起诉白莲。但作者以为，传右卫门虽然没有受过好的教育，虽然好色、野蛮，只是一介莽夫，但天性中还是极具大丈夫气概的。尽管他无法读懂作为女诗人白莲的内心世界和浪漫情怀，但是无论是金钱自由还是人身自由，他都没有限制过白莲，否则，白莲也不可能有机会结识龙介，并一日一封情书不断，导致最后弃家私奔。因此，传右卫门在给白莲的公开回信里说，"与白莲女士结婚的十年，对我而言是最痛苦的十年"这句话，想必并非传右卫门的谎言或者矫情，而是一句大实话。因为，幸福是彼此相处时的一种感觉，痛苦也是。幸福与痛苦，都是情感的一部分，都如同爱情一样，不可能单方面地存在，它们是互相作用的，可以认为：当白莲认为传右卫门不理解自己的时候，其实也正是白莲自己对传右卫门同样一无所知的时候。

传右卫门之所以对白莲和龙介两人，能够做到不起诉、不报复，想必是他也知道"强扭的瓜不甜"这句最质朴的真理吧。既然已经用婚姻将这个"瓜"强扭了十年，造成了彼此的不适与痛苦，如今瓜藤绷脱，远走高飞，也就由得它去，这对于凭借金钱的力量勉强凑合在一起的两个人而言，无疑都是解脱。

六

白莲才与龙介在一起同居了两个月，便发生了一件事。

当时，龙介刚刚大学毕业，正与几位朋友在筹办一家"律师事务所"，每天早出晚归十分忙碌。一天，龙介如往常一样，忙到很晚才回家，可是，进了屋子一看，白莲却不见了。

原来，龙介白天去上班的时候，白莲的哥嫂不知道通过什么方式，打听到白莲和龙介两人的住处，找上门来，十分诚恳地对白莲说：

"你们这样无名无分地同居，总归不是长久之计，还是听嫂子一句话，跟嫂子一起回家，然后好好商量着，帮你们正儿八经将婚事办了吧。"

白莲的嫂子一直对白莲很好，而且这一番话也说得在情在理，白莲找不出反驳的理由，又想想因为自己，害得哥哥连官位都丢了，跟着自己背负了不少世人的骂名，心中不免深怀内疚，便听信了嫂子的话，跟着嫂子一起回了家。

但结果白莲一到家，马上就被哥哥嫂子给软禁了起来，这一软禁就是半年有余，白莲和龙介之间根本无法取得任何联系，完全音信隔绝。两个叛世逆俗的人，好不容易鼓起勇气，顶住一切压力生活在一起，可才生活了短短两个月，白莲便被哥嫂给"骗"回了家监视起来，眼看这之前的一切努力，全都竹篮打水一场空了。

就在一筹莫展之时，龙介收到了在京都的朋友邮寄来的一封信，打开信封一看，里面居然是白莲的字迹。原来，白莲在被哥嫂软禁半年之后，屈于舆论的非难和贵族阶层的压力，白莲被从柳原家族中除名，身份也被贬为平民，并被发配到了京都一家破旧的尼姑庵里寄住。居住在尼姑庵里的白莲，思念龙介心切，悄悄找到龙介在京都的朋友，委托这位朋友转交给龙介自己的这封亲笔信。

收到白莲来信之后，龙介二话没说，当下拟写好两人的结婚申请，然后带上两个人的印章，连夜赶往京都。

看到龙介的身影出现在尼姑庵门前时，白莲一开始还以为是自己的幻觉，突如其来的重逢，实在有些令人无法置信。当龙介拿出两个人的结婚申请书，要白莲签字盖章时，白莲终于忍不住流下泪来：半年多时间，两个人彼此音信全无，而今再见，龙介不仅毫无任何改变，甚至还主动写好结婚申请，连自己的印章都准备好，只等自己签字答应——这一份情意与诚信，就是再让自己受一次更大的磨难，也都值得。

两个人都在结婚申请上签字盖章之后，便将结婚申请给负责管理户籍与结婚手续的区役所寄了过去。按日本的婚姻法，凡符合结婚条件的成年男女，只要双方在结婚申请上签字盖章，并提交有关部门，合法婚姻便基本上算是成立了。因此龙介心想：连结婚申请都递交了，白莲的家人即使再反对，最后也不得不承认了吧。

只是龙介还是想得过于简单了一点。虽然白莲被柳原家族除籍，失去了贵族身份，但白莲的哥哥义光，可做不到对自己的亲妹妹从此不闻不问，何况，龙介这个青年，无疑是柳原家不折不扣的"大敌人"：首先，龙介从事工人运动，支持无产阶级，本就站在柳原家这些贵族势力的对立面；其次，龙介"引诱"白莲，不仅令义光丢了官职，还从此背上一世骂名，在众人面前没脸做人——这样一个格格不入的"异类恶党"，柳原家是无论如何都不可能接纳的。因此，在知道龙介前往京都的尼姑庵私会白莲之后，义光派人将白莲重新接回东京，安顿在义光的朋友中野家。中野家是东京两大财阀之一，钱多屋大，白莲被哥哥安顿于豪门之中，再次与龙介音信隔绝。

白莲在中野家里，为龙介生下了第一个孩子。当时龙介只是听到传闻白莲产下了一子，却并不知道是男是女，于是给孩子取名为"香织"，并自己一个人跑到区役所去办理了出生证明。香织——这是个十分女孩味的名字，而实际上，白莲生下的却是个男孩。

白莲虽然都为龙介生下了孩子，但是依旧未能获得自由。真可谓"一入豪门深似海"——白莲被哥哥软禁在财阀中野家中，转眼就是一年有余，在长达一年多的时间中，白莲和龙介两个人，根本无法取得任何联系。

也是白莲和龙介命中注定缘不该断，正在龙介为如何从中野家"救出"白莲而一筹莫展的时候，日本发生了一件比"白莲事件"

更为惊天动地的大事。

那就是有名的"关东大地震"。

1923年9月1日,日本时间上午11点58分32秒,日本关东地区发生7.9级大地震,这是日本地震史上,损失最重、危害最深的一次地震。在这次大地震中,死亡、失踪人数多达14万2800人,有10万3733人受伤,全毁或半毁房屋超过25万户,震后火灾烧毁房屋多达44万7128户,整个关东地区的交通、通信等完全瘫痪,近200万人在震后流离失所。

关东大地震不仅是日本地震史上的一场大悲剧,也是人类地震史上的一次大灾难。但奇妙的是:这场带给无数家庭生离死别的大地震,却挽救了白莲与龙介的婚姻,带给这对有情人一家大团圆的结局。

东京大地震发生之后,整个东京一遍混乱,龙介家的房子也被震毁掉一半,就连白莲寄住的财阀中野家的豪宅,也因地震引起的火灾而毁于一旦,中野家的男女老少举家迁移,逃避到东京郊外的一位朋友家中,白莲也跟随其中。龙介听到这个消息,心想:这样的非常时期,不救白莲回到自己身边,更待何时?当下马上行动,准备了几个饭团做干粮,又准备好白莲的换洗衣服,委托父亲滔天的学生,帮忙去将白莲接回来。

龙介的想法一点不错,中野家果然痛快放人,甚至还说,非常时期,这是最好的办法,并说柳原家那边,会由他们去负责说服摆平。白莲回到龙介身边之后的第二天,龙介又派人去将儿子香织也接回了家,至此,白莲与龙介,还有出生不久的儿子香织,在费尽周折之后,终于一家团聚。

七

按理说，白莲和龙介终于一家团聚，甚至还有了爱的结晶，接下来，该是夫唱妇随、你恩我爱的幸福日子了。

但事实并非如此。有句话说得好：幸福与苦难，通常是一对孪生兄弟。

白莲与龙介一家团聚不久，龙介曾经患过的结核病又犯了，整整卧床三年，根本无法工作，连生活也需要白莲的护理。龙介病倒之后，不能工作也失去了经济来源，而且，在关东大地震之前，龙介的父亲滔天已经去世，宫崎滔天是位重情义、轻钱财的侠义之人，一生中帮助过不少豪杰义士，但也正因如此，宫崎滔天去世之后，不仅没有留下一文钱积蓄，还给儿子龙介留下大笔债务——如此重的家庭经济负担，如今全落在了白莲一人身上。而此刻，白莲再次有了身孕，并在与龙介团聚的第二年，生下女儿蕗苳。

从小生活富足，曾经居住在赤金宫殿之中一掷千金的"筑紫女王"白莲，对于陷入贫穷的困境生活，不仅没有丝毫的埋怨，甚至没有表现出任何不习惯。过往的荣华富贵，对于追求精神品质的白莲而言，宛如无物，似乎从未存在过。龙介躺在病榻上三年的日子，白莲一个人忙里忙外，不仅独自照顾两个孩子，还亲自护理生病的丈夫龙介，除此之外的时间，白莲都在没日没夜地写稿，靠辛苦挣来的稿费，支撑起一家人的生活。龙介在病好之后，回忆起这三年的日子，曾经十分感慨地说，"我卧床不能动弹的那三年，真是全靠了白莲的一双手和一支笔。"

龙介恢复健康之后，开设了自己的律师事务所，并重新投入工人运动之中，帮助工人们设立工会组织，为争取普通劳动者的权利而继续呐喊奔走。因为龙介所从事的工作性质，当时家里来来往往的人，全是些民主人士、社会主义者或者工人领袖，等等，均属于当时的日本政府很不欢迎的"异议者"。当时的日本，还处于军国主义的强权政治之下，对政府发出不同声音的人，随时有被逮捕的危险，因此，龙介所从事的工作，以及所接触的人群，在某种程度上，都成为令家庭生活不安定的动荡因子，也因此，龙介和白莲即使在平常的生活中，精神都会处于一种高度绷紧的状态。

柳原白莲与丈夫宫崎龙介在北京与中国国家领导人一起

但是，白莲对此从未抱怨过一个"不"字。每次家里有客人来，白莲都会尽力招待，并安静地坐在一边聆听，对于龙介和他的朋友们的工作与思想，给予了最大的理解与支持。

在父亲宫崎滔天还在世的时候，龙介就跟随父亲一起结交了不少来自中国的革命志士，为此，后来龙介和白莲的生活稳定之后，夫妇二人曾多次访问中国。1897年孙中山先生流亡日本时，曾去龙介家做客。那时候龙介才五岁，第一次见到未来的中国国父。看着在院子里玩耍玩具火车的小龙介，孙中山先生曾随口感叹说：他们正是驾驶未来列车的希望所在。1927年，中国北伐胜利，龙介曾应邀访问中国南京，当时任国民党政府军事委员会委员长的蒋介石，还曾特意为龙介题写了三幅短册，内容为："共同奋斗""同甘共济""平等自由博爱"。

除了革命志士，早年留学日本的许多中国青年才俊，也是宫崎家的座上客，如著名作家鲁迅先生，早年留学日本的时候，就曾慕名拜会过龙介父亲宫崎滔天。因此，当白莲与龙介于1931年6月前往中国，访问南京、上海等地时，还受到鲁迅先生的热情款待，并欣然提笔为两人各题诗一首：

鲁迅先生题"宫崎先生属"诗：

　　大江日夜向东流，聚义英雄又远游。六代绮罗成旧梦，石头城上月如钩。

鲁迅先生请"柳原白莲女士教正"诗：

　　雨花台边埋断戟，莫愁湖里余微波。所思美人杳不见，归忆江天发浩歌。

1945 年终战前夕，白莲与龙介的长子香织在鹿儿岛战死，香织的死，给白莲带来巨大的打击与伤痛。当初白莲之所以能够有勇气不顾一切与龙介私奔，正是因为肚子里有了香织这条新生命。因此，香织的存在，对于白莲有着非比寻常的意义，香织的诞生，不仅仅是白莲和龙介之间爱的见证，也是白莲抛弃"旧我"，投奔"新我"的见证。在香织的身上，白莲倾注了无限的希望和最大的母爱。

因为最爱的儿子香织之死，白莲成立了"慈母会"，从此致力献身于世界和平运动。

1961 年，76 岁的白莲因为青光眼而双目失明，在丈夫龙介的照顾下仍然坚持诗歌创作，直到 1967 年 2 月 22 日与世长辞，享年 81 岁。

在生命即将终结之际，白莲写下这样一首辞世之作：

"蓦然回首八十年，宛如朝露片刻间。"

白莲去世四个月之后，龙介撰文《我与柳原白莲的半个世纪》，此文登载在 1967 年《文艺春秋》六月号，龙介在文中这样写道：

"她是一个不可思议的女人。在对于弱者的同情与脆弱眼泪的另一面，还拥有极强的自我意识，也可以说是一种叛逆心吧，对于一切强加于己的东西，她都会进行最彻底的反抗。脆弱的情感、坚强的意志，这二者都在烨子（即白莲）的诗歌和文章中很好地表现出来。我想烨子的文学才能，正是因为这二者截然不同的个性，而熠熠生辉。

在一起生活的四十多年中，我对于烨子的个性延伸给予了最大的尊重，如果她从未来到我的身边，我想她这一生都会挣扎在一个与自己的个性不符的世界里，无法获得精神上的满足。而她来到我的身边之后，我到底给予了她多大的幸福，对此我并没有多少自信可言。但至少，我比伊藤家和柳原家的人更理解烨子的个性，并对此给予了我最大的呵护。"

1971 年 1 月 23 日，龙介因心肌梗死追随年长七岁的爱妻白莲而去，享年 78 岁。龙介去世之后，其骨灰与爱妻白莲、爱子香织一起，合葬在日本神奈川相模湖石老山的显镜寺内。就如同龙介生前对去世的白莲所说的那样："在前往极乐世界的路上，也不是你一个人。这样的话，想必你该不会寂寞吧。"

与谢野晶子记

　　如果你爱上一个男人，但这个男人虽然爱你，却更爱别的女人，你还会继续爱他吗？

　　如果你爱上一个男人，但这个男人却毫无养家的能力，甚至要靠你来养着他，你还会继续爱他吗？

　　如果你爱上一个男人，你为他付出所有的一切，但他依旧背叛你去爱其他人，你还会继续爱他吗？

　　并不最爱你；不会赚钱、没有养家能力；即使为他付出一切他也依旧背叛你到处花心——如果上面所问的这三点，都集中在一个男人身上，这样的男人，你是否还会继续爱他？

　　也许会有人回答：这就是典型的被称作"渣男"的物种，怎么可能去爱？当女人是傻瓜啊！

　　可是，偏偏就有这样的傻女人，用一辈子的热情，认真爱过这样一个男人。

　　这个傻女人叫与谢野晶子。

　　而那个被傻傻地爱了一辈子的男人，叫与谢野宽。

与谢野晶子肖像

　　与谢野晶子一辈子执着地热爱着她的既不会赚钱养家，而且还经常对她不忠的丈夫宽。不仅为宽生下了十一个孩子，还为宽写下了无数热情似火的诗句。她为宽而写下的一本诗歌集《乱发》，不仅震撼了日本明治时期的文坛，还成为日本近代诗歌史上的里程碑。

　　后世的人们称与谢野晶子为"情热女诗人"。"情热"是日文词，类似中文的"热情"，但语感又比热情更为强烈，拥有滚烫的炽热感。现代人通常认为，男女之间炽热的爱情之火，最多只能持续两三年，便会熄灭，但与谢野晶子对丈夫宽的爱恋之火，却整整燃烧了一辈子。在日本武士道中，要求武士们终生都对君王拥有忠义之心。如果爱情也有武士道，那便是生命不息，对爱人的爱情之火便燃烧不息。

爱之情热，与生命同生息，与呼吸共存亡——这便是"情热女诗人"与谢野晶子燃烧了一辈子的爱情人生。

一

与谢野晶子的本名，姓"凤"名"志よう"，"凤"是晶子结婚前在娘家的旧姓，而"志よう"属于日文假名，没有汉字。"晶子"则是长大后写诗歌所使用的笔名，所以晶子在嫁给与谢野铁干之前的名字，被称作"凤晶子"。

1878 年晶子出生于日本大阪的堺市。堺市位于大阪南部，从中世纪开始，便是日本有名的自由都市，工商业发达，当时在堺市所聚集起来的巨大财力，曾带给后世的日本莫大的影响，堺市也成了商家云集的地方。晶子家就在热闹的堺市商店街头，经营着祖传的日式点心老店"骏河屋"。

晶子的父亲宗七，是"骏河屋"的第二代继承人，宗七对经商没太大兴趣，却热衷于读书吟诗，因此家中藏书极其丰富。宗七一共结过两次婚，第一任妻子是位娇生惯养的千金闺秀，不擅长经营，也无法适应生意人家起早贪黑做买卖的日子，在生下两个女儿之后，便与宗七离了婚。宗七在离婚后又娶了第二任妻子津祢。这位津祢，便是晶子的亲生母亲。

津祢个头高大，勤劳肯干，宗七娶了津祢这样吃得起苦干得了活的媳妇进门之后，从此便将"骏河屋"的日常打点，全部委托给了津祢，自己则吟诗作画，四处游乐，逍遥快活。

津祢不仅家里店里忙活儿勤奋，就连生孩子也很给力，跟宗七结婚之后，共为宗七生了五个孩子。如果不算其中一个生下不久便夭折了的男孩，晶子一共拥有五个兄弟姐妹：长兄秀太郎、弟弟筹太郎、单名唤作"里"的一个妹妹，以及宗七的前妻所生两个女儿。

在晶子出生之前，因为家里已经有两个女儿，加上有一个男孩不幸夭折，因此，津祢再次怀孕的时候，父亲宗七盼子心切，全身心期待津祢能为自己生个男孩，但结果却事与愿违。晶子生下来之后，父亲宗七看到居然是个女孩子，心中不乐，生气得离家出走，彻夜不归。看到丈夫不高兴，津祢也埋怨自己的肚子不争气，为此，晶子生下不久，便被寄养到了叔母家里。一直到弟弟筹太郎出生，父亲宗七欣然得子，心情大好，晶子才终于有机会重新返回自己的家中。

这样的经历，让幼年的晶子敏感察觉到自己是个不受欢迎的孩子。而且，与自己的两位同父异母的姐姐相比，晶子内心也十分自卑。宗七的前妻是位千金闺秀，所生两个女儿，也长得秀气苗条，美貌玲珑。而后妻津祢所生的晶子，骨骼粗大，浓眉大眼。放在以精细柔弱为美的"浮世绘"审美观时代的日本，晶子的容貌和骨骼，怎么着都算不上是位美人。

同为女儿，母亲津祢对两位姐姐的态度，也与对晶子的态度截然不同。因为晶子的两个姐姐是前妻所生，津祢为此十分顾忌自己的"后妈"身份，唯恐怠慢了前妻所生的孩子，给周围人落下话柄。所以，逢年过节做新衣时，常常只有前妻两个女孩儿的份，两个姐姐总是被打扮得花枝招展，外出学琴学舞蹈，也由母亲津祢指派佣人贴身跟随。而作为亲生女儿的晶子，总是素衣旧服，打扮得跟个男孩子一样——幼年时的晶子，对母亲的这种区别对待不明就里，内心里更加深了童年时代的自卑感。

不过，虽然母亲津祢将晶子打扮得像个小子，父亲宗七也对晶子是个女孩儿表示过不满意，但这对夫妻在孩子们的教育上，却丝毫没有怠慢。如晶子的哥哥秀太郎，长大后就以优异的成绩考入东京大学（当时称为"东京帝国大学"），主攻电器工学，大学毕业后又被日本政府公派到英国留学，获得工学博士学位，后来成为东京大学工学部教授、日本电器协会第八代会长，是日本近代史上有名的工学学者。

而晶子才 4 岁多时，就被送到家附近的小学去读书，8 岁的时候，又被父母送到"汉学塾"学习汉文诗词，因此，晶子自幼便能背诵中国的李白和白居易的诗词。

中学的时候，晶子进入"堺女学校"就读。这所"堺女学校"的前身是一所小学附属的缝纫厂，被当地人称为"女红场"。因此，"堺女学校"虽然也教授数学、历史和国语，但 70% 以上的成绩评估是家政学，而这个所谓的"家政学"中，缝纫又占了一大部分。

这样的女子学校教育，自然无法满足晶子的阅读渴望。好在父亲宗七拥有满屋子藏书，而且，对孩子们应该看什么书，也毫无禁忌，因此晶子在十二三岁时，便已经读完了《荣华物语》《大镜》《增镜》《源氏物语》《狭衣物语》《宇津保物语》《枕草子》等奈良时代之前的历史作品。到十七八岁时，又独自通读了《万叶集》《古今和歌集》等从镰仓时代到江户时代的所有文学作品和历史传记。除此之外，当时在东京大学就读的大哥秀太郎，还会经常邮寄回家一些当时文学青年中的人气杂志，如《帝国文学》《文学界》《史海》等，通过这些杂志，晶子开始接触到森鸥外、樋口一叶、田口鼎轩等日本近代名家的著作。海量阅读，令晶子在 20 岁左右时，已经对自己同时代的日本作家的作品了如指掌，也对当时被日本先驱学者们翻译引入日本的西方文学作品耳熟能详。

说起来，晶子能拥有这么好的阅读环境，第一要感谢她拥有一个嗜书如命的好父亲，第二还得感谢她所处的一个好时代——当时的日本正是明治中期，明治维新大功告成，日本顺利"脱亚入欧"，正一路阔步进入一个文明开化的新时代。这个时代的日本，在引入西方产业革命的同时，西方哲学与思维方式也初露萌芽。社会变革的大环境以及东西方文化与思想的交替与碰撞，都对晶子日后人生中开放、独立、自我的思维形成，具有潜移默化的深远影响。

有人说，读书读多了，就会爱上胡思乱想。这话或许是句真理。晶子就是一个读多了书之后，爱上胡思乱想的人。例如晶子 10 岁那年，突然恐惧起死亡，尽管晶子小时候所生过的最严重的病，就是长了几颗不太漂亮的虫牙，但她依旧担惊受怕，老是幻想自己会突然患上某种可怕的疾病死去，并且常常在心里幻想自己的各种死法，然后自己被自己的幻想吓到浑身发麻。这种无缘无故的"死亡恐惧心理"，一直到晶子长大成人，情窦初开，精神有了寄托之后，才总算自然消失。

晶子从"堺女学校"毕业之后，两个姐姐陆续出嫁，长兄秀太郎在东京求学，父亲宗七对生意经营毫无兴趣，母亲津祢当时又体弱多病，因此，祖传老铺"骏河屋"的日常打理，都落在了晶子身上。那段时间，晶子除了负责店铺记账、点心贩卖，忙碌时帮店里的伙计们一起制作点心之外，其余的时间，都沉浸在看书阅读里。因为要照看店铺，加上母亲津祢的家教极严，不允许晶子随意外出，因此少女时代的晶子基本上没什么闺中密友，除了书本之外，最谈得来的人，便是比自己小3岁的亲弟弟筹太郎。筹太郎跟晶子一样，也是个文学青年，因为从小与晶子一起长大，筹太郎不仅十分理解姐姐晶子的所思所想，还非常欣赏和敬佩晶子的好学与才华，算得上是晶子人生中的第一位知己型粉丝。

当时，大阪有一群文学青年，聚集在一起成立了个"浪华青年文学会"，并在晶子家所在地的堺市成立了同文学会的分会。筹太郎的同学知道这个消息，兴冲冲地找上门来邀请筹太郎一起去报名参加，筹太郎得知堺市文学分会成立的消息，也很兴奋，于是顺便给热爱读书的姐姐晶子一起报了个名。人生的机遇，大都产生于一个毫不在意的细微动作。筹太郎不过是"顺便"帮爱读书的姐姐报名参加了个文学组织，但结果却从此改变了晶子的人生之路。正因为加入了这个"浪华青年文学会"，晶子才有了日后的人生邂逅。

"浪华青年文学会"不久便更名为"关西青年文学会"，并定期发行自己的机关杂志，为文学会员们提供一个投稿园地，这在很大程度上刺激了晶子的写作欲望，开始频繁地在"关西青年文学会"的机关杂志上发表自己的诗作。这个时候的晶子年近二十，使用凤小舟、凤晶子等笔名，已经在不少文学杂志上发表过自己的诗作。例如晶子17岁时所作的一首短诗：

小仓山下红叶里
浓红似骤雨

17岁的晶子所写的诗歌，虽然色彩艳丽，却并无太多新意，仍是旧式和歌的手笔。

直到有一天，晶子在当时的《读卖新闻》的文学专栏上，读到了一首这样的诗：

> 浅春道灌山
> 茶室内
> 食饼书生着裤装

这一首毫无诗意也没有任何修饰的"诗"，真是令晶子大吃一惊。自幼熟读古文汉诗的晶子，第一次知道，原来诗歌居然还可以这么写！

"如果诗歌可以如此不拘形式与修饰，可以如此直白、不造作地表达的话，那么我也想试一试。"许多年后，已经成为诗坛名家的晶子，在谈起写诗的最初动机时，这样在回忆里写道。

刊登在《读卖新闻》文学专栏上的这首直白、写实的新体诗，与追求意境、修饰、措词等旧式诗歌截然不同。这首新体诗，对晶子日后自成一格的诗歌表达，产生了很大的影响，也令一个男人的名字，从此深深地刻在晶子的心中，这个男人，便是与谢野铁干。

二

与谢野铁干比晶子大 5 岁，1873 年出生于京都。"铁干"是其笔名，而真名叫作"宽"。宽的父亲与谢野礼严是京都西本愿寺派愿成寺的住持。也就是说，宽（亦即"铁干"）的父亲礼严，是京都愿成寺的一名僧人。

在中国人的认识当中，僧人，也就是和尚，作为佛家弟子，是不可以有家室的，但日本不同。

日本和尚不仅可以喝酒吃肉，还可以结婚生子。寺外烧香，寺内生子——里里外外的香火两不耽误。这种与俗世无二的"出家观"，首创于日本著名的净土真宗创始人亲鸾，净土真宗至今在日本全土拥有 22 000 所以上的寺院，是日本佛教最大的一个宗派。作为净土真宗开山老祖的亲鸾，为了保证自己的派别后继有人，公然娶妻生子，育有四男三女。师父如此，弟子们自然纷纷效仿，而净土真宗在日本根基广泛扎实，日本佛教界奈何不得，也就睁只眼闭只眼默认了这个事实。到了明治维新之后，明治天皇将日本土生土长的神教定为"国教"，又根据佛教现状，颁布了一条极其"善解僧意"的《大政官布告》，曰："从今往后，僧侣可任意食肉，随意娶妻"——这样一来，日本和尚们喝酒吃肉、娶妻生子，便成了件合理合法的事情了。

礼严与妻子初枝一共生育有五个孩子，宽排行老四，上面是三个哥哥，下面还有一个妹妹。礼严不擅经营，不懂得赚钱，但却饱读诗书，满肚子都是学问。得益于这样一位才高八斗的父亲，宽才刚满学龄期的时候，便已经熟读《万叶集》、《古事记》、《古今集》、汉书汉诗等。到了宽年满 10 岁时，已经可以给同龄孩子们讲解《日本外史》了。加上宽自幼长得面目清秀，眉宇间透着睿智灵秀，更被乡间邻里评价为"神童"。

因为父亲礼严身体不佳，加上家境贫寒无力抚养这么多孩子，宽长到 9 岁左右时，便被寄养到外地的寺院里给人做养子，但因为种种原因，其间宽辗转了好几处不同的地区，换了好几处寺院，也更换了好几个养父母。成长岁月里辗转流离的生活，对宽长大成人之后的思维视野以及人格形成，产生了极大的影响。十来岁的时候，宽还曾拜读于学者落合直文的门下，研学诗歌和国学。落合直文是大文豪森鸥外的挚友，为此，宽长大成人创办《明星》杂志时，森鸥外给予了宽极大的支持与帮助。

宽虽然自幼饱读诗书，但数学却学得不好，连中学都没考上，不得不投奔山口县德山的二哥，并在哥嫂的推荐下，进了"德山女学校"做国文老师。

宽成为"德山女学校"的国文老师时，才刚满17岁不久，比自己所教的女学生不过年长几岁而已，加上宽身材修长，眉清目秀，又才华横溢、智慧过人，因此成为不少情窦初开的女学生们的梦中情人。其中一位女学生，叫浅田信子，是德山一位资本家的女儿。这位浅田信子比自己的老师宽还要年长3岁，爱慕宽的俊美与才华，与宽发展起了姐弟式"师生恋"，但结果很快被校方和家长知道，浅田信子被要求退学，而宽则被劝说退职，独身一人去了东京。

身无分文的宽到了东京之后，先是去了朝鲜几个月，想学做生意，但无奈天生没有经商的细胞，不久便重新返回东京，开始使用笔名"铁干"给文学刊物投稿，并拿着浅田信子瞒着家人偷偷邮寄来的经济援助，办了有生以来的第一份文学刊物《凤雏》。不过因为缺乏经济后援，《凤雏》仅仅只办了一期便废刊了。不久浅田信子从家乡德山私奔到东京，与铁干同居，并产下一女，但孩子生下不到一个月，就不幸夭折，浅田信子也被家人从东京带回了德山，勒令从此不得与铁干往来——一段情感，就此告终。

铁干的第二任妻子林泷野，是德山当地一家大地主的长女，也是铁干曾经在"德山女学校"教过的一位女学生。与浅田信子分手不久，铁干便从东京赶到德山，主动上门去林家求亲，并答应林父：自己愿意做林家的养子，愿意将自己的原姓"与谢野"改为"林"姓。这样的求婚条件令林父大喜过望——因为林家生了五个女儿，缺的就是儿子。所以林父十分爽快地答应了铁干的求婚，并奉上丰厚的生活费，让女儿泷野跟着铁干一起去了东京。

领着新妻泷野回到东京的铁干，不久便着手筹建"新诗社"，"新诗社"地址就设在东京麴町铁干和泷野的住所内。第二年4月，铁干又以"新诗社"名义，创刊发行了一本崭新的文学刊物《明星》。于是，铁干和泷野在麴町的住所，一半用来做住家，一半用来做《明星》杂志的编辑部。创办《明星》的经费，不用说自然是来自泷野娘家丰厚的生活费。

1900年4月创刊发行的《明星》，以耳目一新的清新气息，震撼了当时的日本文坛。当时的日本诗坛，仍以模仿古诗为主，故作情趣、假装风流的旧体诗歌霸占着主流诗坛。而铁干所主持的《明星》，公然向旧体诗歌挑战，提倡诗歌除了抒情之外，还应该与政治、哲学、教训、讽刺等各种精神并存。并观点鲜明地告示天下说：

"我们的诗，不模仿古人，我们抒写自己。每一首诗都是我们每一个人各自不同的发明。"

"我们的诗，从内容情趣，到外形和谐，都将享受着自我独创。"

"我们的诗，将成为道德；为虚名而作诗，是我们的耻辱。"

同时，在《明星》创刊号上，铁干还对"新诗社"做了这样的说明定义："本社为研究专业诗人之外的短诗以及新体诗的研究团体。"

换句话说，铁干的这个"新诗社"的结社精神所寻求的，是不分门户、不问派别。要的不是"专业诗人"，而是"专业诗人"之外的"业余诗人"与"外行诗人"。因为铁干认为，作为文学创作，"专业"从来就局限人的思维与想象力，而只有"业余"与"外行"，才能拥有更自由广阔的空间。铁干的这种诗歌"外行论"，对晶子产生了很大的影响。晶子后来成为日本诗坛第一人之后，谈到自己的诗歌创作时，就曾说，她一直都提醒自己要记得做个"外行诗人"，而千万不要变成"专业诗人"。

除了"外行论"，铁干还提倡与推动"新体诗"。何谓"新体诗"呢？可以打个这样的比方：如果将旧体诗歌所追求的语言表现，比喻为一座富丽堂皇的豪华宫殿的话，那么"新诗社"发起人铁干所追求的新诗风格，则是宫殿之外无拘无束的奔放原野。自由与自我，是铁干所提倡的"新体诗"的核心。

"抒写自己""享受自我独创"——铁干在 1900 年的"新诗宣言"，即使放到一百多年之后的 21 世纪的今天，都依旧充满与时代潮流同步的新意，由此可想而知，在一百多年前，铁干的这种超越时空的新概念，带给当时的文学青年们多么大的震撼！

《明星》的闪耀登场，铁干的新诗宣言，如同一颗炸弹，爆破了多年来日本文坛一成不变的陈旧格局，而《明星》杂志的主持者铁干，也以其敢言果行、卓尔不群的个性魅力，俘虏了当时无数文学男女的心。

这被俘虏的少女之心中，有一颗属于年方二十的文学女青年凤晶子。

三

晶子在读到《明星》的第一期创刊号之后，便通过"关西青年文学会"会友的推荐与介绍，开始给《明星》投稿。自从晶子在《读卖新闻》的文学专栏上读过铁干的新体诗之后，诗歌风格有了很大的改变。此时的晶子所写的诗，虽然还缺乏日后的奔放华丽，但已经脱离了无病呻吟式借景抒怀的旧体诗歌语境，因此受到了《明星》主办者铁干的大力推荐，不仅使用一个独立的专栏来整版刊登晶子的诗歌，铁干本人还亲自撰文，隆重推出晶子的诗歌和晶子本人，称晶子为"新派妙龄闺秀诗人凤晶子"。除此之外，铁干还亲自提笔给晶子写信，在信中对晶子的诗作进行点评，给予晶子温和的赞美，并鼓励晶子更放开些，以更大胆的风格书写内心。

当时的铁干，因为"新诗社"和《明星》在文坛所掀起的新诗革命而一鸣惊人，大名鼎鼎，粉丝成群。《明星》杂志和铁干，以及铁干极力提拔的一帮新派诗人，也因此被称作"明星派"，作为"明星派"的创始人的铁干，则成了世人瞩目的"明星教主"。

"明星教主"铁干显赫文坛时，文学女青年凤晶子，还仅仅只是位在日本诗坛初出茅庐的新人，是成群结队的"铁干粉丝"中，离得很遥远的一"根"。因为铁干在日本关东的东京，而晶子则在关西的大阪，两人之间相距好几百公里。一个默默无闻的新人，写了几首无名小诗，不仅被慧眼独具的偶像铁干大力推荐，甚至还收到偶像的亲笔来信，这简直就是做梦都想不到的幸运。年轻气盛的铁干，厌恶传统的应试考场，虽然学历不高但却才华横溢，叛逆不羁，对传统守旧的文坛不屑一顾，并将文坛中的老前辈骂得体无完肤。如此傲视群芳的少年英雄，在文坛新人凤晶子眼里，是须翘首仰望的男神一般的存在——不仅收到男神的公开赞美，甚至还收到男神的亲笔来信，如此波涛汹涌的幸福，令文学女青年凤晶子受宠若惊。

因为长年流连于古今文学丛书之中，晶子的女儿情怀，活生生被浸淫得内藏丰富、炽热如火。在与铁干相遇之前，晶子有过一段盲目的思春期。那段时间晶子情窦初开，满腔的儿女情长寻找不到一个出处，于是闲着也是闲着，一有空，晶子就分别给"关西青年文学会"仅仅有过一面之缘的几位文学男青年写情书。自己写信过去还不算，还不依不饶地要求对方按时回信，若按时收不到回信的话，就会再写封信过去，威胁说："二三天之内若还没收到回信的话，我就去死掉算了。"后世研究晶子作品与生平的日本学者们，将晶子的这段盲目思春期做了一个精辟的总结，称之为"思春期恋爱试行错误"。据说，后来晶子出了大名之后，当年收到晶子情书的几位文学男青年，天天将晶子"思春期恋爱试行错误"时期所写的那些情书揣在怀里，逢人便拿出来炫耀一番。

1900 年 8 月，铁干从东京乘坐夜行列车前往日本关西。铁干此行前往关西主要有两个目的：第一，和大阪的"关西青年文学会"的会员们见面，与大家联络感情，巩固《明星》杂志的读者群和作者群；第二，便是前往德山的岳父大人家，商量自己改姓入籍的问题。因为当年求婚时，铁干曾满口答应在与妻子林泷野结婚之后，便改姓做林家的养子。除此之外，铁干此行还有一个最重要的目的，那便是筹备《明星》杂志的经费。杂志要办下去，还得继续得到岳父大人的经济支持才行。

得知铁干到了大阪，晶子开始心神不定地想着该如何找借口出门，去与偶像铁干老师见上一面。前面说过，晶子的母亲津祢对晶子管教得很严，不仅不允许晶子随便外出，就是晚上睡觉的时候，晶子的房间，都是被母亲津祢反锁起来的。虽然在弟弟筹太郎的介绍下，晶子也参加了"关西青年文学会"，但这个文学会加入了两年多时间，晶子只被允许参加过一次文学聚会。因为"关西青年文学会"除了晶子一人是女性外，其余全是年轻男士，晶子的母亲津祢认为未出嫁的女儿，去跟一群男子坐在一起作文吟诗，大大地有失体统。因此，晶子去参加过的那次文学聚会，并非真正意义上的"参加"，而仅仅只是在弟弟筹太郎的陪同下，在会场门口跟文学会各位男士打了个招呼，便不得不匆匆回家了。但母亲津祢虽束缚了晶子的行动，却无法束缚晶子的内心。晶子无法自由外出，就大着胆子地给几位只打过一次照面的男士写情书诉说衷肠，开始了"思春期恋爱试行错误"。诗坛新人风晶子小姐，着实是位感情丰富、热情如火的女子。

为了能见到铁干，晶子跟母亲死缠硬泡，又拉上弟弟筹太郎的帮忙，两人一唱一和，求情说理，直到铁干到达大阪的第二天，晶子才总算获得了母亲的同意，与弟弟筹太郎一起，前往铁干下榻的旅馆登门拜访。

第一眼看到铁干时，晶子紧张得有些头晕目眩。那天的铁干一身白袍，靠窗而立，玉树临风，英气逼人，令晶子甚至都不敢抬头正视——在晶子见到铁干之前，铁干在晶子心目的地位，如同自己的恩师一般，给《明星》杂志投稿去信时，也一直尊称铁干为"老师"。虽然铁干当时只有 27 岁，不过比晶子年长 5 岁而已，但因为铁干已有妻室，又加上名气如日中天，因此铁干在晶子的心里，不仅至高无上，还高不可攀。如今再亲眼见到本人，如此身长玉立，年轻英俊，男人魅力十足，凤晶子小姐紧张得头晕眼黑，自是理所当然了。

被父母养在深闺的晶子，第一次遇到如此风流潇洒、气度不凡的男子，且对方还是自己内心暗暗崇拜的偶像，当时那份心情，只能用"窒息"二字来形容。因此，第一次看到铁干的晶子，一直低眉顺目，连大气都不敢出。就在晶子低首含颈、头脑真空、呼吸困难的时候，耳边传来一声轻笑，紧接着有个女子的声音说道：

"是凤晶子君么？不用那么紧张，快请坐下吧。"

听到女子的声音，晶子才猛然回过神来，大着胆子抬眼望去，这才发现在铁干旁边，还站着一位与自己年龄相仿的女子。而此刻，站在窗边的铁干也侧转身来看到了刚刚进屋的晶子，当即大步走到晶子跟前，鞠躬道：

"初次见面，在下是《明星》的与谢野铁干。"

晶子慌忙鞠躬还礼：

"久仰铁干先生大名，我是凤晶子，请多多关照。"

铁干满眼含笑，将晶子引到刚才说话的那位女子身边，介绍说：

"凤君，这位是山川登美子君。"

山川登美子是与晶子一起同时给《明星》杂志投稿的新人，其诗作经常与晶子的诗作并排刊登在一起，所以，虽然还从没见过面，但晶子早已经通过《明星》杂志，知道山川登美子的名字了。因此当下连忙鞠躬施礼道：

"已经在最新号的《明星》上，拜读过山川君的大作了，今后还请多多指教。"

登美子也客客气气地还礼，并笑着对晶子道：

"凤君的妙笔，铁干老师欣赏得紧呢，指教可不敢当。"

登美子说完这话，目光妩媚地望向铁干，嫣然一笑。这一笑，令晶子不由得心头一紧。落座之后，晶子偷眼将坐在自己对面的登美子悄悄打量了好几次：肌肤白皙，体态玲珑，柔若无骨，与晶子同父异母的一对漂亮姐姐一样，是天生便惹人怜爱的娇美女子。

这边晶子在偷眼打量登美子的美貌，并暗自在心里相形见绌时，那边铁干也在目不转睛地打量着晶子，并开口对晶子说了句这样的话：

"凤君，虽然是第一次见面，但我感觉很早以前就见过你，仿佛我们认识很久了一般。"

铁干这句话，让晶子顿时面红耳赤起来。一百多年前的日本，刚刚经历明治维新，虽然从西方引进了工业革命，但普通日本人的思维模式，还依旧处在旧时代的封建模式，特别是良家女子的家庭教育，讲究的依旧是"男女授受不亲"。好家庭的女儿们，不仅足不出户，更不可与陌生男士说话，而铁干才第一次看到晶子，就目不转睛地盯着对方，并开口就说，"我感觉很早以前就见过你，我们似乎认识很久了。"——如此无遮无掩，即使放在 21 世纪的现在，也足够现代女孩子们很不好意思了，何况当年足不出户的良家女孩凤晶子？

"老师，您对女孩子，一向都是这么说话的么？"看到晶子羞红的脸，登美子低声插嘴问道，似要为晶子的面红耳赤解围。

"不，我是真的对凤君有似曾相识的感觉呢，听说'骏河屋'就是凤君家开的，我十一二岁的时候，曾经在大阪生活过一段时间，那时候可是经常路过'骏河屋'。"铁干回答说。铁干说话时神情坦然平静，语言稳重平和，毫无轻佻挑逗之意，让晶子一颗紧张的心，终于慢慢地变得安静起来。

第一次见面，铁干的风流倜傥、温和坦然，都给晶子留下了深刻的印象。但登美子的言语神情之中，所表现出来的对铁干的亲热，令晶子感觉二人之间似乎十分熟悉，这也令晶子那颗满怀憧憬的少女之心，无缘无故地增添了一分惆怅与不安。

这个世界上，总有一种这样的男人：才华横溢自不待说，要命的是还懂得如何利用自己的才华来博取女人的芳心，令世间的痴情女子为其茶饭不思，衣带渐宽人憔悴。这类男人，是天生的"少女杀手"，他们身边总是绯闻不断，红颜成群。毫无疑问，晶子的偶像铁干，正是这样一位"少女杀手"中的佼佼者。

晶子哪里想得到：在铁干第一天到达大阪的时候，登美子便已经前往铁干下榻的旅馆，与铁干单独会过面了。那天的登美子，身着淡紫色和服，衬托得皮肤越发白皙，令登美子的气质显得格外安静脱俗，当时就令铁干看得呆了过去，仅仅只看上一眼，便让铁干对登美子柔美的女人味心生无限爱怜。虽然，当时的日本，男女婚姻仍旧依赖媒妁之言，自由恋爱还被等同于"下流无耻"，但铁干是天生的"少女杀手"，再加上思想独立，自由放任，思维意识也极其超前，因此对于世间的陈规俗套，从来就视若无物。尽管铁干已经有家有室，名"草"有主，但铁干对此毫不在意，见到钟情的女子，常常不吝赞美，坦荡表达爱慕。即使当着妻子泷野的面，也毫不掩饰地高喊说自己要追求恋爱之自由——这样的男子，纵然放在现代这样开放的社会环境中，想必也是令女人头痛不已的角色。

铁干第一次见到晶子时，对晶子所发表的第一句"见后感"是："我感觉很早以前就见过你，我们似乎认识很久了。"而铁干第一次见到登美子时，开口说的第一句话则是："第一次遇到你这样的女子，就好像白百合一样。"并还说："以后，我就唤你为'白百合'吧。"

铁干喜欢白色的花朵，认为白色的花朵洁净、无瑕，因此，铁干常常使用白色花朵的名字，来为自己钟情的女人命名。例如铁干称第二任妻子泷野为"白芙蓉"；见到登美子之后，爱上登美子的美貌，便称登美子为"白百合"；后来见到晶子，为晶子的才华和痴情所折服，又称晶子为"白萩"。除了妻子泷野，以及登美子、晶子二人外，另还有其他给《明星》杂志投稿的女子，例如有一位名叫增田雅子，被铁干唤着"白梅"；另一位名叫玉野花子，被铁干呼为"白色罗兰"。此外还有"白桃""白椿"之类，不一而足。

山川登美子比晶子小 1 岁，祖上是日本福井县的上级藩主，而登美子的父亲，则是福井一家国立银行的总裁。祖宗高贵，家世不凡，登美子自幼饱读诗书，长大成人之后，又被父母从福井送到大阪的"梅花女学校"主修英文。"梅花女学校"在明治时期，是当时日本关西地区最有名气的一所教会女子学校，日本皇室在东京所上的学校，叫"学习院"，而这所位于日本关西地区的"梅花女学校"，则被当时的人们称为"关西的学习院"，能进这所女子学校读书的，不是名门闺秀，也是大户千金。

晶子与登美子，虽然家世各不相同，但一个是大户商家之女，一个是名门望族之后，都是好家庭出身，两个人都从小接受严格家教，自幼嗅着书香长大，文学造诣都不同凡响。而且两个人直到长大成人，生活中能接触到的异性，除了各自的父亲，就是自家的兄弟了。也不知该说"幸"呢还是"不幸"？晶子与登美子，两个人第一次与家庭之外的异性打交道，便遇上了铁干这样一位深谙少女情怀的超级"杀手"，如同主动送入狼口的羔羊一样，根本无需一个回合，只需铁干随口说出来的一句话、随意抛出的一个不经意的眼神，就令两位涉世不深的妙龄女子，都乖乖地做了偶像铁干老师的爱情俘虏。晶子与登美子，两个人从相识开始，便命中注定地成为宿命的情敌。

四

铁干这次到大阪，除了与关西的文学青年见面之外，还安排了一场演讲，以及一场诗歌会。因为晶子没有行动自由，铁干的演讲没能去参加。但诗歌会晶子打定主意无论如何都非去不可，最后还是找弟弟筹太郎帮忙，"骗"得了母亲点头，如愿以偿走出了家门。

参加诗歌会的成员们，除了"关西青年文学会"的一帮文学青年男士外，便只有两位女性——晶子和登美子。诗歌会的会场定在大阪堺市滨寺公园里的寿命馆。大阪堺市的滨寺公园，是日本最早的一座公立公园，靠近以白砂青松闻名的海滨浴场。因此，在诗歌会结束之后，一帮文学青年，拥着远道而来的铁干，借着诗后余兴，到海边散步看日落。

走在海滨沙滩的铁干，左边跟随着凤晶子，右边相伴着登美子，情场得意，事业满帆——对于男人而言，还有什么比这两件事的成功，更令人心醉呢？所以，虽然铁干满眼望到的是落日，但内心升起的却是朝阳。凭海临风，意气高昂。"遥想公瑾当年，小乔初嫁了，雄姿英发。羽扇纶巾，谈笑间、樯橹灰飞烟灭。"——苏东坡的这首《念奴娇·赤壁怀古》，写的虽是当年少年英雄的周瑜，但这份雄姿英发、不可一世的心情意境，照搬过来套在"明星教主"铁干身上，正是无比吻合，相得益彰。

海风徐来，白衣飘飘、身长玉立的铁干，面朝大海，豪气冲天地对身边的晶子和登美子道：

"今天的日本，正处在巨大的变革之中，陈旧的一切都将被磨灭，新鲜事物将不断诞生，我们要站在时代的最前端，永远成为时代的先驱者。"

又道：

"凤君，山川君，你们有没有想过恋爱这回事呢？自由恋爱，不问男女，多夫多妻，未尝不可。歌德和拜伦，就一直讴歌着西洋男子的自由爱情。可是日本又如何呢？日本却是个连真爱都不敢拥有的国度。然而，只有明白了真爱，才能诞生出艺术，才能算得上真正意义上的'文明开化'。"

铁干的话，充满了新时代的气息，句句新鲜，字字新潮，直听得晶子与登美子二人心灵震撼，茅塞顿开，折服不已。海边的红日很美，但在晶子和登美子两个人心中升起的红日，却只有铁干一位。

> 两个星星的孩子
>
> 历尽千年的离别
>
> 不经意地
>
> 在今日相逢

这是铁干在临离开大阪的时候，悄悄赠送给晶子的一首短诗。"明星派教主"铁干，如同大侠楚留香一样，所到之处，留香又留情。第一天刚到大阪，铁干便以"白百合"之爱称博得登美子的芳心，现在，铁干又赋诗告诉晶子说：我和你，我们两个，都是星星的孩子，是天上的星星坠落凡尘，我们在这个世间如此光辉耀眼地存在，是因为我们如此与众不同！既然我们是星星的孩子，命中注定我们是与众不同的，那么还有什么必要在意世间的清规戒律、道德规矩呢？所以，请特立独行吧，请藐视一切吧，请以最狂傲的姿态，对这俗世中的凡夫俗子们不屑一顾吧！

"我们都是星星的孩子"——铁干发出的呼唤，拥有无与伦比的神奇魔力，令晶子心潮澎湃，激动难眠。说起来，铁干的确是位慧眼识人的伯乐，在阅读过晶子的作品并见过晶子本人之后，铁干便认定晶子是不可多得的可造之材，有望成为《明星》杂志的顶梁柱。因为无论晶子的文学造诣，还是情感底蕴，都拥有这种实力。就像铁干在海边说过的一样，"只有明白了真爱，才能诞生出艺术"。同样地，铁干还认为：只有毫无顾忌地放开自己，才能真正做到"抒写自己"、真正享受到"自我独创"。铁干是个天性敏感的人，在见过晶子之后，察觉到晶子虽拥有过人的才华和奔放的情感，但却因为家庭环境，仍有些过于自我拘束。于是特意赠诗给晶子，告诉晶子说"我们都是星星的孩子"，鼓励晶子跟自己一样，不要在意世人的目光，而要在意自己的内心，去做自己想做的事，去写自己想写的诗，去爱自己想爱的人。

妙龄少女凤晶子，内心本就积压着有如千年般缠绵的情感，宛如一座时刻在寻找突破口的活火山。如今，这座"活火山"，经一代宗师"明星教主"铁干如此疏通开导，终于找到了出奔的方向，不可收拾地喷薄而出。

当年　是天上星星

夜帐内

窃窃私语　绵绵无尽

而今　是下界凡人

相思苦

辗转难眠　乱了云鬓

　　这是晶子写给铁干的诗。诗歌里，溢满了晶子对铁干炽热的爱情和大胆的表白。这首诗里，晶子对铁干说：当年我们是星星的孩子的时候，在夜帐内，每天有说不完的情话；而今坠落凡尘，每天都被相思所苦，折磨得头发凌乱也无心入眠。

比胭脂色还浓的情

该向谁去诉说

春的思慕　血的涌动

直抵花季生命

　　这首诗里，晶子对铁干说：我内心里燃烧着的比胭脂色更浓的情感，该对谁去诉说？这热血沸腾的春天的情思，直达我生命花季的顶峰。

　　除了晶子之外，还有一位山川登美子，在铁干返回东京之后，也和晶子一样，对铁干日夜牵肠挂肚，情诗不断。登美子写给铁干的情诗，与上面列举的晶子的情诗相比，其浓烈大胆毫不逊色。两位妙龄含羞的女子，在认识了明星派教主铁干，与铁干一起成为"星星的孩子"之后，都成了爱情狂人，两个人竞赛似的攀比着，用一首首情诗，将爱情的火焰燃烧得如火如荼。只是，晶子与登美子这两个人"双管齐下"的爱情之火，没有将偶像铁干给烧焦，却将铁干身边的一个人给烤痛了。

这个人便是铁干的妻子泷野。

铁干虽有才华，但却是个穷书生，《明星》杂志所有的出版经费，全来源于泷野娘家的经济支持。因此，《明星》从创刊号开始，在"编辑兼发行人"一栏，所写的名字并非"与谢野铁干"，而是"林泷野"——谁出钱谁当老板，按这个简单的逻辑，林泷野才是《明星》杂志的真正老板。

泷野从《明星》创刊开始，就一直默默无闻地负责编辑、校对等许多幕后工作。而且，《明星》创刊不久之后，泷野便身怀有孕，杂志的许多幕后具体事务，都是泷野挺着日渐隆起的大肚子完成的，不仅出钱，还亲自出力，而所有的鲜花掌声、耀眼光环，泷野也全都让位给丈夫铁干，自己只是日复一日地默默奉献——说起来，这位泷野，实在是位不可多得的贤德女子。

可是，晶子和登美子二人，哪里会知道这些内幕呢？铁干每每赋诗说起自己的妻子泷野，总是将自己描绘得情意绵绵，而诗中的泷野，则是一副不知情趣、麻木不仁的形象。例如铁干写：

紧抱着
那比石头还冷的人
我是否
该陷入这世界的消沉？

在这样的诗里，铁干将泷野描绘成一个"比石头还冷"的女子，将自己则描绘成一个被妻子的爱情所抛弃的可怜男人。那些对铁干暗自倾心的多情女子，在读了这样的诗之后，不由得越发对铁干由爱生怜，恨不得个个生出翅膀，飞到才子铁干身边去，夜夜为其红袖添香才好……。特别是晶子，想起铁干离开大阪时赠送自己的小诗——"两个星星的孩子/历尽千年的离别/不经意地/在今日相逢"——反复读着这首小诗，再想到与自己同为"星星的孩子"的铁干，落入凡间娶个"比石头还冷"的凡间女子为妻，本就已经够委屈了，但偏偏还得不到一丝爱的温暖，真是情何以堪啊。不由得心中越发柔肠寸断，对铁干的思念，如同野草一般不可名状地疯长。这种疯长的思念，和对于从未见面的泷野的蔑视，让晶子写给铁干的信件和情诗，越发毫无顾忌、毫无掩饰起来。

因为《明星》杂志的编辑部，就在铁干与泷野的住处，所以，每一封邮寄到《明星》编辑部的来信，都是由负责编辑工作的泷野拆封阅览的。晶子和登美子写给铁干的信件与投稿也不例外。一开始，泷野对晶子以及登美子等寄来的信件，还根本不放在心上，但时间久了，晶子和登美子写给铁干的情诗，一首比一首肉麻，泷野就算忍耐性再好，也有些坐不住了。

这个时候的泷野，已经跟随铁干在东京生活了一年多，并刚刚为铁干产下一子，虽然产后身体虚弱，但《明星》杂志的编辑工作，也丝毫不敢放松。劳累，加上丈夫铁干的花心，与众多女子情意绵绵纠缠不清，这一切都令泷野心情郁闷。但更令泷野忧心忡忡的是远在德山的父亲来信，说铁干这个人不可靠，说话出尔反尔，是个没有诚信的小人，要求泷野离开铁干，带上孩子快些回德山娘家去。

以前，铁干在求婚的时候，曾经答应过泷野的父亲，做泷野家里的养子，将自己的"与谢野"一姓改为"林"姓。因为那时候铁干还默默无闻，天底下的人谁也不知道"与谢野铁干"是谁，所以，姓"与谢野"也好，姓"林"也罢，对铁干而言，十分无所谓。但是在《明星》杂志一炮而红之后，"与谢野铁干"开始大名鼎鼎，变得无人不知、无人不晓。好不容易成了万众瞩目的偶像，"与谢野铁干"这个名字，也才开始在一群粉丝当中生根，并刚刚在众多女粉丝心中发芽，怎么能说改就改，突然变成"林铁干"呢？于祖宗于杂志，于自己于自由，那都是万万不能的。

因此，那次关西之行，铁干在大阪与晶子等一帮文学青年会面之后，便去了德山与泷野父亲见面。谈起换姓入籍一事时，铁干开始一改过去的爽快，变得一味地推脱起来，说，现在《明星》杂志才刚刚走上正轨，正需要大把时间精力，所以目前没时间考虑其他事情。又说：让泷野刚生下的孩子跟着姓"林"好了，这样自己就不必多此一举地改姓了。

铁干的出尔反尔，毫无诚意，令泷野父亲十分不悦，当场就对铁干说："你这人言而无信。"并说，"你是个只考虑自己，不顾别人的人。你这样的人，我不能将女儿交给你了。"

泷野家是德山当地的大地主，祖祖辈辈依赖着土地脚踏实地生活，勤勤恳恳做人，才积累起丰厚的财富，因此对于铁干这种连自己的基本生活都保障不了，偏偏还清高傲慢，不管柴米油盐，只问风花雪月的处世作风，极不欣赏。加上铁干说话出尔反尔，更令泷野父亲认定铁干连人品都有问题，因此对铁干完全失去信任，三番五次地写信催促泷野快些离开铁干，回德山家里去。

铁干的大阪之行，众星捧月，春风得意，并同时赢得晶子和登美子两位妙龄才女的芳心。但德山之行，却因为与泷野父亲话不投机，碰了一鼻子灰，不但没有从泷野父亲那儿要到继续办杂志的经费，就连与妻子泷野之间，也开始出现婚姻危机。在两个人没有一起生活之前，泷野对铁干的仰慕之心，与晶子和登美子对铁干的仰慕毫无二异，但真正一起生活之后，才发现这男女之间，原来果然是"远看一朵花，近看是泥巴"。铁干在外人眼里，是堂堂大男子，明星派掌门人，教主一般尊贵。但在泷野眼里，却只是一个离开了自己娘家的接济，就会连生活都不能自保的小男人，更不用说挣钱养活自己和孩子了。虽然，就算依赖自己娘家的接济过日子，也并没有什么，问题是，铁干经济上依赖着自己，感情上却出轨，不仅对作为妻子的自己毫不关心，就连对刚出生的孩子也没有丝毫责任心，每天热衷于与一帮女粉丝们书信暧昧，儿女情长，并还公开宣扬说每个人都有权利追求恋爱的自由，丝毫不认为自己的行为有任何不妥。如果说泷野曾经爱过铁干的话，那么这份爱，随着铁干对泷野的背信弃义，早已经完全变得冷若冰霜了。尽管泷野跟随铁干到东京一起生活，甚至都有了孩子，但两人一直没有办理正式的婚姻手续，泷野要离开铁干，不需要任何法律程序，一走了之即可。两个人分手，只是时间问题。

就在铁干与泷野的婚姻亮起了红灯、岌岌可危的时候，此时传来的另一个消息，却给了铁干更大的打击。

登美子来信说家里为她物色了一位外交官丈夫，不久她将要出嫁了，希望在出嫁之前，能再与铁干见上最后一面。

铁干热爱身边的每一个女人。爱泷野如"白芙蓉"一般的安静与纯洁，爱晶子如"白萩"一般的执着与大胆，还爱"白桃""白梅""白椿"等其他花朵般女子们对自己的仰慕，而只有登美子，铁干爱的是她柔美如"白百合"般的整个的人。

而现在，这自己最爱的、如白百合般美丽的女子，要嫁与他人了，怎能不令百花丛中的"王子"铁干黯然伤神？

十一月初秋，在登美子出嫁的前夕，为了与借住在京都姐姐家中的登美子再见最后一面，铁干从东京再次西行，与登美子相约在京都栗田山的辻野旅馆相见。登美子是名门闺秀，又是待嫁之人，孤男寡女地相约在山间旅馆，若不小心被人撞见，难免流言蜚语。为了避人耳目，铁干临时写信邀请了晶子，约好晶子第二日中午在京都车站会合，然后再一起前往栗田山的辻野旅馆。

接到邀请信的晶子惊喜不已。自从夏天的时候，晶子通过铁干认识了登美子之后，因为同住在大阪，两个女孩之间一直保持着联系。加上因为两个人都爱上了有妇之夫的偶像铁干，可爱而不可得，令两人内心各自承受着相同的煎熬，于是两人居然惺惺相惜起来，甚至要好到以姐妹相称。晶子比登美子年长一岁，被登美子唤着"姐姐"，登美子则被晶子称为"妹妹"。晶子的母亲津祢在了解过登美子的家世之后，也很高兴自己的女儿能和名门闺秀的千金交结为姐妹。因此，当晶子对母亲说要去京都看望即将结婚的登美子时，津祢二话没说，便点头答应了。

晶子到达京都车站的时候，铁干与登美子早已经并肩站在车站的站台上等候着晶子，这难免令晶子有些心生疑惑：为什么这两个人会并肩站在一起？铁干老师为什么会比信中所说的时间提早到了呢？但这份疑惑，马上就在与铁干重逢的喜悦中，烟消云散。晶子自从八月份第一次与铁干见面之后，这次二人再见，已经时隔三个月之久了。这三个月中，晶子尝尽了对铁干的相思之苦，见到站台上玉树临风的铁干，喜悦淹没了一切，哪里会想到：这次铁干纯粹是为了登美子而来，并特意赶在晶子到达京都之前，先制造机会与登美子耳鬓厮磨、情意绵绵地度过了一段两人时光。

看到晶子跳下火车，铁干伸出宽大的手掌，紧紧握住晶子的手，对晶子说："你总算是来了。"那含笑凝望向晶子的眼神，就像第一次见面时，含笑打量晶子的眼神一模一样，似乎要一直看到晶子的心底里去。

这眼神令晶子那颗本就满怀少女情怀的心，变得小鹿乱撞，红着脸低下头来，声音轻得只有自己能听见地说道：

"老师，好久不见！"

"走吧！"铁干十分体贴地接过晶子手中的行李，叫了三辆人力车，一人一辆，直奔栗田山的辻野旅馆而去。

十一月的深秋，正是京都的枫叶红得十分妩媚的时候，在旅馆里安放好行李之后，三人一起去栗田山附近的永观堂观赏红叶。秋日的天空高远藏蓝，万里无云，走在秋高气爽的日子里，三个人三种心思。晶子自然是满怀欢喜，而铁干则若有所思，只有登美子，看着陪伴在身边的铁干，想到这样的佳景与才子，将在自己大婚之后，变成只能在心中追忆的浮云，心里是说不出的哀怨凄凉。

三人各怀心事地赏完红叶，天色已渐渐暗了下来。回到下榻的辻野旅馆，沐浴更衣之后，晶子与登美子围坐在铁干左右，开始行餐喝酒。晶子是商家女儿出生，天生一副好酒量，几杯下肚，依旧面色不惊。登美子就完全不同了。登美子原本不胜酒力，几杯酒喝下来，面色红润，醉态毕露，开始泪水涟涟地哭诉自己的不幸，哭到情深意浓时，甚至咬破了手指，用鲜红的血液写下血书，曰，"宁愿一死！"

铁干平日里是个滴酒不沾的人，但此次情况特殊，非喝不可。眼看着登美子的凄凄切切，铁干也想起自己幼年颠沛流离的身世，还有创办《明星》杂志的种种艰辛，以及与妻子泷野一家的不合，也不由得悲从心生，几杯酒下肚之后，居然陪着登美子一起掉起泪来。

　　真实地说：这次三人相聚，最高兴最开心的，就只有晶子一人。第一，因为能和朝思暮想的铁干老师相处二日一夜；第二，登美子的婚讯，对于晶子而言，实在是件大喜之事。无缘无故地少了个竞争对手、情场敌手，就是心灵再高尚的人，想要表示不高兴，都的确很难。只是现在登美子哭哭泣泣，并十分悲壮地写下血书来，令本来就感情丰富的晶子也受了感染，变得郁闷不已，再加上铁干完全不顾明星教主形象，跟着一起抹泪，可就令晶子更加坐不住了。于是也在心里搜刮出一些自己被父母严加管教的不快之事，附和着登美子和铁干二人一起掉起泪来。

　　日文中有句话，叫"阅读空气"，意思是处在一个团队性质的氛围中，你的感情表达要紧跟这个氛围里的"空气"的变化而变化。这"空气"是快乐的，就要一起表达快乐；这"空气"是悲伤的，就要一起表达悲伤。这是一种日本式交往的人情义理，这中间，也包含着"将心比心"的意思。登美子、铁干、晶子，这三个人的此次京都相聚，虽然一开始时心情各异，但在酒精的催化之下，心情互相感染，三个人开始"将心比心"地比赛着悲伤，一把鼻涕一把眼泪地哭成一团，一副生离死别、世界末日的样子。

　　登美子这次特意约了铁干来京都见面，其实内心还暗暗怀着一份期盼，期盼铁干对自己说"别结婚，跟我走吧！"——因为，从铁干写给自己的信，还有铁干对自己的拥抱与亲吻，登美子都真切地感受到了铁干对自己的爱。因此，登美子十分期待铁干的一句话，只要铁干能说出这句话，就是让登美子彻底抛弃过去的人生，甚至抛弃生命，她都愿意。

可是，在京都与铁干相处两天一夜，一直到分手告别，铁干除了对登美子反复说"多多保重"外，登美子心中期待的那句话，铁干始终没有说出口。这令登美子不由得更加怜惜起自己，越发地满腔悲情。

登美子这样的小女子，又如何能理解得了铁干这种大男人的心？就算是冰雪聪明的晶子，也是后来在跟铁干一起生活之后，在时间的教育下，才终于真正地懂得了铁干。铁干并非玩世不恭的花花公子，但却是内心无比博爱的人。他愿意爱尽天下所有的女人，但却绝不会只为一个女人单独奉献自己，令自己的身心，只维系在一个女人身上，从而失去自我，失去自由。因此，登美子要结婚，铁干虽然心中一千个不舍得，一万个不愿意，但却绝不会开口说"别结婚，跟我走吧!"。因为铁干认为：一个真正的大男人，一辈子要干的事业有很多，一辈子要爱的女人也有很多，如何能为了一段情，让自己从此背上沉重的包袱，被困死在一个没有自由的世界里？

"生命诚可贵，爱情价更高。若为自由故，两者皆可抛。"

裴多菲的这首《自由爱情》诗，仿佛便是为了明星教主铁干老师而度身定做的。

京都一别之后，登美子从大阪返回福井老家，准备即将到来的婚事。待嫁之身的登美子，已经完全失去了情感的自由，也不方便继续与铁干通信。这令身在东京的铁干，感到无比失落。而此刻，远在大阪的晶子，也在三人的京都聚会之后，随着铁干和登美子的相继离开，而陷入无以言状的寂寞与空洞之中。唯一能消遣这份寂寞与空洞的，便是不断提笔给铁干写信。晶子的一封封来信，给了铁干莫大的慰藉。想到虽然失去登美子，但自己毕竟仍然拥有凤晶子，铁干那颗失落的心，感到无比的舒展与欣慰，与晶子之间的书信往来频率也遽然增加，二人在书信里惺惺相惜，互相安慰。晶子原就对铁干有情，铁干也本对晶子有意，如此一来一往之中，两个"星星的孩子"，便将两地相思之情，酝酿得如同烈酒一般浓郁不已。

秋去冬来，转眼到了 1901 年的元旦。

铁干在元旦前夕，与"新诗社"同仁在东京举办了迎接 20 世纪的亲睦会。紧接着元旦过后没几天，便搭乘火车再次西行大阪，出席"关西青年文学会"主办的文学同好者大会。

从铁干 1900 年 8 月第一次西行大阪，到同年 11 月与登美子、晶子三人相聚京都，1901 年元旦过后的这次大阪之行，算起来，是铁干在发行《明星》杂志之后的第三次大阪之行，也是铁干与晶子之间的第三次见面。

这第三次见面，对晶子和铁干而言，意义非比寻常。

晶子与铁干第一次以及第二次见面时，铁干的身边都紧紧地跟随着一个登美子。而现在，登美子因为婚事，不得不放弃铁干，远远地离去了。

登美子的离去，令晶子终于有了可以与铁干独处的机会。

1901 年 1 月初，铁干在关西青年文学同好者大会结束之后，便与晶子一前一后悄悄赶到了京都栗田山的辻野旅馆。这个辻野旅馆，就是两个月前，铁干与登美子、晶子三人相聚过的同一旅馆。

晶子这次到京都与铁干密会之前，对母亲津祢撒了个弥天大谎，说是登美子从福井到了京都的姐姐家，邀请她去住两天，两个人想好好聚一聚。津祢对晶子一直严加管教，怎么也不会想到女儿这么大胆，敢私自跟男人私会外宿，因此对于晶子的谎言，居然毫不怀疑。

时隔两月，有若三秋。

两个多月前，铁干、登美子、晶子三人在京都栗田山的辻野旅馆相聚时，三个人抹着眼泪写血书，互相争比着这人世悲伤。而今，两个月之后，"登美子"这个名字，恍若已成隔世，晶子的心里，原本只有一个铁干，而铁干的心里，如今也只剩下一个晶子了。

有诗云，"两情相悦，又岂在朝朝暮暮。"

将这句诗给篡改一下，变成"两情相悦，须尽情朝朝暮暮"之后，便十分地吻合晶子与铁干二人的京都密会了。

晶子与铁干在京都的辻野旅馆天昏地暗地"朝朝暮暮"了三天两晚。

孤男寡女，干柴烈火。

郎情妾意，耳鬓厮磨。

关于晶子与铁干二人在京都单独度过的这三天两晚，在晶子随后所写的诗歌里，到处布满了二人"朝朝暮暮"的证据。例如：

> 躁动的心
> 困惑的情
> 频频求索
> 踏百合而来的神
> 再也掩藏不住的
> 乳峰

"百合"所代表的是"纯洁"，"踏百合而来的神"，所指的是向纯洁的少女索爱的男子。这首短诗里，写到纯洁的少女，在恋人对自己的身体频繁而急切的索求中，困惑躁动的心情，以及无法遮掩的、少女丰美的乳房。

另一首：

> 心有清泉
> 溢满则浊
> 君亦罪之子
> 我亦罪之子

铁干曾经对晶子说"我们都是星星的孩子"，鼓励晶子摆脱世俗的束缚，勇敢地表达真爱。而今，当晶子终于勇敢地与铁干超越男女雷池之后，想到铁干的妻子与孩子，心里却充满了罪恶感。爱情，藏在内心时，是如清泉般纯洁美好的，但一旦从心中溢出来之后，便化作了一滩浊水。所以，晶子赋诗对铁干说，你是罪恶的孩子，我也是罪恶的孩子。

五

"我的处女时代便如此结束了。在无意的偶然之中，与一个男人相知之后，我的性情发生了不可思议的激变。我第一次拥有并记住了现实的爱情所带给我的身心焦虑。最终我和那个男人结了婚，在我 24 岁那年的时候。"

上面这段话，出自 1915 年"金尾文渊堂"出版的评论集《杂记账》之晶子随笔《我的贞操观》。这段话里所提到的男人，无疑便是铁干。就如晶子自己所说的那样，在与铁干男欢女爱之后，从女孩变成女人的晶子，的确开始性情大变，一改少女时代的胆怯与羞涩，变得大胆奔放、坚强执着起来。

京都的三天两夜，铁干与晶子在卿卿我我、男欢女爱之余，也窃窃私语地计划过两个人的未来。铁干主动对晶子提及妻子泷野对自己的冷淡，以及自己与泷野家的不合，并对晶子说，自己不愿意改姓去做泷野家的养子，泷野父亲也不认他这个不愿意姓"林"的女婿，所以，和妻子泷野分手已成定局，只是个迟早的问题。

"等处理好与泷野家的事，我就来接你去东京。"铁干对晶子说。

京都是铁干出生的地方，是铁干的家乡。为了对晶子表白自己的真心，铁干在回东京之前，还特意领着晶子去京都鸟边野参拜了自己家的祖坟，并告诉晶子说，她是至今为止，唯一来参拜过与谢野家祖坟的女子。

铁干的表白与诚意，令晶子那颗因为离别而依依不舍、因为将少女之身委托给铁干而忐忑不安的心，宽慰舒展了许多。站在与谢野家的祖坟前，想到泷野和登美子都不曾来过这里，想到唯有自己才拥有这份殊荣，晶子不再怀疑自己在铁干心目中的特殊位置，并感觉自己和"与谢野"家族的这个姓氏，已经变得十分贴近，与铁干结为一家人，也只是时间问题。所以，在京都车站，当晶子将铁干送上开往东京的列车时，心中虽有无限不舍，但对两人之间的未来，也充满了无限期待。

可是，铁干便是铁干，一旦回到东京的家里，看到泷野和孩子，心里却又掀起了另一种不舍的情感，这分手的事，怎么也说不出口，要给泷野父亲写的信，也迟迟拖着不愿动笔。日子一天天过去，转眼之间，铁干告别晶子回到东京已经快一个月，这近一个月的时间中，铁干风平浪静地与泷野生活在一起，好像什么都不曾发生过。铁干的毫无动作，令每天在大阪伸长脖子盼着的晶子，心情变得焦躁抓狂起来，写给铁干的信，一封比一封措词激烈，字里行间，连寻死觅活的决心都有了。

"想见而不得见，这样的日子，真不如去死掉算了。"晶子在给铁干的信里，这样狠狠地写道：

"可真若去死，又如何忍心留下你一个人寂寞地在这世上独活？要不我来提笔给泷野的父亲写信好了，可这又岂是我这样罪孽深重的女子的赎罪之道？"

"我期待着与你结为夫妻，可一个有妻室的男人，我们凤家恐怕也是无法答应，既然做不成夫妻，还不如两个人一起服毒死掉算了，一了百了。你不也这么说过的么？"

晶子写给铁干的信，都是与投稿的诗歌一起，邮寄到《明星》杂志编辑部的。而负责杂志编辑的人，是铁干的妻子泷野。泷野对铁干早已经心冷，对于铁干的女粉丝们写来的各类追捧信件，泷野甚至连偷看一眼的兴致都没有，正可谓"眼不见，心不烦"，由得他去。但晶子的来信如此频繁，多得有些不正常，不可能不引起泷野的注意，有意无意地拆开一看，晶子信里所写的内容，还真是令泷野大吃一惊。

和铁干一起生活的这一年多，泷野太了解铁干的真实面貌，太明白铁干是个怎样的男人了。虽然倾慕铁干的女粉丝们在家门外排着长队，但大都不过是附庸风雅的文学少女而已，像晶子这样为了铁干而整天来信要寻死觅活的傻女人，泷野却还是第一次见到。泷野实在是想不通，在自己眼里这个叫铁干的一钱不值的男人，居然还会有人如此这般地将他当成个宝贝。这人世间的事，可真是叫人惊奇不已。

一向言语不多的泷野，忍不住提起笔，主动给远在大阪的晶子写了封信，说：

"你每天瞒着父母，悄悄给铁干写信，又担心这些信若被我看到，会引起我的嫉恨。我若真能嫉恨得起来，倒也是桩好事，可事实是，我一点儿嫉恨也没有。你若真想跟铁干做夫妻，我便成全了你们。说句心里话，我现在是巴不得快些回到德山父母身边去，越早越好……"

天天在大阪家中为了铁干而柔肠寸断、发狂发癫的晶子，猛然间收到一封笔迹陌生的来信，落款处写着的名字，居然是铁干的妻子泷野，这份震惊，怎一个"晕"字了得！再细细读完泷野的来信内容，一直陷在对铁干的相思之苦中无法自拔的晶子，不由得内心惭愧万分。在随后写给泷野的回信中，晶子谦卑地称呼泷野为"姐姐"，并在信里对泷野说："这一切都是我的过错，请不要责怪铁干老师。"并说，"您的温和，令我泪流不止，内心更加痛苦不安。"晶子在回信里，口口声声只说自己有罪，请求泷野对自己的宽恕与原谅，表示得非常的低姿态，但却只字不提自己应该结束与铁干的这场不伦之恋。

就在晶子、铁干、泷野三个人之间纠结不清之际，此时，日本文坛又爆发出一件惊天大事。不知道是谁，匿名写了一本名为《文坛照魔镜》的书，其矛头直指与谢野铁干。

这部震撼文坛的《文坛照魔镜》一书，其出版社名、作者名，等等，全是架空的假名假姓，内容则共分为三大部分，"第一：照魔镜宣言"，"第二：诗人与品性"，"第三：与谢野铁干"。在"第三：与谢野铁干"里，又列出了若干小标题。第一个小标题是：

铁干是个什么东西？

接下来的一大串长文，则罗列出铁干的各种"罪状"。例如：

铁干是个出卖妻子的东西

铁干是个淫亵处女的东西

铁干是个强奸犯

铁干是个枪杀少女的凶手

铁干犯下了强盗放火的大罪

铁干偷盗金库钥匙

铁干巧妙地骗吃骗喝

铁干为了兜售诗歌不惜诈骗

铁干以教育为名　行诈骗之实

铁干以《明星》为舞台欺瞒天下青年

铁干是心理上的畸形者

……

等等，不一而足。

此《文坛照魔镜》一出，整个日本文坛一片哗然。尽管书中攻击诽谤铁干的内容，无不夸大其词，极尽中伤之能事，但其中所描写的有关铁干的男女关系问题，又无一不是事实。

铁干自从创办《明星》杂志之后，因为痛批旧体文风，得罪了不少人，加上恃才自傲，风流多情，一直不断遭人攻击，受人非议。被人攻击惯了，铁干也练就了一身刀枪不入的本领。所以这《文坛照魔镜》尽管来势凶猛，铁干却表现得不屑一顾。当时，铁干门下已经聚集着十来位明星派弟子，人人对这本《文坛照魔镜》里夸大其词的造谣诽谤感到愤怒，好几位弟子都想撰文反驳声讨，却全被铁干一一制止了。铁干说："谣言不攻自破。对方匿名写书来诽谤，自然是有备而来，当然期待着我们的反击，所以我们偏偏就是不予理睬。再说，与其急急忙忙撰文反驳辩解，还不如静观其变，这样反而容易博得世间的舆论支持与同情，更易稳操胜券。"

铁干就是铁干，其情商与智商之高，一般人哪怕翘首也难以望其项背。《文坛照魔镜》对铁干的攻击再恶毒，也无法给铁干带来任何情绪上的影响。只是，铁干虽然情绪良好，心情稳定，但铁干身边的泷野，却再也无法忍耐下去了。在《文坛照魔镜》出来之前，泷野对铁干还只是心灰意冷，而在《文坛照魔镜》出来之后，书中有关铁干的种种风流韵事，无一不令泷野羞愤难当。想到自己为铁干付出如此之多，得到的却是铁干的背信弃义，再想到铁干与晶子之间的不伦之恋，与众多女粉丝们之间的暧昧纠缠，再也无法忍受的泷野，一怒之下抱着才 6 个月大的幼儿，头也不回地离开了铁干，回到了德山的娘家。

就在泷野因为《文坛照魔镜》而对铁干彻底失望，并弃铁干而去时，却有一个人对《文坛照魔镜》里的中伤诽谤、添油加醋，完全充耳不闻，满怀着火一般的爱情，欢天喜地来到了铁干身边。

这个人便是晶子。

自从铁干与晶子京都密会之后，回到东京的铁干，每次写信给晶子谈及自己与泷野分手的问题，都总是对晶子说"请再给些时间，耐心等一等"，可晶子一等就是两个月，铁干与泷野分手之事，却毫无进展。而此刻，《文坛照魔镜》一书，如同一颗巨大的炸弹一般，将铁干所领导的明星派的超人气地位，震撼得摇摇欲坠，将心灰意冷的泷野，也轰赶回了娘家。铁干总算逮住了机会，可以对晶子实现自己的承诺了，于是赶紧给晶子写信，邀请晶子前往东京。

只是，铁干实在是个在感情上令人很捉摸不透的人。

泷野在身边的时候，铁干不以为意，并不好好珍惜，可一旦泷野离开，铁干却又偏偏每天都惦记起她的好来。男人一旦想起了女人种种的好，心情就变得比女人还柔软，尤其是铁干这样舞文弄墨的男人，每一丝柔软，又总会化作情意绵绵的书信。于是，事情开始起变化：铁干一边给晶子写信，要晶子准备来东京，另一边却又不断给泷野写信，对泷野诉说心中的思念，并在信里信誓旦旦地对泷野说他会在东京的家里，随时等待着她的归来。铁干念着泷野种种的好，对泷野心怀思念，这些都并不假。但那些信誓旦旦的"等你归来"，却只是顺势而为的一个惯用句，未必当真。铁干很了解泷野的个性。泷野虽然话不多，却是说走就走绝不回头的女子——铁干深知这一点，算定了泷野肯定不会再回东京，因此在给泷野的信里，那些赌咒发誓的"等待"，写得极其顺口，有恃无恐。

也不知是铁干的文采太好，还是泷野对铁干依然还怀有最后一丝希望。总之，就在铁干按照与晶子的约定，打算前往大阪去接晶子到东京的时候，泷野居然十分意外地从德山的娘家返回了东京的家。这一下令铁干方寸大乱，连忙给晶子发紧急电报，要晶子推迟到东京的时间，让她再"耐心等一等"。

年轻的晶子，怎么会知道大男人铁干这么复杂的内心？又哪里知道铁干身边发生的这许多变故？心心念念地想着的，是尽早一刻快些见到朝思暮想的人，再也没有耐心"等一等"了。

1901 年 6 月 10 日，23 岁的晶子，只身一人到达东京车站。

晶子这次只身走东京，虽说是悄悄瞒着家人，但实际上，却是得到了母亲津祢的默认的。

晶子自从与铁干京都一别之后，每天在家中，不是发疯一般地写信，就是一个人坐在屋檐下双眼发直发呆，甚至一个人无缘无故地偷偷抹泪，作为母亲，津祢怎会不注意到女儿如此异样的举动？

晶子有两个同父异母的姐姐，其中一个姐姐名叫花奈。花奈长得非常美，长大之后爱上自己的表哥，但晶子的父亲宗七是个信奉优生学的人，不允许女儿近亲结婚，硬是不顾女儿反对，将一对恋人拆散，命令花奈嫁给了邻村一位大地主家的儿子。结果嫁过去之后，二人感情不和，婚后才不到三个月，花奈便被担架抬着送回了娘家，一命呜呼。

花奈的死，对于晶子全家是个很沉重的打击，父亲宗七和母亲津祢，为此在内心自责不已。而晶子对铁干爱得如此炽热，作为母亲津祢，如何会不知不晓？因此，晶子要只身上东京，投奔铁干，津祢虽然心里说不出的担心，但也无法严加阻止——家里已经失去一个女儿，不能再失去第二个女儿了！再加上晶子的大哥秀太郎当时也在东京，万一有什么事，兄妹之间也可以互相照应。所以，晶子悄悄整点行装的时候，母亲津祢什么也没有说，只默默地为晶子备足一路的费用，并将为晶子定制的几套昂贵的和服，也拿出来折叠好，悄悄放进晶子的行李箱里。

晶子到达东京的时候，泷野也刚刚领着孩子从德山娘家回到东京不久，为了不让两人撞在一起，铁干只得将晶子临时安置在朋友家中借住。

一个人只身从大阪远行到陌生的东京，仅仅只为了能与所爱的人在一起，可是真到了东京，爱人已然近在咫尺，却依然不能自由地见面——晶子内心的焦虑和不安，可想而知。

而另一个人，远比晶子更加焦急，此人当然便是铁干。铁干原本以为按泷野的性格，一去就绝不会再回头，因此才口口声声写信给泷野，说自己会一直等待她回来。谁知道泷野居然当了真，领着孩子又回到了东京。真正是大事不好，大事不妙啊！而且，晶子好不容易从大阪一个人出逃到自己身边，若让她再回大阪去，那么，与晶子之间，可算是一切都完了。何况以晶子强烈的个性，说不定还会闹出人命。但一直让晶子寄住在朋友家中，也不是个长久之计——这可如何是好呢？一向心中有谱的铁干，面对自己如此不小心弄砸了的这一摊子事，变得心思不宁，闷闷不已。

这一切，都被深刻了解铁干的泷野，不动声色地看在眼里。

也是天有巧合。此时此刻的泷野，因为旅途劳顿，居然与孩子两个人双双病倒了。这下可让正在心里为难的铁干，找着了一个特好的说辞，忙不迭地反复催促泷野赶紧再回德山去，说：你和孩子都生病，我要忙杂志也无法照顾你们，你们还是现在就赶快再回德山去吧。

泷野跟铁干一起生活的这一年多，铁干除了舞文弄墨、外出逍遥、四处留情之外，又何曾照顾过泷野与孩子？铁干这种有口无心的虚情假意，泷野一听便知。再加上最近几天的铁干，一反平日的神态自若、频频外出，显得心事重重的样子，泷野心里已然明白了八九分。

自己与孩子生病，铁干不仅没有一句问候，反而天天催促，恨不能马上将自己跟孩子扫地出门——铁干的本性难移，令泷野再次心灰意冷。当时正是 6 月中旬，梅雨淅淅，泷野收拾好东京家中自己和孩子的所有用品，再次踏上返回德山娘家的归途。在车站送别的时候，铁干很自然地表现得特别依依不舍：

"照顾好孩子，快些养好身体，我在东京等着你!"

铁干的话，让泷野不由得嘴角掠过一丝冷笑：

"谢谢! 我们不会再见面了。"

不明就里的人，看到这一幕告别场景，会想：多么重情意的丈夫，多么没感情的妻子啊!

可是，铁干前一分钟刚刚依依不舍地送走泷野，后一分钟就兴高采烈地赶到晶子处，给晶子一个重重的窒息式拥抱，大松了口气地说：

"太好了! 太好了! 总算是走了! 来，我们一起回家吧。从今往后，我们一起建构一个天上乐园般的家庭，绝不允许任何人再来打扰。"

六

"从此以后，公主和她心爱的王子，永远幸福地生活在一起。"

这是书本上童话里的爱情故事。

现实中，文学少女凤晶子的爱情故事：自从与心爱的"王子"铁干如愿以偿地生活在一起之后，晶子的人生磨难，才算真正开始。

费尽周折，终于能与热爱的偶像铁干生活在一起，晶子内心的喜悦是无法用语言描绘的。可是，晶子很快就发现：除了铁干之外，东京的一切，都不欢迎她。

首先，是铁干在东京的家。这个家，是铁干与泷野曾经一起生活过的地方，这个家里的一切，写满了泷野生活过后留下的痕迹，就连家中的空气，都布满了泷野的味道。泷野走后，家里只留下一个阿巴桑，照顾铁干的生活起居，这个阿巴桑是泷野一手挑选的，跟泷野感情非常好，对泷野特别忠心耿耿。泷野前脚离家而去，铁干后脚便领着晶子进门，这让阿巴桑心里十分愤愤不平。但阿巴桑的这份愤慨，无法发作在一家之主铁干的身上，唯一能发泄的对象只有刚刚踏入家门的晶子。晶子头发特别多，又每天伏案写作，一天下来，盘起来的秀发便显得有些凌乱蓬松，阿巴桑看到了，就会说："泷野夫人任何时候都永远衣冠整齐，高雅恬静，决不会蓬头垢面，像个没教养的乡下人一般。"又经常有意无意地在晶子面前提及泷野夫人与铁干先生平日里是多么恩爱，并说铁干先生和泷野夫人之间连孩子都有了，那才是一对真正的夫妻，总有一天铁干先生会再接了泷野夫人回家的，云云。言下之意：铁干只不过跟你做做露水夫妻，总有一天你得从这个家里滚蛋的。

其次，是《明星》杂志编辑部的同仁们。以前泷野在时，编辑部的一切都是由泷野负责的，泷野言语不多，待人温和，因此人缘极好。此次《文坛照魔镜》事件，对《明星》杂志冲击不小，销量跌落到半数不到，编辑部里本就有人暗自埋怨，加上泷野为杂志所付出的苦心，铁干对泷野所表现的花心，编辑部的同仁们个个心知肚明，原本就对铁干颇有微词。如今在这样关键的时刻，铁干依旧不思悔改，喜新厌旧地赶走泷野，迎进晶子，令大家不仅认为铁干十分无义，更认为晶子也很无耻。因此，整个《明星》杂志编辑部的人看到晶子时，大家都视而不见，只当站在眼前的这个大活人凤晶子是空气。

在家里遭阿巴桑的冷言冷语、在编辑部里被同仁们当成空气，这还不算，就连走到家门外面，例如去家附近买个菜，晶子也能感受到街坊邻居们投来的异样目光。大家都像看奇珍异兽一样看着她，那目光仿佛在说，看啊！这就是在《文坛照魔镜》里与铁干乱性不伦的女人，这个女人赶走正妻，抢人丈夫，好不知廉耻啊……

与此同时，晶子瞒着家人投奔铁干，也引起了父亲宗七的震怒。而且，因为《文坛照魔镜》一书的影响，晶子在东京大学的大哥秀太郎，对铁干的印象也极其恶劣。晶子从大阪出奔到东京，与铁干住在一起之后，秀太郎曾经两次找上门来要人，要求晶子跟自己走，回大阪家里去，可晶子死活都不答应，宁愿在东京受人歧视，遭人白眼，也绝不愿意离开铁干半步。晶子的态度令秀太郎十分生气，最后对晶子抛下一句狠话，说："从今往后，我永远没有你这个妹妹"，之后便大怒而去。秀太郎是个言出必行的人，这之后，果然一辈子都跟晶子与铁干老死不相往来。就连后来父亲宗七去世，秀太郎都以大哥身份，不允许晶子为父亲送葬，说："凤家早就没这个女儿。"尽管那时候，晶子早已与铁干正式结婚，连孩子都有了。

晶子是个性格倔强的人。既然为了爱，敢于抛弃一切私奔到铁干身边，这世间一切的冷眼冷语，晶子都根本不会在乎。晶子唯一在乎的，只有铁干的一颗心。

但是，即使晶子为铁干付出一切，铁干的那颗心，也依旧不是完整地属于晶子的。

与铁干一起同居之后，铁干对晶子非常好，两个人如同新婚夫妻一样，恩爱有加。可是，铁干是个多情种子，一边跟晶子同床共枕，男欢女爱，一边却依旧不断地给泷野写信，在信中对泷野和孩子嘘寒问暖，表达自己的关切与思念。并说夫妻一场，虽然已经分手，但是他依旧关心泷野的前途，还写信劝说泷野来东京上大学，自己愿意帮助联系，云云。事实上，铁干关于到东京上大学的建议，后来还真打动了泷野，泷野在返回德山娘家之后没几月，果然又领着孩子重返东京。因为泷野和铁干两人之间有了一个孩子，所以，返回东京的泷野，偶尔会领着孩子和铁干见面，并和铁干保持着书信联系。而铁干与泷野之间的这些藕断丝连，都进行得堂而皇之，并不瞒着晶子，但也不允许晶子插嘴过问。晶子虽然内心难过，但也只能无可奈何。

总之，晶子在东京最开始的生活，完全处于四面楚歌之中，地位低微。晶子后来成名之后，铁干的明星派弟子里有人回忆说，晶子头一年在东京过元旦的时候，铁干邀请明星派全体弟子们到家中聚餐，当时晶子与铁干刚刚正式办理结婚手续，按辈分晶子是师母，应该跟师傅铁干一起，坐在上席一起接受众弟子的新年祝福才对。可是当时的晶子，却像个女佣似的跟家中的阿巴桑一起干活，忙着为大家运菜添饭，忙完之后，最后也只挑选了个最边缘的末席坐下作陪。由此可见，刚刚进入与谢野家门的晶子，不仅地位低微，姿态也放得极低。

而这个世界上，一切的低姿态，都是以强大的内心作后盾的，都是为了今后的高姿态而做准备的。

晶子到达东京，与铁干开始一起生活的时候，正值《文坛照魔镜》一书闹得沸沸扬扬。虽然铁干情商超人，表现淡定，但《明星》杂志却因为这本书的恶意中伤而大受影响，销量一落千丈，就连明星派门下的弟子会员们，都有好几个人退会。《明星》杂志作为一本浪漫型纯文学刊物，原本就不赚钱，能一直支撑下来全靠了泷野家的经济援助，现在，泷野拂袖离去，《明星》杂志失去了坚强的经济后盾，要继续办下去，真是十分艰难。因为销量大跌以及经费不足，《明星》杂志在《文坛照魔镜》事件以及泷野离开铁干之后，甚至不得不休刊了两个月。

出生在商贾之家的晶子，从小在家有奶妈，长大后外出有跟班，从来不知道"缺钱"二字意味着什么。因此，刚到东京与铁干一起开始生活时的晶子，除了要面对周围的不友善的冷眼，还有生以来第一次体会到了什么叫"等米下锅"的穷滋味。为了筹集和铁干二人的日常生活费，晶子在离开大阪老家时，母亲津祢悄悄塞进晶子的行李箱中的几条昂贵和服，不到两个月时间，都被晶子陆续拿去当铺典当掉了。

就是在这样的艰难困境下，晶子的第一本诗歌集《乱发》出版了。这本诗歌集里，收集整理了晶子自出道诗坛及爱上铁干之后，为铁干写下的大量情诗。诗歌风格大胆华丽，浓烈直白。例如下面的这首《讲道》：

> 这柔软的肌肤
>
> 这澎湃的血脉
>
> 就不想抚摸吗
>
> 就不觉得闷吗
>
> 老在讲道的你

又例如这首《惩罚》：

为了惩罚

男人们的重罪

神给了我

这光滑的肌肤

这黝黑的长发

　　这本出版于 1901 年的《乱发》诗歌集，不仅以崭新的风格，坦率、真挚地咏颂男欢女爱，为明治时代的日本诗坛燃起了一把热烈奔放的"情热之火"，还为明治时代的日本首创了歌颂自由恋爱之新风。当时的日本，虽然明治维新获得成功，但普通人的男女观念还十分守旧，"自由恋爱"还等同于"犯罪"或"通奸"，日本女性仍被束缚在强大的封建道德规范之中，没有感情自主，也没有人性尊重。因此，这个时候以咏诵自由爱情为主题的《乱发》诗歌集的登场，无疑具有十分积极的时代意义，也因此，晶子的《乱发》，至今仍是日本诗坛津津乐道的一块历史里程碑。

　　《乱发》的出版，震撼了整个日本文坛。不仅令晶子一夜成名，还从此奠定了晶子在日本诗坛不可动摇的"一姐"地位，也令晶子在东京家中的生活地位、在文坛同仁中的社会地位，如同鲤鱼打挺一般，彻底翻了个身。

　　《乱发》首印一千本，很快就被抢购一空，之后一直不断地多次再版。一直到 20 世纪 70 年代，《乱发》仍在继续再版中，可见这本诗歌集的寿命之长久，影响之深远。《乱发》的出版，为晶子赢得了无数如痴如醉的粉丝，而由铁干主持、晶子主笔的《明星》杂志的发行量，也因为《乱发》的成功而重新回升，步入全新的鼎盛时期。

　　而这一切，无疑得益于晶子奔放的情感、过人的才华，但同时也得归功于《乱发》一书的编辑与策划铁干。铁干虽然花心，企图爱尽天下女人，却是慧眼识晶子的伯乐，是晶子诗歌创作的灵感源泉，是晶子一辈子的命运之人、命运之神。完全可以这么说，没有与谢野铁干，日本文坛便不会有这位名唤"与谢野晶子"的杰出女诗人。纵观铁干的一生，对日本文坛做出的最大贡献，恐怕就是挖掘并栽培了一位与谢野晶子。

　　当时正值日本的明治中期，有位很出名的小说家田山花袋，写了一部十分人气的通俗小说《乡村教师》，摘译这部小说中的一小段，便可知道《明星》杂志以及女诗人凤晶子，在当时日本年轻人心目中的地位与影响力。

　　"石川带来的杂志中，有四月号的《明星》，清三拿了起来，先看了看杂志上印刷着的藤岛武二和中泽弘光的鲜艳的木刻画，接下来，很快便沉醉在晶子的诗歌之中。'明星派'崭新的风貌，宛如一股清泉注入清三干渴的心灵之中……想象着在东京涩谷寂静的小巷深处幽居着的诗人夫妇，清三感觉有些落寞，又有些羡慕。他合上杂志，从诗歌的体裁到用词，从封面图案到内页插画，这本洋溢着新鲜气息的杂志，是如此令人神往，令人憧憬不已。"

七

　　1902年1月1日发行的第一期《明星》杂志上，出现了一个新名字，"与谢野晶子"。一开始，读者们还有些回不过神来，接下来便很快释然了：原来，是明星派浪漫女诗人凤晶子小姐与明星派教主与谢野铁干正式结为了夫妻，成了真正的一家人，因此按既定俗成的习惯，将过去娘家的"凤"姓，改为丈夫铁干的"与谢野"姓氏了。

晶子与铁干的婚事进行得十分低调，甚至连公开的结婚宣言都没有，仅仅只在《明星》杂志上，将原来的名字"凤晶子"，改成"与谢野晶子"，并在很不显眼的角落里写了一条短短的说明而已。

可是，尽管这样，"与谢野晶子"这个新名字，还是深深地刺痛了一个人。

这个人，便是远在福井、早已嫁作他人妇的山川登美子。

登美子在离开诗坛，告别晶子与铁干之后，遵循媒妁之言，与外交官山川驻七郎结了婚，山川驻七郎是登美子父亲的养子，曾任墨尔本日本领事馆书记员，但后来因为身患肺结核而回国休养，康复之后与登美子成婚。驻七郎在海外生活多年，性格温和，为人也极其绅士，对登美子十分体贴，毫无日本男人特有的大男子作风。但是，登美子虽然感恩于驻七郎的宽容善良，却在心里依旧对铁干念念不忘。因此婚后虽然远离诗坛，也不再给《明星》杂志写诗投稿，却一直是《明星》的忠实读者。看到晶子为了爱情，不顾一切地只身离开大阪，大胆投奔有妻有子的铁干，无视一切流言蜚语，最终以无限的忍耐和执着，不仅赢得了与谢野铁干的正妻之座，还在日本诗坛博出如日中天的大名声，粉丝无数，慕者成群；再回想起自己，当年与晶子一起同为诗坛新人，受人注目的程度，与晶子不相伯仲，而铁干当年对自己的爱慕，无疑也比对晶子的更多一些，可是，自己却主动放弃了这一切，回归成了一个默默无闻的普通妇人。回想起这一切，登美子内心一阵阵刺痛：曾几何时，那曾经热爱的诗歌和依旧深爱的铁干，变得如此遥远而不可及了！

可是远在福井的登美子也好，还是那些对晶子无比崇拜的粉丝们也好，当他们在无比憧憬、无比神往着那对在"东京涩谷寂静的小巷深处幽居着的诗人夫妇"时，却怎么也想不到，他们艳羡且崇拜的晶子所写的那许多浪漫飞扬的诗歌，是在怎样现实的琐碎日常中锤炼出来的。

铁干虽然有满腹的才华与抱负，但出生于贫寒寺院的穷书生，一辈子不缺才华就缺钱。以前铁干依赖着前妻泷野家的生活费赞助，如今泷野走了，铁干与晶子结了婚，家中的一切经济来源，就开始全靠晶子的一支笔。《明星》杂志虽然是铁干主持，但这本杂志若没有晶子这支笔杆子，便根本卖不出去——换句话说，读者们购买《明星》，是因为《明星》有他们崇拜的浪漫女诗人与谢野晶子。"与谢野晶子"这个名字，是《明星》的招牌，是《明星》最大的魅力所在。

而且，《明星》作为一本纯文学刊物，本身并不赚钱，靠发行《明星》所赚的钱，能够支付办杂志所需的人工、印刷等一干成本费用，就算相当不错了。因此，想要解决一家人的生活费，晶子除了为《明星》主笔以外，还得额外不断地给其他刊物撰稿。在晶子的诗歌集《乱发》发行之后，晶子一跃成为当时日本诗坛最人气的诗人，各类报纸杂志约稿不断，而晶子为了赚取生活费，对所有的约稿，都来者不拒。出身于大户商家的晶子，从小生活富足，饱读诗书，从不知"穷"为何物。而今，在抛弃自己原来所拥有的一切，一个人从大阪私奔到东京，与铁干结婚成为一家人之后，晶子开始尝遍没钱的贫穷滋味，并不得不每天为了养家糊口而拼命写作。当时的晶子，已经与铁干生下了大儿子光，并且又怀上了第二个孩子。一边照看刚满一岁的大儿子，一边挺着大肚子，为了生计而日夜埋头疾书——那些对晶子的浪漫才情无限崇拜的粉丝们，谁能想得到，晶子诗歌里所有的浪漫，却原来是建立在极不浪漫的现实之上的？

而且，随着晶子的名气越来越大，晶子与铁干在"新诗社"中的地位，也发生着微妙的变化。"新诗社"由铁干一手创办，并因为《明星》杂志的知名度，"新诗社"的弟子会员们都被称作明星派。《明星》杂志的销量，曾因为《文坛照魔镜》一书的恶劣影响而一落千丈，甚至连明星派门下的弟子，都有人退出离开。但现在，随着晶子的诗歌集《乱发》的成功，明星派增加了不少新弟子，"新诗社"也增加了不少新会员，不用说，这些新弟子新会员都是冲着偶像晶子而来的。而且，各类报纸杂志的采访与约稿也都是冲着晶子而来，明星派的掌门人、一代教主铁干，反倒被冷落在了一边。曾经万众瞩目的铁干，随着晶子的步步崛起，开始逐渐地活在妻子光芒四射的阴影之中了。

铁干一手栽培了晶子，带给晶子许多新思想，并为晶子编辑策划了《乱发》诗歌集，令晶子一举成名。但是，晶子一旦成名，便光芒四射，而且持久不衰，从此风头远远胜过老师兼丈夫铁干——这是铁干无论如何都没有想到的。

晶子能取得如此成绩，铁干心里自然是高兴，但一对比晶子的人气与自己的冷遇，一向恃才傲物的铁干便难免会内心不平衡。因此言行举止之间少了淡定，多了狂躁。最开始，晶子被家务和约稿追得团团转，每天忙得不可开交，并没太留意铁干的情绪变化，时间久了，以晶子的敏感，很快就察觉到铁干的内心不快了。

事实上，晶子是个宠辱不惊的人。刚到东京的时候，晶子地位卑微，四处遭人冷眼时，晶子从不曾放在心上，只管埋头做好自己；而现在，晶子的地位日渐上升，家中的阿巴桑也好，"新诗社"的同仁们也好，都开始对晶子刮目相看，尊敬有加，但晶子并不因此居功自傲，依旧和过去一样，只管埋头写稿，认真做好自己。而且，想到自己在文坛能取得如此骄人的成绩，一切都得益于丈夫铁干的指引与帮助，晶子的内心对铁干不仅有满腔爱情，还满怀着知遇之恩的感谢。所以，即使一家人的生活重担全压在晶子一个人身上，晶子也从无怨言，并且，自始至终都尊敬铁干为自己的"老师"，在铁干面前的姿态一直放得极低。

但晶子的低姿态并不能改变铁干的命运。继晶子的《乱发》之后，铁干也为自己编辑策划过一本诗歌集，但这本诗集宛如大海之一滴抛进日本文坛这片汪洋之中，连浪花都不曾惊起一朵。显而易见，铁干虽然能慧眼识人，但才不如妻。因此，只能独个儿在内心郁闷不已。

日子就这样一天天过去，转眼到了 1904 年 4 月。4 月，是日本全国各地的入学季节，也是樱花漫山遍野开放的季节。这个季节对于日本人而言，有着特别的含义：在樱花盛开的季节入学，象征着一份新的希望，一份美好的开始。

4 月的一天，和往常一样，在帮早起的大儿子光穿好衣服，并准备好一家人的早餐之后，已经怀胎七月的晶子，挺着大肚子走进书房，开始埋头赶稿。正埋头疾书的时候，突然听到玄关处有人喊了一声："有人在家吗？"

晶子闻声而出，走到玄关一看，只见一位身着紫色绣花和服的妙龄女子正站在门口，冲着自己微笑。

居然是登美子！

晶子简直有些不相信自己的眼睛。

世事总是多变，命运常常弄人。

原来，就在登美子在遥远的福井，幻想着在东京的铁干和晶子二人恩爱的夫妻生活，心里有说不出的纠结时，登美子的丈夫驻七郎，因为肺结核复发而再次病倒。一百多年前的明治时期，日本的科技医疗水平远远落后于现在，肺结核在当时属于不治之症，又因为患者众多，被当时的日本人称为"亡国病"。驻七郎在肺结核第二次复发之后，再也无力回天，终于一命呜呼——彼时登美子才 24岁，与驻七郎结婚不到三年。

丈夫驻七郎去世之后，回到娘家的登美子，忍耐不住地给远在东京的铁干写了封信，告知自己的近况。收到登美子来信的铁干，自然无比欣喜。欣喜之余，多次写信给登美子，极力游说登美子来东京上学，说，"我心里一直惦念着你，你还如此年轻，又是个才貌双全的女子，就这样埋没在福井的乡下，未免太过可惜。来东京上大学吧，在这个变革的时代里，学习新的知识，迎接新的人生。"

登美子本就对铁干旧情难忘，而今铁干的来信中，字里行间无不透露着关切与情意，让登美子如何能够抵挡？当下便征得了家中父母的同意，收拾好行囊，于 1904 年 3 月，只身从家乡福井到达东京，并于同年 4 月进入了东京的日本女子大学英文科。与登美子同时报读日本女子大学英文科的，还有一位被铁干称为"白梅"的增田雅子。这位增田雅子，也是位经常给《明星》杂志投稿的诗坛新人，虽然才华平平，人却长得雅致动人，因而也深得铁干的青睐。不用说，"白梅"雅子也好，"白百合"登美子也好，这两位女子会同时出现在东京，并同时就读日本女子大学的英文科，都源于铁干的大力鼓动，以及与校方的联系周旋。

说起来，这铁干还真是位好老师，不仅极力游说前妻泷野来东京上大学，甚至还游说刚刚失去丈夫的登美子以及与家中的后妈相处不好的雅子，都到东京来上大学。其实还不止这三位，铁干对身边没有读过大学的人，都喜欢这么鼓动。想必，这与铁干自己不高的学历有关——自己想入大学而不得，便时常惦记着鼓动周围的后辈们。

晶子与登美子多年不见，如今登美子登门拜访，晶子自然欣喜不已。听登美子说起她自己的婚后生活，以及丈夫驻七郎的去世，晶子一阵嗟叹。接下来，再听到登美子说她进入日本女子大学英文科就读，多亏了铁干老师帮忙报名联系时，晶子心里就有些七上八下了——因为这一切，铁干都根本没有对晶子提及过。

登美子虽说有过一次短暂的婚姻，但丈夫驻七郎去世时，登美子才刚刚 24 岁，仍十分年轻。特别是到了东京之后，大学里洋溢着新鲜与活力的人文环境，令登美子整个精神都为之振奋，曾经满脸的愁云一扫而光。加上登美子本就长得貌美，又出身上流人家，所穿所用，无不高贵雅致。因此，当登美子重新出现在晶子面前时，不仅令衣着陋旧的晶子相形见绌，就是铁干，看到登美子几年不见，居然比起过去青涩的少女时代更为漂亮，更多了女人的妩媚风韵，也不由得心神不定，魂不守舍起来。

登美子的到来，令敏感的晶子，内心隐隐地增添了一丝担忧。

1904 年 7 月，晶子与铁干的第二个儿子秀出生了。刚刚生完孩子的晶子，一张不施粉黛的脸，显得特别憔悴惨白。为了赚取一家人的生活费，晶子等不及产后身体恢复，便开始一边奶着孩子，一边伏案赶写约稿。而这时，铁干因为策划晶子、登美子以及雅子三人合著的诗歌集《恋衣》，而与登美子走得相当近。实际上，以晶子当时诗坛第一人的地位，居然还要与毫无名气的登美子、雅子一起合著诗歌集，实在是件很不可思议的事，但铁干坚持要如此操作，晶子也不好开口反对。

因为这本《恋衣》诗歌集，频频见面的铁干与登美子，终于旧情复燃。

最开始，铁干以讲演会、商谈会等为借口，频频外出。渐渐地，每天回家的时间越来越晚，常常到了夜深人静，才猫手猫脚地偷偷溜进家门。再到后来，便干脆开始彻夜不归。天天在家独守空房、等待丈夫铁干归来的晶子赫然发现，自己不知不觉之中，居然沦落成了第二个"泷野"。

但是，晶子不是泷野。

泷野对铁干的心会冷，但晶子对铁干的心，永远都是热的。

这个世界，为爱而心冷的女子，总是多如牛毛，但这个世界，为爱而永远保持热度的女子，却是凤毛麟角。因此，这个世界，有许许多多"泷野"，但这个世界，却只有一个晶子。

> 虽然知道某人恋你恋得焦虑，
> 但我可不是那哭哭泣泣的妻！

这是晶子在察觉到丈夫铁干的不伦之恋后，随手写下的一句。

晶子不是那种在知道男人花心之后，便哭哭泣泣的女人；也不是像泷野那样，对花心丈夫冷眼旁观，最后一走了之的女人。晶子属于哪一种女人呢？

晶子属于活火山般的女人。在不动声色的外表下，分分秒秒地酝酿着千万种岩浆般浓烈稠密的情绪。

晶子拿了把大菜刀，一言不发坐在客厅里，等着在外偷腥之后，猫手猫脚偷溜回家的铁干。

"你！又去见登美子了？"晶子举起大菜刀，朝着贼一般溜进屋的铁干，低声喝道。

"你说什么呀，怎么可能呢……"铁干自然矢口否认。但再一看晶子手中的大菜刀，发现这个假话说不得，因为晶子可是个认真的人，于是连忙改口说：

"也就是见了一面，谈点事情。"

晶子走近铁干，一股女人香味从铁干身上飘了过来——那是登美子一直爱用的香水味道。晶子和登美子曾经姐妹相称，在大阪时，两人甚至要好到同床共枕，这熟悉的香味，晶子怎会不记得？

"我为了你，瞒着家人从大阪出奔到东京时，你是怎么对我说的？'从今往后，我们一起建构一个天上乐园般的家庭，绝不允许任何人再来打扰。'——这些话，难道才过了二三年，你就全忘记了吗？我如此相信你，依赖你，所以，才会不顾一切来到你身边。我没有她那么漂亮，也穿不起她那么昂贵的衣服，可是我如果想要那些豪华的衣服、富足的生活，也不会那么老远地从大阪来到东京，抛弃所有的一切来与你在一起了。"

虽然，晶子写下了"我可不是那哭哭泣泣的妻"，但看着眼前的铁干，想起自己为了他，抛弃一切，甚至连从娘家带来的所有服饰都全部典当掉，只留下唯一一条穿在身上的和服。又想起自己一边照顾孩子，一边为了明天一家人的粮食，而没日没夜地写稿……想起自己为了铁干和这个家，含辛茹苦所做的这一切，晶子再也无法控制自己的眼泪：

"不管日子过得多么艰辛，只要有你，我便没有任何的后悔。我如今唯一拥有的，便只有一个你了。"

晶子泪流满面的一番话，说得情真意切，只听得铁干也眼眶发红，垂着头，无比羞愧地对晶子说：

"对不起，真是对不起！"

"别说什么对不起对得起，你现在明明白白地告诉我，我和她，到底谁重要？"晶子擦干眼泪，举起刀来，正色道。

看着晶子举起来的大菜刀，铁干只是低垂着头，一言不发。

"你倒是回答啊！"看铁干一言不发，晶子再次逼问道：

"我和她，你到底要谁？到底爱谁？"

"我要你！我爱你！"铁干突然跪倒在晶子面前，哽咽着说。又双臂俯地，深深鞠下头来，如行大礼一般朝着晶子脚边拜倒。"可是，我也爱她！也要她！"铁干大哭着对晶子说：

"请原谅我吧！"

铁干的这个回答，可真是大大出乎晶子的意料，高高举起大菜刀的手臂，不由得低垂下来，菜刀砰的一声，闷闷地掉在了地上。

晶子想起第一次见面时的铁干：白衣飘飘，玉树临风，在海边的夕阳下豪气冲天为自己指引人生，畅抒爱情——那时候的铁干是自己心目中的一轮红日，是自己无限崇拜的精神领袖、神一般存在的偶像。

而今，这个要靠妻子的稿费养活着的、泪流满面地跪倒在自己脚边的男人，他又是谁？他还是那个曾经令自己无比崇拜、无限神往的铁干老师么？

为什么会这样？为什么距离遥远时，一切那么美好？为什么真正靠近时，一切都变得现实和不堪？

只是，这世上的一切，都是经不起盘问的。如果要对生活去质疑"为什么"，那么这个世界只会令人生无可恋。明天还要早起照顾年幼的孩子，明天还要写稿，为后天的粮食而忙，纠结在这些不愉快的事情上，对生活中的日子，又能起到什么积极的意义呢？

"唉……"晶子长叹一声，对铁干道，"好了，起来吧，睡觉去！"

八

就在铁干与登美子频频偷情密会，留下晶子一人在家独守空房的时候，日本文坛上，再次掀起了轩然大波。

这一次的风波，缘于晶子所写的一首长诗。

当时是 1904 年 8 月，正值日俄战争爆发半年有余，晶子最心爱的弟弟筹太郎刚刚新婚不久，便被明治政府征兵，派遣到中国的旅顺口与俄军作战。念弟心切的晶子，担忧着弟弟筹太郎的生命安危，写下了这首《你可不能死去——为旅顺口包围军中的弟弟悲叹》：

> 啊　弟弟　我在为你哭泣
> 你可不能死去
> 你是咱家最小的孩子
> 双亲从来都最疼爱你
> 双亲何曾教你拿起利刃

从未告诉过让你杀人

把你养到二十四岁

绝非为了让你杀了人去死

你是堺市街上的商人

又是值得自豪的老字号主人

继承父业唯有你一个

你可千万不要死去

旅顺口能否攻打得下

这与你有何关系

你可能并不知道

咱商人的家规里并没有这样的规矩

你可不能死去

圣明的天皇为何不御驾出征

却让他人去互相残杀

使他们如禽兽一般死去

还信口雌黄说这是人的荣誉

如果说他爱民如子

那么一开始他是怎样考虑

啊　弟弟哟

你不要在战斗中死去

老父去秋赴黄泉

留下龙钟老母一人独叹息

尸骨未寒儿子又被迫应征

呆呆地面壁守候家里

纵然声称是升平的圣代

老母的白发却是日渐多起

你那年轻纤弱的新娘

常常蜷伏在窗帘后哭泣

你是在思念还是已忘记

婚后不满十月即行分离

想想这可怜的少女心

她已委身于你

还能去依靠谁

弟弟　你可千万不要死去

晶子的这首为弟弟而作的长诗，刊登在同年发行的《明星》杂志第 9 月号上，顿时引起轩然大波。当时的日本，正是军国主义时代，明治天皇至高无上。晶子居然敢在诗歌中公开责问天皇"为何不御驾出征？却让他人去互相残杀？"，并指责说"使他们如禽兽一般死去，还信口雌黄说这是人的荣誉"。如此大逆不道的反诗，这还了得？当时日俄交战，主战派占着主流，只有极少数一撮反战派，发出的声音十分微弱。因此，此诗一出，晶子顿时被日本朝野上下骂得体无完肤，更有激进分子跑到晶子家门口扔石头、递交恐吓信，骂晶子为"非国民""侮辱皇室"，等等。

当时有位文坛大家，叫大町桂月，是位坚定的国粹主义者。这位大町桂月多次撰文，跳起来大骂晶子为"乱臣贼子"，并认为晶子这首诗里的思想，是"藐视国家观念的危险思想"，应该将晶子捉拿问罪，处以国家刑法。

不过晶子是个犟脾气，就算心里害怕，也一样硬着头皮绝不回头。当下便撰文回复，因为大町桂月比晶子年长几岁，所以，文章开头，晶子先客气一番，然后才写道："如果认为我所写的《你可不能死去》这首诗危险的话，还不如说所谓忠君爱国啊、为国捐躯啊、去死啊，这样的思想才是真正危险的。"并说，"如果一首诗不能表达自己的真心，那么这首诗还有什么价值？除了如实倾诉我真实的心情之外，我不知道还有什么其他的诗歌做法。"

妻子遭人如此攻击，作为丈夫的铁干自然不会袖手旁观。为了呼应晶子的回驳文章，铁干与明星派同仁们一起以对谈形式撰文《诗歌的精髓是什么？》，之后铁干更多次执笔，撰文反驳大町桂月对晶子的攻击文章，给予了晶子极大的精神支持。

这位大町桂月后来于 1925 年 57 岁那年病逝，晶子曾不计前嫌，特意在报纸上撰文表达哀悼。由此可见，晶子确实是个相当有气量的女子。

这一次的诗歌事件，令后来研究晶子的学者们，对晶子多了一条"和平主义者"的评价，也让铁干对晶子有了重新认识：这个如此深爱自己的女子，不仅敢爱，还敢恨、敢说。她的诗歌，不仅大胆奔放地歌颂爱情，也大胆直斥时弊与黑暗政治，在人人讴歌国家机器时，她却能以独立的思考精神，抒发内心的人性关怀。

"真是个不简单的女子。"一向自命不凡的铁干，也从心里对晶子充满由衷的敬意与折服。

只是铁干既敬爱着晶子的才华，但也同时迷恋着登美子的娇柔。铁干自从对晶子坦白"我爱你，也爱她"之后，便将这两份爱堂而皇之地进行得十分彻底。在晶子与登美子之间，铁干的心是分为两半的，一半给晶子，一半给登美子。在家里，铁干与过去一样，与晶子同床共枕，夫妻恩爱；出了家门，便去旅馆和登美子幽会，鱼水之欢，如胶似漆。晶子对此虽然心里一清二楚，但每天除了照顾孩子，就是为了明天的生活费不停地写稿，实在没有多余的时间和精力去追问铁干的去处，只能无可奈何地看在眼里，痛在心里。而铁干的花心与为人，也教会了晶子一个新的人生经验：女人可以永远最热烈地去爱一个男人，但却须永远记住，千万不要将"爱"当成"依赖"。这个世界上，唯一可以依赖的只有自己。女人的幸福，不掌握在你爱的男人手里，而掌握在你自己的手里。

多年之后的 1931 年，日本德岛的女子师范学校召开女教员大会，邀请晶子去演讲，晶子站在演讲台上，对全体女教师演讲《女子的独立》。在这篇演讲里，晶子说道：

> "我认为，作为人，不管是男是女，作为理想，必须经历并完成四个独立，才能形成完整的人格。这四个独立就是：思想的独立、感情的独立、创作的独立、经济的独立。有了这四个独立做前提，才真正完成作为人的独立。"

众所周知，日本是个男尊女卑的国家，即使到了 21 世纪的现在，男尊女卑的阴影也依旧存在。但是，即使在这样的社会环境下，一百多年前的晶子却拥有如此超越时代的独立意识，实非常人能及。而晶子之所以能拥有如此的独立意识与独立精神，不仅仅是因为博览群书，勤于思考，还与晶子本身的人生经历息息相关。《女子的独立》中的"四个独立"，可以说是晶子与铁干相遇之后，用一辈子的人生经验，总结出来的真知灼见。

转眼到了 1905 年。这年秋天，登美子突然病倒了。

登美子是在与铁干幽会回家之后病倒的。先是全身发热到不省人事，接下来被紧急送到医院，确诊为急性肾炎，接受住院治疗。

自从登美子住院之后，铁干的一颗心，全都扑在了登美子身上。除了不得已的工作应酬，铁干几乎日夜陪伴在登美子的病榻前。那段时间，除了在"新诗社"每周召开的例会上能见到铁干外，晶子在家中几乎看不到铁干的人影。每天晚上，哄着孩子一起睡着的晶子，半夜惊醒时看到铁干使用的被褥总是空无一人，想起在"新诗社"的例会上见到铁干时，铁干身上传来的那股强烈的医院消毒液的气味，晶子感觉自己与铁干之间的情感，也被消毒过滤了一般，那些新鲜的、活力的因子正在被渐渐地滤掉，只留令人心闷的孤寂与空洞。

登美子一直到翌年二月方才出院。出院之后，身体仍是时好时坏，福井的家里因此多次来信，催促登美子回家乡去养病。可登美子一想到离开东京，便很难再与铁干见面，怎么也不肯回家。最后，在家人的再三催促之下，才不得不办理了退学手续，与铁干挥泪道别，离开东京，住到京都的姐姐家静养。在京都的医院，登美子再次接受复查，这次被确诊为"肋膜炎"。其实，登美子真正的病因是感染了已逝丈夫驻七郎的肺结核，但是，肺结核作为"亡国病"，在当时是治不好的绝症，这病名一说起来都十分吓人，因此，医院的医生十分委婉地在确诊单上写下"肋膜炎"几个字。

登美子在京都姐姐家静养的一年多时间，身体状况恢复得不错，病情有所好转。其间，铁干还特意从东京到京都去探望过登美子一次，两个人不见面的日子，自然是书来信往，情话绵绵。1908年1月，一直居住在京都姐姐家的登美子，收到福井老家发来的父亲病危通知，冒雪乘船从京都赶回福井老家。在办完父亲丧事之后，登美子因悲痛与劳累过度，在福井家中再次病倒，从此卧床不起。

　　而这段时间，远在东京的晶子，除出版了《舞姬》《梦之华》《常夏》等三本诗集之外，还为铁干生下了一对双胞胎女儿。当时的文坛前辈森鸥外，为这对双胞胎孩子分别取名叫八峰和七濑。医学博士出身的森鸥外是日本明治时代与夏目漱石并驾齐驱的大文豪，铁干一辈子在文坛傲视群雄，却唯独敬重两个人：一个是自己的妻子晶子，另一个便是文坛前辈森鸥外。

　　俗话说：时势造英雄。但时势造就的是新英雄，并同时淘汰旧英雄。

　　1900年，法国自然主义文学的代表人物埃米尔·左拉的代表性杰作《娜娜》《小酒馆》等，被翻译到日本，带给日本文坛巨大的轰动，自然主义文学开始在日本播下萌芽。而1904—1905年爆发的日俄战争，令心怀幻想与浪漫的人们开始直面残酷的现实，写实的自然主义文学越来越受到青睐，开始成为文坛的主流。在这样的文坛转型的大环境影响下，以浪漫主义为主题的《明星》杂志，开始受到自然主义文人们的指责与批评，并随着自然主义文学的声势壮大，《明星》杂志的销量开始逐步减少，经营状况一点点恶化起来。而此刻，因为铁干平时为人的刚愎自用和狂妄自大，明星派内部一直积压着的对铁干的种种不满，也开始日渐显露出来。

　　1908年，对铁干而言，是十分灰暗的一年。

　　这一年的元旦刚过，铁干的明星派门下，同时有7名最得力的弟子联名退出铁干主持的"新诗社"。曾经，就连《文坛照魔镜》那样猛烈的诽谤攻击，也没有将铁干的精神扳垮，因为那时候，明星派属于强势群体，作为明星派掌门人的铁干，对任何中伤都能淡然处之，毫不在乎。可是现在，自然主义文学登上众星捧月的宝座，浪漫主义文学大势已去，以铁干为首的"明星派"，转眼成了明日黄花、弱势群体，此刻外受攻击，已然体力不支，再内遭分裂，自然更是支离破碎、一败涂地。

1908 年 11 月号发行的第 100 期《明星》，正式宣布终刊。铁干一手打造起来的"新诗社"也就此关门。曾经迷倒无数浪漫男女的《明星》，在时代的潮流之中，宛如划过天际的流星，在黑夜中点燃希望，却又终于坠入黑暗。

而接下来的另一个打击，对已经遭受《明星》终刊之痛的铁干，无疑更是雪上加霜。

登美子去世了。

回到福井老家的登美子，从父亲去世之后，便一病不起。那时候，家里人都开始知道登美子患的是肺结核，家中的哥嫂弟妹，个个怕感染，都不敢走近登美子的房间，卧床不起的登美子，只有老母亲一个人舍着命地照顾她。

自古红颜多薄命。29 岁便离开人世的登美子，在人生的最后一程，过得极其凄凉孤寂。

登美子去世的时候，正是樱花漫山遍野盛开的春天。只是，登美子再也看不到那象征生命重生的樱花了。

登美子是铁干所爱的女人之中，最爱的一个女人——泷野过于清高，晶子过于独立，唯有登美子永远的娇弱柔美，完完全全地满足了铁干那颗敏感的男人心。远在东京的铁干，在接到登美子去世的消息之后，当着晶子的面，连呼"我的登美子啊"，跪地放声恸哭。

铁干的表现，令晶子百感交集。晶子想起自己当年对铁干近乎五体投地的崇拜，为了铁干，抛弃所有，不顾一切，忍受世间的咒骂与白眼也在所不惜。但铁干一边与自己做着恩爱夫妻，一边与前妻泷野藕断丝连，与登美子、雅子、花子等一帮女弟子们风花雪月，爱情遍历。而今，铁干所爱的女人们，死的死，嫁的嫁，就连前妻泷野，也已经再婚，一个个都如同终刊的《明星》杂志一样，纷纷离开了他。事业失败，情场失意，对于胸怀抱负并愿爱尽天下女人的铁干而言，还有什么比失去这一切更为痛苦的事呢？铁干的眼泪为登美子而流，哭的却是他自己的不幸啊。

就在铁干郁郁寡欢、一蹶不振的时候，晶子则比过去更为忙碌。当时晶子已经与铁干结婚七年，这七年中，晶子写作出版了八本诗歌集，并为铁干生下了五个孩子。随着孩子们的不断出生，晶子在家庭中的地位也变得越来越稳固，而自《乱发》开始，平均每年一本的诗集出版，也为晶子赢得了日本诗坛不可动摇的"第一女诗人"地位。为各大媒体撰写约稿，应邀举办文学讲座，参加诗歌比赛评委……虽然《明星》杂志终刊关门了，但晶子依旧忙得不可开交。

而铁干则与晶子完全相反。在《明星》杂志人气如日中天的时候，铁干作为《明星》的主编，受到文坛各界的青睐，也受到无数粉丝，特别是女粉丝们的追捧。在主宰《明星》杂志的几年中，铁干的文学创作本就不多，而且人气也远远不及晶子，一旦失去《明星》，铁干便彻底失去了赖以生存的舞台，再加上铁干春风得意时得罪过文坛同行中不少人，如今一旦失势，愈加无人理睬。因此，铁干只能眼睁睁看着晶子日夜忙碌，而自己反倒是无人问津，被搁置起来。

铁干失去工作的舞台之后，压在晶子身上的家庭负担，也比过去更加沉重起来。为了赚取一家七口的生活费，晶子的写作比过去更为勤奋努力。除诗歌之外，还开始写随笔、写小说、写评论、写剧本，甚至连童话都写。此外，还在家中举办诗歌讲座、古典文学讲座，等等，通过这些收取微薄的费用补贴家用。但这些收入，最多只能解决一家人的温饱问题，维持最低水准的生活。因此，那段时间的晶子，实在是常人难以想象的清贫。

出生于岩手县的著名诗人石川啄木，曾经也是明星派的门下弟子。啄木是晶子的诗歌崇拜者，并为了晶子而投奔到明星派门下学习诗歌，可惜后来 27 岁那年便英年早逝。石川啄木生前有写日记的习惯，去世后人们将他的日记整理出版，称为《啄木日记》。《啄木日记》里，有多处写到晶子与铁干夫妇，例如下面的这一段：

"11 月 2 日，和金田一君去了上野的文部省展览会。（中略）洋画方面，如同预期所料的那样，和田三造的《炜熏》和吉田博氏的《雨后之夕》得了二等奖。在日本画馆还遇到了晶子夫人和其子等几个人。晶子夫人穿着的薄小豆地绉绸短外套，已经非常旧了——一眼便知晶子夫人只有这一件衣服，所以虽然衣领处都有些脏了，但仍穿在身上。在这个全是锦衣华服的绅士女士们聚集的公苑里，看到这位当代第一女诗人的模样，心里真是说不出的感慨万分。"

啄木在第一次见到晶子的时候，对晶子的印象简直是"惊为天人"，当时晶子刚刚从大阪出奔到东京不久，骨子里都散发着大户商家的闺秀气质。因此，啄木曾经在日记里这样写道：

"晶子夫人是位气质非常高雅的女性，有些人居然评价说她丑陋不堪如何如何，我可以完全断定说这种话的人，其人格极其低劣卑下。"

而时隔几年，在《明星》终刊，铁干失势，晶子与铁干原本不宽裕的生活，陷入更大困境的时候，啄木再次在日记里写到展览会上见到的晶子时，却不得不"心里真是说不出的感慨万分"了。

不过，就像下面晶子所写的这两句诗一样，晶子自己对于生活的贫困，倒是不以为意，甚至还有些乐在其中的味道。

> 世人皆惧贫
> 我独贫中乐

晶子对于生活的态度，拥有一种独特的、与生俱来的乐观，从来没有因为穷，而产生过任何内心阴影。晶子学生时代就读的"堺女学校"，是一所以教女学生们缝纫手艺为主的女校，晶子因此学会了一手很棒的缝纫手艺。孩子们穿的衣服，都是晶子在写作之余，挤出时间亲手缝制的。作为日本诗坛的"第一女诗人"，晶子经常会应邀参加一些名流夫人们出席的演讲会，出席演讲会的晶子找不出像样的和服，就去店铺里买回家最便宜的素布，先动手将衣服缝好，然后手执满满酿上金泥的毛笔，挥毫疾书，将自己的诗歌写在和服上，晾干之后，居然便成了一件极有创意的"文化服"。晶子将"文化服"穿在身上，洒脱地出门去演讲。晶子这独树一帜的时尚，被众位名流夫人看到了，个个艳羡不已，居然争先恐后地排着队，请晶子老师为自己也"写"件和服来穿。这么一来，居然无意中还捎带出一笔意外的收入来。晶子与铁干的长子光，在90岁那年接受出版社访谈，叙述童年时代和父母在一起的许多往事，并整理成了一本《晶子和宽的回忆》，其中就谈到小时候母亲"写"和服的事。光回忆说，每次母亲为人在和服上题诗挥毫时，他和弟弟妹妹们都会围过来在一边为母亲帮忙，母亲负责写，孩子们则负责分别抓住和服宽大的几个角。"每到这个时候，"光说，"我们一个个心里都快乐极了。"

除了"写"和服，商家女儿出身的晶子，还想出了另一个很文化的生财之道——写"百首屏风"，即在定制的屏风上，亲手写上自己的一百首诗作，然后卖给想要收藏的粉丝们。光说，每次母亲写"百首屏风"的时候，他负责研墨，弟弟妹妹们则负责数火柴棒，晶子写好一首，就往规定的小盒子里拣进一根火柴棒，一百根火柴棒都拣完了，母亲晶子的"百首屏风"便大功告成。晶子每次写"百首屏风"，都先从屏风中心开始写，第一首诗写得大而醒目，第二首次之，这样渐渐往屏风周边散开时，字也越写越小，笔也越用越细。如此写法，晶子的"百首屏风"往往一气呵成，居然从未出现过一次败笔。

与母亲晶子的"我独贫中乐"不同，父亲宽（《明星》终刊之后，宽不再使用"铁干"这个笔名了，而是重新用回自己的本名"宽"）却是苦闷得紧。在孩子们的记忆里，宽的性格不仅严厉，而且还很恐怖。孩子们稍微不如宽的意，宽不仅会大发雷霆，甚至还会对孩子们拳脚相向。例如，双胞胎女儿中的七濑，有一次感冒发烧了，吃饭的时候，宽看到餐桌上有鸡蛋，就对感冒了的七濑说，"不许吃蛋白"。七濑心里很奇怪，不知道为什么父亲突然不允许自己吃蛋白了。等到宽饭毕先离开饭桌之后，七濑看父亲走开了，便悄悄地将蛋白一块儿给吃掉了。结果，一个鸡蛋刚吃完，宽又转身回来了，看到七濑居然没有听自己的话，二话没说，朝着七濑就是几巴掌，边打边说，"让你别吃蛋白，为什么不听话？"打得当时还发着高烧的七濑哇哇大哭。

宽在家里，若不大声发怒的话，便会一个人坐在书斋里发呆。书斋是父母们工作的圣地，没有父母的呼唤，孩子们是绝对不敢随便进去的。但有时候，宽会突然指名道姓让某个孩子进书斋去，听到父亲呼唤，被指名的孩子不敢怠慢，赶紧进父亲的书斋一看，却原来只是让蹲到书桌底下捡个垃圾之类的小事。传统的日本家庭里男尊女卑是很严重的，男人们在家从不干家务，一切做饭买菜、打扫卫生之类的家务，全是女人的事。宽作为传统的日本男人当然也是从不做家务的，但也从不会在这些方面对晶子指手画脚。孩子们慢慢长大懂事之后，才终于懂得了父亲的用心：母亲要从早到晚写作赚一大家子的生活费，所以，父亲不敢去打扰母亲，遇到地上有垃圾，也只能指挥指挥孩子们去捡。孩子们也慢慢理解了为什么父亲宽，那么喜欢动不动就发怒——那是因为父亲失去了工作的舞台，空有才华和抱负却得不到施展，还要依赖母亲来养活一家子，男人做成这样，心里该觉得自己多窝囊啊！脾气也难免变得乖僻暴戾起来。

宽对孩子们的态度，虽然严厉得近乎凶恶，但心里面却是极爱孩子的。只是满肚子不顺意的怨气，不便对晶子发作，只好拿孩子出气。晶子看在眼里，却明白丈夫宽的心情：所有的媒体来电、记者采访以及演讲邀请等，全都是来找晶子的，几乎没宽什么事，这当然令一向自视极高的宽自尊心非常受伤，表现得非常神经质。看着宽将一肚子怨气都发在孩子们身上时，晶子有时候甚至都想封笔——自己也不写了，这样就变得和宽一样，也就不至于因为自己的人气与忙碌，而不断给宽带来新的伤痛和刺激。可是，如果两个人都不执笔，都不工作，这么多孩子，这一大家子人，可都怎么办？难不成真去喝西北风吗？

唉！晶子只能独自在心里冲着自己叹气。

转眼又是一年春天。一个风和日丽的日子，天气很好，大儿子光和二儿子秀都去上学了。中午的时候，宽领着下面的一对双胞胎女儿八峰和七濑出门去散步。过了一个多时辰，八峰和七濑先回来了，唯独不见宽的踪影。晶子问两个女儿：

"爸爸呢？"

女儿们回答：

"爸爸说他要休息一下，让我们先回来。"

晶子听了，便不再说什么，走进书房，继续埋头写稿。这样过了近一个小时，宽还没有回家，晶子有些担心起来，便独自出门去找。走到一片空地时，远远望到宽独自一人，正蹲在一棵大银杏树下瞅着什么，晶子忍不住好奇，走到银杏树斜对面的一片矮树丛中，悄悄地探出头来一看，只见宽手中抓着一根树枝，正聚精会神地盯着地上的一个蚂蚁窝，入神地瞧着蚂蚁们忙碌地进进出出。

大吃一惊的晶子，为了不让宽发现自己，慌忙转身悄悄离开了。往回走的路上，晶子脑子里不断浮现出刚才看到的一幕。想起第一次邂逅宽的时候，在风和日丽的海边，宽曾经那么意气风发地对自己说，"我们要站在时代的最先端，永远成为时代的先驱者。"而现在，在同样风和日丽的午后，失去了一切豪言和梦想的宽，竟然无所事事地独自一人蹲在空地的银杏树下，呆呆地看着蚂蚁们排队搬家。被众星捧月时的宽，那么卓尔不凡，闪闪发光，而今，曲终人散，蹲在银杏树下的那个男人的背影，显得那么寂寞孤独，那么无助悲凉。

晶子感觉鼻头一阵阵发酸，越是拼命忍住快要流出的眼泪，内心越是疼痛不已。

如何拯救这个越来越消沉的男人呢？如何帮助他恢复到初见时的模样？晶子沉思默想了两天，终于在饭桌上慎重地开口对宽建议说：

"你去法国吧，怎么样？"

法国巴黎，是世界的浪漫之都，同为浪漫派诗人的宽与晶子，一直都对法国非常向往，期待着什么时候能亲自去看看法国和欧洲的一切。为此，宽甚至还曾经专门找了位法语老师自学过法语。只是，因为经济实在不够宽裕，虽然内心对法国向往已久，却不敢奢望真能成行。所以，听到晶子这么对自己说话，宽吃了一惊：

"你开什么玩笑！现在哪儿有那些个钱啊。"

"只要你愿意去，钱的问题，交给我吧，我来想办法。"晶子看着宽，认真地说。

"这……"宽看了看晶子，不像是在开玩笑的样子。

"没关系！不用担心，去吧，去法国看看吧。钱的问题，我来解决。"晶子微笑着，看着宽的眼神，充满了鼓励。

当时，从日本到法国，还没有飞机，只有轮船，但就算是二等舱的往返票也需要1500日元左右，再加上在法国的生活费，最起码需要5000日元左右。现在的5000日元，还不够吃一份高级日式料亭的套餐，但是在百年前的明治时期，5000日元可是一笔巨款。明治时期的日本，刚开始工作的公务员的月收入是8—9日元，与现在的日本物价相比，相差3800倍，当时的1日元，相当于现在的2万日元，因此彼时的5000日元，换算过来，也就相当于现在的一亿日元左右了。这对于家境本就贫寒的晶子一家而言，的确是个惊人的天文数字。

而且，当时晶子与铁干又先后生下了三个女孩和一个男孩，三个女孩中，有一对是双胞胎女儿，但其中一个生下就夭折了，这样，加上原来的大儿子光、二儿子秀，还有双胞胎姐妹八峰和七濑，晶子家一共有三个男孩四个女孩。一边抚养着七个年幼的孩子，一边每天没日没夜写作赚一家人的生活费，现在更要筹集丈夫出国的巨额费用，晶子超人的生活能量，实在令人惊叹不已。

晶子先计算好宽去法国所需要的全部费用，然后一分两半——一半找朋友们借，另一半则靠自己来赚：首先是写"百首屏风"。晶子找到当时最有人气的出版社"金尾文渊堂"社长金尾种次郎，在金尾种次郎的帮助下，制作了面向大众发布的"与谢野晶子'百首屏风'颁布规定"广告，按屏风尺寸不同，分别收费50—100日元不等。其次，晶子找各家出版社商量，将准备出版的几本书全部提前支付版税。这样，短短几个月时间，晶子便凑齐了宽前往法国的所有费用。当晶子将自己倾尽全力凑齐的费用，双手交给宽时，从来没有对晶子说过一个"谢"字的宽，禁不住眼眶都红了，第一次对晶子低下头来，郑重地鞠躬说，"谢谢你"。

1911年11月，在妻子晶子的竭力帮助下，宽如愿以偿地登上了开往法国的轮船。

到达法国之后的宽，如鱼得水，重新恢复了原有的自信与活力。而此时，与孩子们一起留守东京家中的晶子，对宽的思念，如草一般疯长起来。晶子每天埋头伏案工作的时候，都听到另一个自己的声音，不断地在心里说，"我要到法国去！我要到宽的身边去！"

而宽也在给晶子的来信中，多次催促晶子说，"晶子，快来吧，来法国看看，让我们一起牵手，走在法国罗曼蒂克的街头……"宽来信中对于法国的一切描绘，还有宽无比温情的呼唤，都强烈地煽动起晶子内心对于法国、对于法国的宽的渴望与冲动。

到法国去，到宽的身边去！已经为宽生下 7 个孩子的晶子，被心头如同少女一般的爱情火焰燃烧着，再也没有片刻犹豫地行动起来。

晶子先找到出版社以及企业家朋友，请他们帮助赞助去法国的费用；接下来，又拜托宽的妹妹静子帮忙照顾家中的 7 个孩子。一切都安排妥当之后，1912 年 5 月，在宽到达巴黎半年之后，晶子也追寻着最爱的宽的足迹到达了梦想中的巴黎。

> 三千里
> 我的恋人啊
> 柳絮飞扬的日子
> 我来到你身边

这是 1912 年 5 月 19 日，晶子从日本远渡重洋，来到巴黎、来到宽的身边时，所作的一首短诗。当时的晶子，与宽已经结婚 10 年，育有 7 个孩子。这 10 年中，晶子历尽了婚姻生活中的艰辛，也历尽了宽对自己的感情背叛，然而，即便如此，这一切仍然无法熄灭晶子心中对宽的爱情火焰——在结婚 10 年，并生下 7 个孩子之后，还能如此激情地对丈夫喊出"我的恋人啊"的女人，除了"情热女诗人"与谢野晶子，这个世界上，哪里还能找出第二个人来？这是多么坚固的爱情啊！

在巴黎异国风情的街头，晶子与宽的爱情燃烧得宛如初相见的少男少女一般炽热而浪漫。他们牵手走遍了巴黎的大街小巷，牵手一起游历了欧洲各国，甚至还一起登门拜访了居住在巴黎郊外的著名艺术家罗丹。

1912年秋，晶子在巴黎再次怀孕，这是晶子与宽的第八个孩子，晶子为这个男孩取名为"奥古斯特"，用以纪念法国的卓越艺术家弗朗索瓦-奥古斯特-雷诺·罗丹。

啊　这美丽的五月

法兰西的原野

火一般燃烧的颜色

你是罂粟花

我是罂粟花

这是晶子与宽奔跑在法兰西的原野之中，看到大片火红的罂粟花时写下的一首短诗。罂粟花，是一种十分美丽的花朵。其花虽美，却毒性无比。因此，罂粟花的花语，是"死亡之恋"。爱情，就像罂粟花一样妖冶，令人迷惑，使人癫狂。但一旦迷上它，便再也无法舍弃。罂粟花中的吗啡，令人食后上瘾，而爱情中的吗啡，也同样会令人中毒。"你是罂粟花，我是罂粟花"，在法兰西美丽的原野上，在巴黎浪漫的街头中，重返恋爱时代的晶子和宽，在再次燃烧起来的情爱之中，成为爱情中毒的瘾君子。

九

晶子与宽从法国返回日本之后，在朋友的资助下，夫妻二人共同创建了男女共学的"文化学院"。"文化学院"是日本最早的一所男女共学的学校。晶子也许算不上真正意义的女权主义者，因为晶子并不热衷于女权运动，但晶子本身的独立精神与独立意识，令晶子很自然地倡导男女平等、人格独立；倡议女子应该与男子接受同等的教育，而不仅仅局限于缝衣做饭型的贤妻良母教育。宽在"文化学院"执教一段时间之后，后受聘成为日本庆应大学教授，晶子则继续担任"文化学院"学监，并在执教的同时坚持文学创作。这段时间，晶子为宽又生下了 4 个孩子。除去一个夭折的孩子之外，晶子和宽一共拥有五男六女 11 个孩子。

晶子四十多岁的时候，在东京郊外的荻洼，终于拥有了一个真正属于自己的家。自结婚以来，晶子和宽一直居住在租赁来的房子里，拥有一个属于自己的家，是晶子多年的梦想。晶子在这片 1650

晶子与丈夫铁干晚年拍摄于自宅

平方米的土地上，按自己设计的图纸，建了两栋房子：一栋三层的洋楼，取名"遥青书屋"；另一栋则是典型的日式建筑，取名为"采花庄"。孩子们住在"采花庄"，晶子和宽夫妻俩则居住在"遥青书屋"的洋楼里。晶子在"遥青书屋"周围，遍种花细如豆的"满天星"，当大片大片的"满天星"盛开的时候，远远望去，如群星闪烁，挂满天边。

夫妻二人共同执鞭任教，又共筑新家，十一个孩子，也都一个个健康长大成人，晶子多年的苦日子，算是慢慢地熬出了头。眼看着家中的经济状况逐步安定下来，晶子在写作和任教之余，将自己的诗歌书写在怀纸和短册上，然后以 5 日元一枚的价格出售给读者们，这样一点一点地积累，三年之后，终于有了一笔很可观的数目，于是，晶子找到宽，商议说：

"让《明星》重新复刊吧，怎么样？"

"开什么玩笑！"宽满脸惊讶地说，"刚建了这么大的新家，哪儿能有多余的钱！"

晶子拿出三年来一点点积攒起来的金额，说：

"《明星》复刊的费用，我已经都准备好了。"

宽伸手接过晶子积攒了三年的那笔钱，老泪盈满眼眶。十多年前《明星》的终结，也终结了宽的自信，终结了宽的希望，终结了宽的精神，终结了宽的梦想。失去《明星》之后的宽，彻底坠入了自我沉沦的深渊。虽然随后宽在晶子的倾力支持下，得以远赴欧洲深造，但曾经寄托了宽少年壮志的《明星》，一直是宽内心永远无法解开的心结。让《明星》复刊，是宽暗藏在心中多年的宏愿。

知夫莫若妻，知宽莫若晶子。宽藏在心中的这个结，虽然从未提及，但以晶子的敏锐和对宽的了解，如何会不知道？虽然，晶子心里也明了，年近半百的宽，无论精力还是体力，都远不比从前，而且，如今时代的大环境也今非昔比，《明星》的复刊，也许根本毫无价值，没有任何实际意义。但是，这样做，若能帮宽解开一个心结，令宽从此无憾，亦算是好事一桩。

1921 年，重新复刊的《明星》，不但将早已经分散多年的"明星派"人马重新聚集到了一起，还得到了当时稳坐文坛第一把交椅的森鸥外前辈的大力支持，在《明星》复刊号上，第一页便是森鸥外撰写的专栏文章。除森鸥外之外，当时日本文坛的名家们，如谷崎润一郎、吉井勇、佐藤春夫、芥川龙之介等，也都应邀为复刊之后的《明星》撰稿。

应该说，《明星》的复刊，进行得比想象的要顺利。

但这世界上的许多事，该存还是该亡，真是很有机缘的，亦即所谓"人算不如天算"。

《明星》复刊不久之后，遇到的第一个打击是一直给予鼎力扶持的文坛前辈森鸥外去世，接下来遭遇的第二个打击，则是历史上著名的"关东大地震"。这次大地震，不仅令《明星》再次陷入休刊状态，还烧毁了晶子费了几年的心血即将完成的一部《新译源氏物语》书稿。所幸的是建在东京郊外的新家，几乎没有受损，家中大人孩子都因此安然无恙。

关东大地震中无数的生离死别，让已经年过半百的宽，开始感叹世事无常，深思人世生死，变得沉默寡言，精神状态再度跌入低谷。而晶子与宽则完全相反，大地震之后没过几天，晶子便迅速恢复了元气，开始打扫庭院，重整生活，并依赖大脑的记忆，动手重新撰写被烧毁得一干二净的《新译源氏物语》书稿。

后世研究晶子的日本学者，曾将晶子与法国著名的服装设计师可可·香奈儿相提并论，说：

　　就像可可·香奈儿一辈子执着于时装设计一样，与谢野晶子一辈子狂热于诗歌艺术与文学创作。可可·香奈儿对时装设计的追求是要很好地"解释自己"，而与谢野晶子对于诗歌创作的追求则是"绝对自己"。因为与谢野晶子说："艺术是自己的群像。一是自己，二也是自己，三还是自己。绝对自己。"

　　尽管与谢野晶子和可可·香奈儿的情感生活之路截然不同，并且一个在东方，一个在西方，从未见面也并不相识，但她们的确有着惊人的共同点：都是以"自我"为原点，追求自由、独立、自强的女性，都是拥有强大内心的女人，从不被环境左右，也从不为逆境屈服。

　　不仅如此，晶子还是一位精力过人得不可想象的女子。不仅独挑家庭重担，一手将十一个孩子养大成人，还同时创作了大量诗歌、随笔、评论、小说、童话等文学作品，并自筹资金，资助丈夫去欧洲留学，又积累存款，帮助丈夫复刊杂志。尽管在岁月的流逝中，晶子历尽磨难，但却始终保持着顽强的生活精神和写作欲望。在创作诗歌的同时，还作为评论家活跃在各大媒体上，谈古论今，抨击时弊，呼吁男女平等、女性参政，等等。除此之外，晶子的十一个孩子，也培养得十分出色，大儿子光长大之后成为一名医生，二儿子秀则成为一名外交官，其他几个孩子，也都是老师、学者或工程师等。而晶子与宽的孙子与谢野馨，长大成人后则成为日本的财务大臣。

　　因为晶子的名气和影响力，经常会收到来自日本各地的演讲邀请。每次晶子去外地演讲，宽总是与晶子相伴同行，夫妻二人在演讲之余，携手观光游览，走遍了日本的山山水水，泡遍了日本的温泉之乡。曾经，宽与晶子在一起时，非常讨厌被介绍成"与谢野晶子的丈夫"，而今，随着年岁渐长，宽所有尖锐的棱角都被岁月磨平了，开始平静坦然地接纳这一称呼，不再愤怒，不再神经质。

关东大地震之后，《明星》又曾再次复刊，但此刻文坛中的前辈和友人，以及当年《明星》的读者粉丝群都因岁月流逝而远去，再也无法重聚人气，加上经费不足等种种原因，第三次复刊的《明星》，出版发行断断续续、青黄不接，于1927年再次终刊。

这一次的《明星》终刊，是彻底的终刊，再也无法重生了。而日渐走向年迈的宽，也已经为《明星》多次的死而复苏，耗尽了最后一丝精力。《明星》彻底终刊之后，宽也彻底地陷入衰弱憔悴，显得越来越沉默落魄，当年那位少年英雄的明星派教主铁干，伴随着永逝的《明星》一起，从此永不复返。

1935年3月26日，宽因患肺炎引起心律不全，在医院病逝，享年62岁。在宽临终前的最后时刻，目光一直追随着守护在身边的晶子。晶子稍微离开宽的病榻远一点，宽就会像个不安的少年一样追问，"你呢，你在哪里？"在生命的最后一秒，宽拼足了力气，从嘴里挤出的最后一句话是"孩子他妈"。

"孩子他妈"——这是宽生命最后一刻，用尽所有的力气发出的、生命最后的呼唤。在宽与晶子一起走过的35年的人生中，宽对于晶子，有过热恋，也有过背叛，但在共同走过的35年中，在反反复复的生命的磨合中，他们的灵魂，终于融入彼此的血肉之躯，他便是她，她也是他。晶子用一辈子不变的爱，终于在宽生命最后的一刻，完整地感受到了宽对自己充满爱恋的那颗心。

晶子为宽，为这最后的、终于的、等待了一辈子的完整的爱而泪流不止。

1942 年 5 月 29 日，在宽去世的第七个年头，63 岁的晶子也追随着最爱的丈夫而去，告别了她曾用心爱过的所有日子。

> 两个星星的孩子
> 历尽千年的离别
> 不经意地
> 在今日相逢

这是当年晶子与宽第一次见面时，宽悄悄送给晶子的第一首情诗。

"我们都是星星的孩子。"年轻俊秀的宽，对情窦初开的少女晶子说。

而今，"两个星星的孩子"，告别他们曾经不小心坠落的凡尘，重归天际，化作了满天繁星。只留下满庭满院的"满天星"，在他们曾经居住过的"遥青书屋"，大片大片地盛开，宛若地上的群星闪烁，又如同爱人的呼吸，热烈、温暖、清新。

"满天星"的花语，正是"守望爱情"。

津田梅子记

中国历史上曾经使用的"年号"，据说源于西汉汉武帝时期，并在 7 世纪后期传入日本。"年号"在日本称为"元号"。辛亥革命之后，清末最后一位皇帝被推翻，中国的"年号"就被废除了。但日本的天皇，至今都作为一种象征而存在着，因此日本至今仍在使用"元号"。

从 1868 年明治天皇登基之后，日本开始采用"一世一元制"。也即天皇在位期间，只使用同一元号。因此，2019 年 4 月 30 日，天皇明仁退位，明仁的长子、皇太子德仁于翌日 5 月 1 日继位时，日本宣布长达三十年的平成时代结束，5 月 1 日开始，从"平成"改元号为"令和"，开启全新的令和时代。

为了迎接令和时代的到来，日元纸币推出了新版面。新版的五千日元上的人物头像，是日本最早的女性教育家津田梅子。

津田梅子是日本最早的女性教育家，也是日本历史上年龄最小的公派留学生，不到 7 岁就被当时的明治政府派往美国留学，一直在美国生活到 17 岁，才返回她的祖国日本。

17 岁重返日本的津田梅子，不仅成为日本第一任总理大臣伊藤博文的英文老师，还创办了日本历史上著名的私立女校"津田塾"，为明治维新之后的日本，培养了大量优秀的女性精英。而津田梅子本人，也一生未婚，将自己的毕生精力都贡献给了日本的女性教育事业。

一

说起日本，人们总会提到明治维新。明治维新的成功，当然有种种原因。但其中最大的主因，则归功于教育。而教育当中，又尤其归功于平民教育的普及化与女性教育的高等化。

"自今以后，一般人民华士，农工商及妇女子，须村无不学之户，家无不学之人。"——这是 1872 年（明治五年），日本政府颁发的一道学制命令。而早在这道学制命令颁布之前，明治政府还于 1871 年（明治四年）12 月，为学习考察西方文明与科学技术，向海外派遣了总数为 107 人的使节团。

以当时的右大臣岩仓具视为特命全权大使兼团长的 107 人使节团，因其人数之多、成员级别之高，堪称史无前例。团队成员近一半为当时明治政府的内阁大臣。除木户孝允、大久保利通、伊藤博文等对近代日本影响深远的人物外，还有 5 名由日本政府派遣的第一批女子留学生。这 5 名女子留学生中，年龄最大的才 14 岁，而年龄最小的则只有 6 岁——这名年仅 6 岁的小留学生，在乘船横渡太平洋的旅途中迎来 7 岁的生日，她便是日本历史上年龄最小的女子留学生——津田梅子。

在介绍津田梅子之前，必须要先介绍一下梅子的父亲津田仙。因为是父亲仙的见识以及对于洋文洋学的热爱，决定了其女儿梅子一生的命运。

仙出生于佐仓城（现千叶县佐仓市），幼名唤作"千弥"，后改名为"仙弥"，最后改名为"仙"，是佐仓藩主堀田正睦手下的家臣小岛善右卫门的四儿子。仙8岁时进入私塾学习认字，熟读四书五经，《日本外史》《资治通鉴》《左传》《汉书》等。不过仙对于汉学并无太大兴趣，而是热衷于马术、剑术、弓箭等各种武术。

佐仓藩主堀田是位热衷于"兰学"的开国派（兰学，江户时代的日本最早是通过与荷兰通商，接触到西洋文化与文明，故称"兰学"。后与西洋各国交流多起来，改称为"洋学"）。因为对西洋的一切事物过于热衷，以至拥有"兰癖"的外号——用现在的话来说，就是一根无药可救的超级崇洋大"粉丝"。堀田不仅在佐仓藩引进洋枪洋炮，还开设洋学塾命令手下的藩士子弟学习洋文——这些都自然对少年仙影响深远。

而令仙大受刺激，并发誓要学好英文，掌握好西洋先进技术的是贝利和他的"黑船来航"。1853年，美国水师提督贝利率四艘黑色蒸汽大船抵达江户湾浦贺。当时年仅17岁的少年仙，正在江户湾炮兵队当一名小炮手，眼睁睁看着眼前几艘体现西洋"高大上"先进技术的大黑船，仙和他的小伙伴们一个个都彻底惊呆了！

贝利和他的"黑船来航"，敲开了日本自江户时代以来，200多年闭关锁国的大门，也令少年仙对西洋火术与西方文明产生了强烈的渴望。仙不再学习荷兰语，而是四处奔走于当时日本有名的英语塾，拜当时的翻译名家以及英国人医生为师，刻苦学习英文，钻研洋术。

　　25 岁那年，仙因为擅长英文，而成为江户幕府的一名外交官。同年，仙又做了幕府徒士津田荣七家的上门女婿，与津田家的女儿初子结婚，于是改姓"津田"，从此被世人唤作"津田仙"。

　　初子和仙在婚后先产下长女琴子。因为已经有了个女儿，于是当初子再次怀孕时，仙满怀期待，希望第二个孩子能是个男孩，但结果事与愿违，第二个孩子生下来仍然是个女孩。极度失落的仙夺门而出，终日不见人影，以致孩子生下来一个多星期，都依旧没有名字。当时正值寒冬腊月，产褥期的初子看到墙角盆栽里正绽放着几朵梅花，于是给孩子取名为"梅"——这便是"津田梅子"这个名字的由来。

　　仙虽然想要男孩而不得，但并无重男轻女的思想，且对两个女儿的教育极其重视。即使出差在外，写给初子的家书中，都会念叨要让女儿们读书，并强调务必"早晚固定阅读时间"。梅子 5 岁不到时，在父亲仙的叮嘱下，便已由家里人陪着去私塾上课了。

　　津田梅子的父亲津田仙不仅是位热情的教育家，同时还是一位极力推进新事物的改革派。早在幕府时代，仙就和福泽谕吉一起，作为江户幕府特使小野友五郎的陪同翻译，为购买军舰而远赴美国谈判。刚到达美国的旧金山，仙就率先剪断了自己头上传统的日式丁髷，并将剪下的丁髷夹在信封内一起邮寄回家，令全家人大惊失色——当时日本武士自断丁髷，类似清朝贵族主动剪辫子断发一样，带有强烈的崇洋革新反传统色彩，是当时反对维新的保守派们无论如何都难以接受的。若被憎恶洋人的浪人武士见到，甚至有可能丢失性命。好在 1871 年（明治四年），明治政府颁布"散发脱刀令"，明治天皇率先断发维新，日本男人剪短发总算是有了"法律保障"，才避免了无谓的流血牺牲。

梅子的父亲仙既然是位革新派，其母亲初子也就"嫁仙随仙"，各方面都密切配合丈夫，十分夫唱妇随。在仙断发后不久，夫人初子也清洗了黑齿，并留起了眉毛。日本贵族和武士阶层，自古起有染黑齿、引眉的传统习俗。用曲、饴、酒等原料熬制而成的黑色"铁浆"染成的黑齿，不仅是一种身份的象征，据说还能预防牙病，保持口腔卫生。"引眉"则是将眉毛剃掉，再用墨在剃掉的眉毛处描出细长眉毛状的一种化妆法。

洗黑齿与留眉毛，对于当时的日本贵族女性而言，其意义等同于旧时中国大户人家的女性坚决取下自己的裹脚布，不再裹脚一般，都是对传统的挑战与告别，在当时可谓惊世骇俗的大动作。梅子拥有这样一对开明父母，也就毫不奇怪为什么才 6 岁便被送往美国去留学了。

说到梅子前往美国留学一事，还不得不提及一位重要人物——黑田清隆。黑田清隆是继伊藤博文之后的日本第二代内阁总理大臣（任期为 1888 年 4 月—1889 年 10 月）。而早在任内阁总理大臣之前的 1870 年（明治三年），黑田清隆便已是大权在握的北海道开拓使。为北海道的开拓事业，黑田清隆曾数次远渡重洋前往美国考察学习。

在美国考察期间，令黑田清隆最为震撼的一件事，是美国女性与日本女性完全不同的社会地位。这令黑田清隆意识到：教育，是发展的原动力。而母亲的见识，则决定一个国家的未来。

想要为国家的未来培养栋梁之材，首先要培养好"未来栋梁之材"的母亲们。要富国强兵，必须先振兴教育；要振兴教育，必须先振兴这个国家的女子教育。

出于这样一种"富国强兵"的理念，黑田清隆认为日本的女性教育事业与日本的未来命运息息相关。因此在担任北海道开拓使期间，便开始募集女留学生派遣至美国留学，着手实施"未来栋梁之材"的"母亲培养计划"。

二

1871 年（明治四年）12 月，黑田清隆招募到的第一批女子留学生共五人，与超过百人的"岩仓使节团"一起，在日本横滨港浩浩荡荡地登船出发，开始了远赴海外求学的人生旅程。这五名女子留学生中，年龄最大的两位是 14 岁的吉益亮子和上田悌子；年龄居中的是 11 岁的山川舍松和 8 岁的永井繁子；而年龄最小的，则是当时不到 7 岁的津田梅子——五位年幼少女，全都是旧武士阶层人家的女儿。

在出发前往美国之前，不到 7 岁的梅子和另外四名少女留学生一起，受到了明治皇后的接见——这是有史以来，武士家的女儿首次有机会入宫谒见，并获皇后送行书。"尔等身为女子，志诚洋学修行，实乃神妙之事。为日后成业归朝，共为妇女模范，望日夜潜心勤勉。"

未满 7 岁的梅子，在刚登上开往美国的远洋大轮船时，仅仅只会说两句最简单的英语：YES 或者 NO。因此，父亲仙送给女儿梅子赴美留学的礼物，是极为实用的，且在当时而言极为珍贵的两本书：一本木板印刷的 12 页《英语入门书》，一本袖珍版 200 页的《英和小辞典》。翻开书的封面，是仙用英文写下的一句话：

"My dear daughter Ume from the father Tsuda Senyah, Yedo,

Dec. 19ᵗʰ，1871."

（给我亲爱的女儿梅——父　津田仙　1871 年 12 月 19 日于江户。）

与两本英文书同时装入行囊的，是梅子喜欢的浮世绘画册以及日本人偶娃娃。

日本历史上年龄最小的女留学生津田梅子，就这样踏上了她的海外求学人生，并在乘船横渡太平洋的旅途中迎来 7 岁的生日。从此故国一别十年，一直在美国生活到 17 岁，才重新返回她的祖国日本。

1872 年（明治五年）1 月 15 日，"岩仓使节团"到达美国旧金山。原本只计划在旧金山休歇两三天便继续上路，但因大雪，铁路交通中断，结果在旧金山滞留了整整半个月。在旧金山短暂的半个月，成为津田梅子至老都无法忘怀的记忆：那是刚刚年满 7 岁的梅子第一次踏上美国的土地，并第一次看到黑人。而旧金山的黑人白人们，也是第一次看到黄皮肤的日本小女孩，大家相互诧异，彼此围观——第一次看到黑人时，7 岁的梅子简直吓坏了，时刻担心在晚上出门时，若没看清对面走过来的黑人，不小心撞上了，可怎么办？而当地人也对梅子和她的小伙伴们充满兴趣。一群美国妇人涌入梅子她们入住的酒店，争相围观这五名日本少女：这是当地的妇人们第一次看到身穿和服的日本小女孩，宛若看到一群来自外星球的小妖精一般。那群美国妇人们拿糖果和洋娃娃给这几名日本小女孩，并前前后后地仔细察看她们的日式女孩发髻，抚摸她们长长的和服袖子，用梅子当时还一句也听不懂的英文，对她们评头论足。

就这样在旧金山被"围观"了半个月之后，因大雪而中断的铁路交通终于恢复了。梅子和她的小伙伴们以及"岩仓使节团"的成员们，终于得以离开旧金山，继续搭乘火车上路。多番周折，终于在 2 月 25 日到达芝加哥。芝加哥当时刚于两年前遭遇一场大火，两万余户人家被烧。使节团团长、右大臣岩仓具视代表日本政府捐赠给劫后余生的芝加哥五千美金之后，一行人继续浩浩荡荡地出发，于 1872 年 2 月 29 日，终于抵达目的地华盛顿。从 1871 年 12 月 23 日告别横滨港，算起来，一行人海陆兼程，整整长途跋涉了 70 天时间。

当时的华盛顿，虽然还只是座人口不及 11 万的小城，却因为聚集着全美的官员公吏、议员律师、外国公使等，而被称为"全美物价第一的城市"。当然，那时候的华盛顿还根本没有电灯，一到晚上，便四处黑灯瞎火，与白天的热闹相比，更显寂寞荒凉。而当时华盛顿流行的交通工具是"铁轨马车"。1832 年起始于纽约的"铁轨马车"，在蒸汽机尚未问世普及之前，是美国各大城市最主要的公共交通工具。根据"岩仓使节团"写回日本的报告记载，当时的华盛顿通街铺设马车铁轨，马车基本分为大小两种：大马车由两匹马拉运，可乘坐 50 人；小马车由一匹马拉运，可乘坐 27—28 人。而普通的"铁轨马车站"，一般都为 2—3 层建筑，一层停放马车，二层为马厩，并设计有专用的通风口。这儿顺便说一句，日本的第一条"铁轨马车道"，始于 1882 年 (明治十五年)，全称为"东京马车铁道株式会社"，拥有 180 匹马和 30 辆马车，运行于东京新桥—日本桥之间的路段，是日本铁道史上的第一家私人铁道公司。

话题扯远了。重新回到梅子和她的小伙伴们。终于结束 70 天的长途旅行，在华盛顿安顿下来的五名女留学生，集体搬进了华盛顿市康涅狄格大街的一幢小楼——这是当时的日本驻美国公使馆的代理公使森有礼为五名小留学生安排的住处。除了安顿五个小女孩的住宿，森有礼还为五个小女孩请来了家庭教师，每天两小时教女孩子们英文；除英文学习之外，女孩子们还每周两次去音乐教室学习钢琴。

到了周日，五名小女孩就打扮得漂漂亮亮地一起出门去日本公使馆。这是单调的留学生活之初五位小女孩最快乐兴奋的事，去日本公使馆，对她们而言就如同回到自己的娘家一样。而公使馆的工作人员对于女孩们的到来，总是表现出极大的热情，不但每次都带着女孩子们四处散步转悠，临到告别时，还会准备好各种点心零食，让女孩们带回住处。为此，梅子和她的小伙伴们，总是急切地盼望着每个周日的到来。

但是，这种集体生活的快乐，在十个月之后，便开始面临结束。首先，是当时日本驻美国的代理公使森有礼发现：十个月下来，五名小留学生的英文进展非常小——除了一天两小时的英文授课外，其他自由时间，五个女孩凑在一起，仍然叽叽喳喳地使用日文交流……这样下去可不成啊——森有礼想，并决定将五个小女孩分别寄养到不同的美国家庭去。

1872 年 10 月底的一天，森有礼特意在日本公使馆设置晚宴，邀请五名小女孩留学生一起共进晚餐——后来成为日本首任文部科学大臣的教育家森有礼的一顿晚餐，从此彻底改变了五名小女孩留学生的人生命运。

参加森有礼在日本公使馆晚宴的，除了津田梅子和她的小伙伴等五名小留学生外，还有当时森有礼聘请的美国人秘书、日本公使馆的书记官查尔斯·雷曼先生和夫人艾德琳·雷曼。

梅子第一次见到雷曼夫妇是在刚刚到达华盛顿的时候。当时梅子和另一名小留学生吉益亮子一起，曾在雷曼夫妇家小住过一段时间，之后才集体搬进华盛顿市康涅狄格大街的一幢小楼。14 岁的吉益亮子比梅子大 7 岁，是五名女留学生中年龄最大的一位，一直像大姐姐一样对梅子照顾有加。可惜，亮子到美国不久便患上眼疾，半年之后便早早返回了祖国日本。

查尔斯·雷曼先生 1819 年诞生于美国密歇根州的瑞森河畔，家中共有九兄弟，是当地的名门世家。祖父曾任上院议员，父亲则是毕业于耶鲁大学法律系的高才生，曾深得美国前总统门罗赏识，在密歇根州担任财务要职。雷曼先生的母亲则是拥有印第安血统的法国人。

毕业于康涅狄格州一所专科学校的查尔斯·雷曼，16 岁时便受雇于纽约的东印度贸易商会，做了十年之久的会计事务工作后，出于对写作与艺术的热爱，雷曼先生辞去商会的工作，回到家乡成为报社编辑，开始他的写作生涯。除读书写作外，雷曼还热衷于绘画，交往的朋友中，也以作家和艺术家居多。而雷曼先生的妻子艾德琳则是一位大实业家的千金，毕业于尼僧寺院的附属女校，是一位极有教养与学识的上流女性。

雷曼不仅才华横溢、交游甚广，且工作经验丰富。曾先后受聘于陆军省、联邦政府内务部以及国会图书馆。1871 年（明治四年）9 月，雷曼受聘成为日本驻美国公使馆的书记官之后不到半年，"岩仓使节团"一行与津田梅子等五名小留学生便到达了美国。这真是一种冥冥之中注定的缘分——之所以这么说，是因为接下来梅子在美国的十年时间，都在雷曼夫妇家度过，雷曼夫妇对于梅子的人生意义，几乎等同于自己的父母。

在公使馆的晚宴上，还发生了一件极不起眼的小事：晚宴结束之后，森有礼邀请女孩子们继续留下来喝茶。看到梅子兴致勃勃地喝着浓厚的日本茶，森有礼随口打趣道：

"哎呀，女孩子不应该喝这么浓的茶。"

"可是，我喜欢浓茶呀！"被森有礼一说，梅子当时脸就红了，咬着嘴唇这么回答道。

尽管森有礼只是有意无意地说了一句玩笑话，但自从这件小事之后，梅子接下来的一生当中，居然再没有碰过一口浓茶——从这件极小的事情上，可以看到梅子过于认真的个性和与生俱来的倔强。

森有礼的公馆晚宴结束之后不久，五名小女孩留学生便开始各奔前程：首先是 14 岁的吉益亮子和上田悌子因为身体健康原因，只在美国呆了半年便提早回国，随后，11 岁的山川舍松被安排去了纽黑文的女子寄宿学校，8 岁的永井繁子被寄养到了居住在费尔黑文区的艾波特夫妇家，而年龄最小的梅子，则由雷曼夫妇领回了家。

1872 年（明治五年），五名小留学生在芝加哥。左起：永井繁子、上田悌子、吉益亮子、津田梅子、山川舍松

三

雷曼夫妇的家在华盛顿郊外的乔治敦，是一幢有着中世纪风格的炼瓦（日文"砖"）建筑。沿街处是一排低矮的木栅栏，院子里生长着高大茂密的大槐树以及精心护理的花坛和绿色草坪。这幢住宅是雷曼夫人的实业家父亲送给她结婚时的嫁妆。雷曼夫妇婚后一直居住在这里。这对当时已经年过五十的夫妻，是一对虔诚的基督徒，因为一直没有自己的孩子，所以对于梅子的到来表现了极大的爱心，认为是"上帝送来的礼物"，是"从天而降的天使"。

雷曼夫妇养育了梅子十年，见证了一个7岁的小女孩，如何成长为17岁少女。他们将梅子当成自己的"日本女儿"。而梅子对雷曼夫妇也有极深的感情，这从梅子长大回日本之后，一直不断写信向雷曼夫人倾诉回国生活的种种，便可以看得出来。雷曼夫人晚年生病时，当时已经长大成人并再赴美国留学深造的梅子，也曾主动回到雷曼夫人身边护理陪伴，一尽"日本女儿"的职责。

但是，尽管如此，梅子从小到大却自始至终没有叫过雷曼夫妇一声"爸爸"或是"妈妈"，而是一直称这对如同父母的夫妻为"雷曼先生""雷曼夫人"。作为武士家庭出生的女儿，梅子尽管接受美国教育长大，但骨子里天生流淌着武家公私分明的忠孝血液，并拥有执着的荣誉感与自尊心。梅子认为"如果我是个好女孩，美国人才会认为我有一对好父母；如果我做坏事，美国人必定认为我的父母也是恶人"。为此，尽管小小年纪便远离父母，但梅子生活严谨、学习努力，从小便表现出异于同龄人的自律能力和隐忍精神。因为她希望让美国人知道：自己是有教养的日本人，拥有好父母和好家庭。

梅子住进雷曼家之后，和其他美国孩子一样，进入当地的学校就读。校舍类似美国常见的普通住宅，全校大约百来名学生，每个年级学生最多不超过十人，很像一个小规模的私塾。这种小规模的办学方式，也影响到未来成年之后的梅子，在日本所实施的最早的女子教育模式。

雷曼夫妇虽然是虔诚的基督教徒，但从未劝诱过他们的"日本女儿"梅子也信教。这对温和的夫妇认为在宗教信仰问题上，应该听从梅子本人的意愿。因此，当有一天放学回家的梅子对他们说，她希望接受洗礼的时候，雷曼夫妇感到非常吃惊。在与当时日本驻美国的代理公使森有礼商量之后，1873 年 7 月的一个黄昏，在雷曼夫妇以及数名列席者的见证下，梅子接受了洗礼仪式。在接受洗礼之前，牧师问梅子：

"当你默默祈祷的时候，你是在祈祷什么呢？"

梅子回答：

"这不是可以询问的问题。因为这是属于我的祈祷。"

看得出来，梅子是个富有个性的女孩子，而且这种个性，在雷曼家温厚宽容的成长环境中，得到了极好的呵护。例如梅子在学校不仅成绩优异，待人接物也彬彬有礼，因此学校的老师赞美她"品行优秀"。但梅子并不接受这样的赞美，回答说：

"哦，不！学校是学习学问的地方，并不是礼貌好就应该得到表扬的地方。"

梅子的聪慧与个性以及超越同龄美国孩子的敏锐力与理解力，令牧师对眼前这个小小的东方女孩感到惊讶——"这是个天赋极高的孩子，所以才被父母送到这么遥远的美国来"——牧师原本只打算给梅子进行儿童洗礼式，但最后决定直接为梅子进行了成人洗礼。

梅子主动提出接受洗礼，应该与日本国内的形势变化以及家庭影响有关。梅子是在 1873 年 7 月接受的洗礼，而同年 2 月，明治政府刚刚下令摘除禁教令告示板。关于日本的"禁教令"，这儿有必要做一个简单的说明：1549 年，传教士方济各·沙勿略来到了日本，成为踏上东瀛岛国的第一位天主教传教士。从此，不断有西方传教士远渡重洋来到这个岛国布教。随后的半个多世纪里，在日本的基督徒人数高达 40 万—60 万以上甚至更多，在日文中他们被称作"吉利支丹"，即基督徒。从日本九州开始，到关西、近畿、东北乃至北海道，吉利支丹遍布日本各地，所到之处均可见到供教徒们聚会礼拜的教堂。

这种不断扩张的蔓延趋势令德川幕府心生恐慌。17 世纪初期的 1612 年，德川幕府颁布禁教令，开始驱赶在日本的传教士，并禁止日本人信仰来自异域的"邪教"。凡拒绝者一律逮捕并处以酷刑。在这样的环境之下，甚至出现一种名叫"踏绘"的信仰检测工具：在木板或金属板上刻上耶稣像或圣母玛利亚像，命人用脚践踏以证明自己不是吉利支丹（基督徒）。凡拒绝者一律逮捕并处以酷刑。不少信徒因此殉教或是被迫弃教。这一源自江户时代德川幕府的禁教令，直到 1873 年（明治六年）7 月，明治政府摘除禁教令告示板之后，基督教才在日本政府的默许下实现了合法化，吉利支丹们才终于不再畏惧公开自己的信仰。

明治政府摘除禁教令告示板时，梅子的父亲仙，也正好作为三等书记官，前往奥地利维也纳参加世界博览会。在维也纳的博览会上，仙对欧美的农产品栽培产生了浓厚兴趣，从欧洲返回日本之后，很快就编译出版了介绍欧美农业改良方法的《农业三事》，又创办了农业学校"学农社"，还发行了由学农社主办的农学刊物《农业杂志》，并首创使用邮购方式，推广美国产玉米种子的销售模式——这被认为是日本最早的邮购销售。此外，现在东京街头常见的开满蝶形花的刺槐树，也是当年仙从维也纳世博会带回日本的种子。除了欧美的农业，维也纳世博会上还有一件事也令仙记忆深刻——那就是数量庞大的、被翻译成世界各国语言的《圣经》。在梅子接受完洗礼的翌年，仙与夫人初子，即梅子的母亲一起，夫妻双双在日本接受了洗礼，和远在美国的女儿梅子遥相呼应，全家都成为虔诚的基督徒。

当父亲仙在日本忙于普及欧美化农业时，远在美国的梅子，则在雷曼夫妇身边健康明快地长大：每逢节假日，雷曼夫妇就会带着梅子去各地旅游，而且来往雷曼家的客人，也都是博学多才的文化名流，这些都潜移默化地影响了梅子对于文学、诗歌的爱好。小学毕业典礼上，梅子用流畅的英文背诵了美国诗人威廉·卡伦·布莱恩特的《白足的鹿》，获得了全场掌声，并为此收到了诗人写来的亲笔信。这更加刺激了梅子对于诗歌的兴趣，才十一二岁的年纪，便终日抱着诗集不离手地背诵阅读。除了布莱恩特，梅子还喜欢上拜伦、丁尼生、朗费罗的诗歌。其中，诗人朗费罗是雷曼夫妇的友人之一，在梅子上小学的时候，还曾坐在诗人的膝盖上和诗人聊天。

1878 年，小学毕业的梅子进入位于华盛顿市区的 Archer Institute 私立女校就读。从雷曼夫妇家徒步到女校需要一小时，因此上下学梅子都乘坐当时极为发达的铁道马车。这所私立女校集中了当时华盛顿中上流家庭的女孩子们，聘请的教师也多为知名人士。除了数学、绘画、音乐等中学生必学的普通学科之外，梅子还在这所女校接受了心理学、天文学、英文学、艺术，以及拉丁语、法语等多门学科的教育。学生时代的梅子，求知欲十分旺盛，除了诗歌之外，还开始热心地阅读各种戏剧作品。这些涉猎广泛的书籍阅读，都为梅子未来作为日本的教育先驱，打下了良好的基础。

四

1881 年（明治十四年）春天，已经 17 岁的梅子学成回到日本。7 岁不到便由日本政府派遣到美国留学，长达十年的旅美生活，除了依旧保留着一张日本女性的脸之外，梅子从服装打扮到谈吐举止、思维方式，都已经完全美国化。穿洋装、吃西餐、信仰基督教的梅子，张口就是成串的英文，而作为母语的日语，早已忘记得一干二净。回到日本的家中，面对自己的母亲甚至都无法交流——因为梅子的母亲不会英文。好在梅子的父亲仙，曾经担任过江户幕府的外交官，能说一口流利的英文。于是，梅子回到日本之后的很长一段时间，与人交流都只能依赖父亲仙帮忙做翻译。

但仙的工作十分忙碌，也不可能时时跟随在梅子身边。偶尔梅子不得不一个人出门的时候，便会因为语言不通而一筹莫展。例如有一个周日，梅子独自出门去东京筑地的教堂做完礼拜之后，乘上人力车回家，走到半路上突然想起有东西忘记在教堂了，于是想要车夫重新折回教堂一次。但梅子不会说日语，车夫又听不懂英文，正在连比带划互相着急的时候，梅子认识的一位美国人恰巧从他们身边路过。那位美国人在日本生活多年，日语说得很地道。这可真是帮了梅子的大忙——靠了美国人帮忙做日语翻译，车夫才总算明白了梅子想要做什么。

阔别十年回到祖国日本，语言不通固然是个大问题，除此之外，困扰梅子的另一个大问题就是梅子回到日本之后很长一段时间，都找不到合适的工作。当时，日本的明治维新虽然已经初见成效，但是传统思维观念依旧根深蒂固。何况，当初 7 岁不到的梅子和她的小伙伴们——另外 4 名日本少女，被日本政府派遣去美国留学的主要目的是为国家未来的栋梁之材"培养优秀的母亲"。因此，这几名被明治政府派遣到美国留学的日本少女，回到日本之后的一条最"正确"出路，便是结婚。梅子最要好的两位朋友：永井繁子和山川舍松，从美国回到日本不久，便都先后出嫁——永井繁子嫁给了海军大将瓜生外吉，山川舍松则嫁给了元帅陆军大将大山岩。两位都成了日本海陆军中的贤内助、上流社会的名门夫人。

梅子也被安排相亲过几次，但尽管相亲对象也都身份显赫，却难有令梅子心动者。眼看着自己的两位好友都先后结婚找到人生归宿，而只有自己依旧孤身只影，找不到合适的工作，又加上语言不通，没有朋友，与家人也完全无法交流——梅子初回日本那段时间的苦闷可想而知。

一次偶遇，让梅子回国的苦闷生活有了转机。

1883 年秋天，即梅子回到日本之后的第二年，当时的外务卿井上馨在官邸举办晚宴庆祝"天长节"（即"天皇诞辰日"，"天长节"是"二战"日本战败前的叫法）。梅子作为"归朝者"，也在受邀之列。

晚宴上，一位身着洋装、四十岁左右的绅士，穿越人群微笑着朝梅子走过来，彬彬有礼地朝梅子鞠躬问候道：

"还记得我吗？我第一次看到你时，你还只是个小不点的孩子呢。"

这位彬彬有礼的洋装绅士，便是十多年前和梅子他们一起前往美国的"岩仓使节团"副使、后来成为日本历史上第一代总理大臣的伊藤博文。伊藤博文当时刚刚从欧洲考察归来，正在起草"大日本帝国宪法"。十多年不见，梅子已经从当年的小女孩出落成亭亭少女。晚宴上，风度翩翩的伊藤博文对梅子照顾有加，并介绍梅子认识了包括下田歌子等在内的诸多名流夫人。下田歌子比梅子年长10 岁，曾经是明治皇后美子身边最受宠爱的女官，自幼饱读汉书，深研儒学，5 岁便能吟诗作画，俳句和歌汉诗样样拿手，又曾经被公派去英国留学，专门考察欧洲的女子教育，并致力于日本女性的现代文明启蒙，和本书所介绍的津田梅子一样，都是日本近代史上鼎鼎有名的女性教育先驱。

那次与伊藤博文邂逅不久，梅子很快收到伊藤博文的来信，邀请梅子去做他女儿的家庭英文教师。这对梅子当然是求之不得的事。在伊藤博文的盛情之下，梅子很快便搬到东京永田町二丁目的伊藤官邸，与伊藤一家生活在一起。

梅子在伊藤家受到贵宾般的礼遇。就连伊藤博文的学生举行婚礼，伊藤也极力邀请梅子参加，并安排梅子就座在伊藤夫人身边的主宾座位上。在伊藤官邸，梅子结识了不少来来往往的政要名流。伊藤博文虽然公务繁忙，但有时间就会尽量陪家人一起晚餐，这时候梅子也总是被当作家庭的一员，加入伊藤家的餐桌。晚餐之后，伊藤博文也会抽时间和梅子进行各种交流，这让梅子对伊藤博文本人，拥有十分直观的、贴近的认识。1909 年，伊藤博文在中国哈尔滨被朝鲜国的安重根暗杀之后，梅子还曾特意撰文追悼，文章洋溢着一位不谙世事的少女，对伊藤博文的人格折服和由衷敬佩。尽管世人对伊藤博文有各种褒贬不一的评价，但在梅子的眼里，伊藤博文却是一位"拥有坚定信仰，且充满人性魅力的政治家"。

梅子在伊藤官邸的日子过得明快而平静，可以说是梅子从美国回到日本之后，最难忘的一段时光。当时，梅子初识不久的教育家下田歌子创办了一所"桃夭女塾"，考虑到梅子从 7 岁开始一直在美国长大，母语日文只会只字片语，因此，除了在伊藤家做英文教师，伊藤博文还让梅子定时去"桃夭女塾"，跟随下田歌子一起学习日文阅读与习字。

不过，梅子在伊藤博文家只做了半年的英文教师，便以"母亲生病"为由，离开了伊藤官邸。众所周知，伊藤博文是日本著名的政治家，也是一名"伟大的好色家"。因此，年轻的梅子在伊藤官邸半年的家庭女教师生活，便成为后世一些好事之徒一直想要解开的谜底：以伊藤博文的好色，邂逅十八妙龄的海归才女津田梅子，难道两人之间一点也没发生过什么吗？而且，之后津田梅子一直到死都终身未嫁，且没有过任何绯闻，到底为什么呢？这些，都成为人们想解却无解的永恒谜题。

五

1877 年（明治十年）10 月，以日本皇室和贵族子女为主的、日本著名的私立贵族学校"学习院"在东京神田锦町举办了开学仪式。第一批贵族子弟学生有 130 人，其中有一小部分是女学生，为此特意开设了一个"女子部"。此后学习院女子部开始面向士族平民招生，入学人数年年增加，于是干脆从学习院分离出来，成为独立的贵族女子学校。

贵族女子学校于 1885 年（明治十八年）开校，当时日本正值欧化热的鼎盛期——在贵族女子学校开校的前两年，即 1883 年（明治十六年），时任日本外务大臣的井上馨，因为致力于推广欧化政策，建成了日本近代史上著名的社交场所"鹿鸣馆"。"鹿鸣馆"这一称呼，源于《诗经·小雅》当中第一篇"鹿鸣"：

"呦呦鹿鸣，食野之苹。我有嘉宾，鼓瑟吹笙。"

使用"鹿鸣"二字为这个涉外社交场所命名，表达了当时急切期待"文明开化"的日本，对西方文明的向往以及对西方人士的款待之心。这从鹿鸣馆落成之后的首次宴会也能看得出来：明治政府大张旗鼓地邀请了来自各国的驻日公使，以及日本各界名流共计超过 1200 人参加庆宴，一时朝野轰动。上流社会贵妇名媛们都开始褪下和服，换上洋装，去上野的精养轩学习西洋料理的餐桌礼仪，参加骑马说明会学习马术，去鹿鸣馆的社交舞会上一展风采。在这样的欧化狂热中，刚刚开校的贵族女子学校也理所当然地开办了英文课。梅子也经伊藤博文的推荐，成为这所日本首屈一指的贵族女校的英文老师，而前面提及的另一位女性教育家下田歌子，则担任该校的学监。

明治时代的日本，为了要彻底"脱亚入欧"，非常重视英文教育，中学部便已经开设了英文课程。但所学主要以英文原文的文学作品为主，并不注重实用性。梅子注意到这一现象，开设了听力、会话、写作等英文课，致力于实用英语的教育。还动手翻译英文教科书，为学生们提供更多实用性的英文学习资料。

在日本思想史上，有一个词，叫"和魂汉才"——这是出现在日本平安时代中期的一个概念。当时日本的贵族阶层所学习的学问，都是以汉文书籍为主的。为此有了"和魂汉才"之说——学习中国进步的文化，但也要保持日本固有的精神也即"大和魂"。这一思想源头从平安时代传承到明治维新的文明开化时代，便出现了"和魂洋才"的口号：摄取和活用西洋国家的先进文化以及科学技术，但仍然必须固守大和民族的精神。

从民族立场来看，"和魂洋才"似乎是个不错的口号，但也因此带来一些必然的弊病，例如欧化狂热的表皮化，贵族家庭的名媛们虽然开始吃面包、着洋装，在鹿鸣馆大跳社交舞蹈一展风姿，但骨子里依旧是日本的、和风的。有日本学者认为日本的女子教育，主要由三大系统构成：平安时代的情操教育、武家时代的贞洁教育、德川时代的妇道教育。这三大系统形成日本女性，尤其是上流阶层名媛们的道德观，也影响着她们在待人接物方面的礼节礼仪：彬彬有礼、谨言慎行，互相谦让，任何时候都保持着克制的微笑，始终使用敬语，专注于聆听，从不轻易表露自己的主张，永远不会开口说"不"。换言之，无论何时何地，都始终保持矜持，保持优雅，是身为名媛的人生规范。

这一切都令在美国长大成人的梅子非常不习惯。在梅子眼中，这些贵族女学生们，就像温室里的花朵，一有风吹雨打便容易受伤。优雅有余，韧性不足，她必须学会小心翼翼地跟她们相处，以免被认为是个可怕的老师而惊吓到她们。谨慎、克制、不轻易自我主张——这些传统美德，在梅子看来是缺乏进取心的表现。自由与好奇心，才是一个现代女性必须具备的能力与品格。

　　无论是生活习惯还是思维方式，梅子都感觉自己与当时的日本社会格格不入。这令她深感孤独，更加怀念起在美国度过的那些开放自由的好时光。在贵族女校做英文教师的日子里，梅子是个凡事认真严谨的人，对英文教师的工作有一种本能的责任感，相当尽职尽责，却常常扪心自问：6岁便远渡重洋，十年的美国求学生活，究竟是为了什么？难道只是为了回到日本之后做一名英文老师吗？当年赴美留学前夕，皇后曾在送行书里叮嘱，"望日后成业归朝，共为妇女模范"——这个"妇女模范"，究竟又是什么？难道只是结婚生子，做一个为国家养育"栋梁之才"的母亲吗？做英文教师或是做母亲，这些似乎都不是自己的人生理想。当然，梅子并不反对成为一名母亲，但在没有遇到心仪的那个人之前，她无法说服自己仅仅遵循媒妁之言组建家庭，像大部分日本女性那样度过一生。

　　那么，自己究竟想要度过怎样的一生？梅子对此也并不明确。她无法回答自己的人生疑问，只知道眼前的生活并不是自己想要的。这令她陷入烦恼，迫切地需要寻找一个突破口，找到一条通往未来理想自我的道路。

　　当时的日本，虽然已经极为注重女性教育，但就像前面提及过的那样：女性教育的主要目的，是为了培养优秀的母亲。所以，虽然接受过良好教育的女性们，看起来个个知书达理，但却几乎没有专业方面的女性学者。也许，自己可以致力于某方面的专业研究，成为一名女性学者呢？梅子暗自在心里想。在给雷曼夫人的信里，梅子这样写道："我感觉现在的自己比起刚刚回国的时候，精神更为成熟，也更为懂得了学问的有趣。"并坦率地写道：希望自己能有进一步接受教育的机会，这样将来不仅仅只是做一名英文教师，而是可以成为一名学校的管理者，对于学校运营能拥有话语权。当然，比这更重要的，是要打破现在这种一眼可以望到头的生活方式，走出一条前人未曾走过的新道路。

在美国友人爱丽丝·培根小姐的建议下，梅子决定再次赴美留学。

六

爱丽丝是梅子的旧友。梅子的好友、当年一同前往美国留学的山川舍松，曾经在爱丽丝家寄宿。爱丽丝的父亲伦纳德·培根先生是一位牧师，在耶鲁大学神学部兼任教职，是一位积极的废除奴隶制倡导者。一家人大多从事教育或社会问题相关的工作，因此，这样的家风，也很自然地影响到作为培根家小女儿的爱丽丝。爱丽丝与梅子和山川舍松等几位自幼熟识，贵族女子学校成立之后，需要英文教师，梅子便向学校推荐了爱丽丝。彼时爱丽丝正在美国弗吉尼亚州的一所师范学校任教，收到梅子的邀请之后，马上办理好相关手续前往东京。考虑到爱丽丝初到东京，人生地不熟，语言也不通，所以学校安排一处住所，让梅子与她同住以便于照应。爱丽丝比梅子年长几岁，无论学历还是人生经历，都算得上是梅子的前辈，两人语言相通，接受的教育、成长的环境也相近，因此两人推心置腹，极为投缘。在梅子对未来迷茫的时候，得到了爱丽丝的不少建议与助言。梅子不仅采纳了爱丽丝的建议，决定再次赴美留学，日后在创办"女子英学塾"时，也得到了爱丽丝的倾力相助。

1889年（明治二十二年），在美国友人、居住在费城的莫里斯夫人的帮助下，梅子获得布林莫尔学院的留学邀请，学院热烈欢迎梅子的到来，并承诺免除全部学费且提供住宿。梅子任教的贵族女子学校对如此宽厚的留学条件也大喜过望，当即应允梅子保留职位赴美留学两年（之后因为学业又延长一年）。

地处宾夕法尼亚州东部的布林莫尔学院（Bryn Mawr College），是一所创办于1885年的私立女子学院。1878年，毕业于宾夕法尼亚大学的内科医生，同时也是基督教新教贵格会教徒的约翰·W.泰勒，为了实现贵格会的女子教育理想，捐赠出位于布林莫尔的40英亩土地以及53 500美元的资金，建造了这所美国历史上第一所授予女性博士学位的女性高等教育学府。1885年布林莫尔学院开校时，招收了36名本科生、8名研究生共44人，全部都是女性。学校以严谨认真、自由且自律的校风而闻名，是最早实施学生自治的学院之一，尤其注重学生们的正直、诚实与自觉的培养。有不少著名人士都是该学院的毕业生，例如奥斯卡影后凯瑟琳·赫本（1928），芝加哥大学第一位女校长汉娜·霍本·格雷（1950），哈佛大学第一位女校长德鲁·吉尔平·福斯特（1968），诺贝尔和平奖得主爱米莉·巴尔奇，日本明仁天皇的英文教师、作家伊丽莎白·格雷·维宁（1923）等。还有美国前总统伍德罗·威尔逊、被称为"现代数学之母"的数学家埃米·诺特等，曾经也都是该学院的教师。虽然布林莫尔学院只是一所小型的四年制学院，但其师资力量以及就读学生，基本来自美国中上阶层的精英阶层。即使在美国，布林莫尔学院都属于女子高等教育的先驱者。

1889年（明治二十二年）9月，梅子成为布林莫尔学院的一名日本留学生。当时布林莫尔学院开设了文学科、生物学科、希腊语科、拉丁语科等多种学科。按梅子少女时代的阅读爱好，理应选择文学科，但梅子却意外地选择了生物学科。估计这样的选择，应该是受到热衷于农业研究的父亲仙的影响，此外，也与当时的时代潮流影响有关。自从 1859 年，生物学家查尔斯·罗伯特·达尔文出版了其著名代表作《物种起源》，在欧美学术界引起轰动之后，整个社会都对生物学充满了好奇的探究之心。

就读布林莫尔学院算得上是梅子整个人生的转折点，这是一次"幸福的转折"。在布林莫尔学院求学期间，对梅子影响最大的人当属玛莎·凯莉·托马斯（Martha Carey Thomas，1857—1935）。托马斯是布林莫尔学院的创始人之一，梅子入学时，托马斯正担任首届学生部长（不久后成为第二任校长）。1857 年出生的托马斯，是 19 世纪美国的第一批女大学生。尽管当时的美国社会非常奇特地认为前往欧洲留学是件"不光彩"的事，但托马斯依旧前往德国古老的莱比锡大学留学。因为莱比锡大学不授予博士学位，之后又转校到瑞士的苏黎世大学学习，并成功获得博士学位。托马斯是一位女性高等教育的积极倡议者和实施者，也是热心的女性参政运动家。受到托马斯影响的不只有梅子，还有美国著名的女性社会活动家爱米莉·巴尔奇。爱米莉·巴尔奇是布林莫尔学院的第一批毕业生，1889 年梅子刚刚入学布林莫尔学院时，正逢爱米莉·巴尔奇以第一名的成绩从该学院毕业，并获得学院的奖学金，前往巴黎留学从事经济研究。爱米莉·巴尔奇后来成为美国工会妇女同盟及妇女争取和平和自由国际同盟的创始人之一，并于 1946 年获诺贝尔和平奖。

在女性还很少接受高等教育的 19 世纪美国，托马斯和她的同伴们不仅创办了布林莫尔学院，还促成了约翰斯·霍普金斯大学医学部面向女学生敞开招生大门。托马斯将毕生精力都贡献给了美国的女性高等教育事业，是一位女性精英主义者。她支持和平，主张女性不必要结婚，即使结婚，婚后也不应该放弃自己的社会职务。

托马斯终身未婚，而她的两位著名学生——美国人学生爱米莉·巴尔奇和日本人学生津田梅子，后来也将人生的全部精力奉献给了自己热爱的事业，同样终身未婚。

梅子在布林莫尔学院的留学生活过得忙碌充实，作为校园里罕见的东方面孔，梅子流利的英语令同学们吃惊，因此经常是令人瞩目的存在。梅子的同学们评价她，"沉着、稳重。像孩子一样纯朴，但又有女外交官一般的自信"。作为一个在美国度过了整个少女成长期的日本人，梅子的日本人面孔下，有一颗美国人的心。因此，一旦离开祖国日本重返美国，梅子感觉到前所未有的舒展，如鱼得水，自由且自信。

梅子从横滨出发前往美国布林莫尔学院留学不久，梅子的好友爱丽丝·培根小姐也告别日本返回了美国。在东京的贵族女子学校任教期间，爱丽丝一直利用假期游览日本各地，观察日本社会的风俗民情，因此从日本返回美国之后，便开始着手撰写《日本的女性》，记录自己在日本的所见所闻。在撰写过程中，爱丽丝对日本的许多事物产生出新的疑问，非常期待梅子能给予帮助，因此，1890 年（明治二十三年）夏天，梅子在布林莫尔学院的第一个暑假是在爱丽丝·培根家度过的。在爱丽丝家里，梅子在协助爱丽丝解答许多有关日本女性疑问的同时，回想起自己第一次留学回国所见所闻的一切，开始更深刻地意识到：尽管日本明治维新成功，日本社会开始全盘接受来自西方的工业技术与科学知识，但许多传统的固有观念，并没有因为国家的文明开化而得到改变。日本女性的社会地位依旧低下。这从日本的女性教育就能看得出来：在当时，日本女性虽然也跟男性一样上学接受教育，但属于女性的高等教育机构，唯有东京的女子高等师范学校这一家。

这是一个需要有更多女性接受高等教育的时代——在与爱丽丝的交流过程中，梅子对自己朦胧的未来，也逐渐有了更为清晰的目标定位。

暑假结束从爱丽丝家返回布林莫尔学院的梅子，在翌年一月前往纽约州著名的奥斯威戈（Oswego）师范学校访学了半年。奥斯威戈师范学校是当时美国唯一一所推行"裴斯泰洛齐教育法"的师范学校。约翰·海因里希·裴斯泰洛齐（Johann Heinrich Pestalozzi）1746年出生于瑞士苏黎世，是 19 世纪瑞士著名的教育家，要素教育思想的主要代表人物，也是世界教育史上第一个明确提出"教育心理学化"的教育家。裴斯泰洛齐认为教育是建立在人的心理活动规律的基础上的一门科学，强调爱对于儿童的心理影响，强调与实际相联系的直观教育，并坚信理论与实践相结合的教育原则可以促进人的一切天赋能力和力量得以全面和谐地发展。作为一名著名的民主主义教育家，裴斯泰洛齐还认为无论贫穷还是富有，教育面前人人平等，大众有接受教育的权利；并认为随着工业化社会的来临，学校教育将取代传统的家庭教育，职业教育也会尤为重要。裴斯泰洛齐的要素教育理论的核心思想，是通过一些简单的要素，培养各方面和谐发展的、健全的人。例如德育的简单要素是"母爱"，体育的简单要素是"身体各个部分的运动能力"——这些教育理念奠定了现代教育法的基础。现代社会对于儿童教育提倡"德智体全面发展"，便源自裴斯泰洛齐和谐发展的核心理念。

裴斯泰洛齐的教育思想最早在 19 世纪的欧洲产生巨大影响，因此当时美国纽约州奥斯威戈市特意从英国聘请讲授"裴斯泰洛齐教育法"的老师，给当地的小学老师们上指导课。一开始只是讲座班的形式，之后随着规模不断扩大，最后发展成一所专业的师范学校。

不用说，裴斯泰洛齐的教育思想为年轻的梅子打开了一扇崭新的门，让她看到自己未来想要前进的路。在奥斯威戈师范学校半年的学习，令梅子受益匪浅，也令梅子意识到：如果仅仅只是自己一个人能受惠于这样良好的高等教育，并不能改变日本社会男尊女卑的现象。想要改变日本女性的命运，唯一的方法就是让尽可能多的女性能接受高等教育。

如何能让其他的日本女性也像自己一样，可以到美国留学，学习到最新的技术与文化呢？梅子首先想到的是募捐。她找到帮助她进入布林莫尔学院留学的莫里斯夫人，提出自己的设想：希望能在她留学回国之前，筹集到 3000—4000 美金，作为资助下一位日本女性来美国留学的费用。莫里斯夫人对此大为赞同，并进一步建议说："既然打算募捐，那就干脆设立一个奖学基金，以 8000 美金为目标筹集资金如何？这样，仅仅利息，就可以资助一名日本女性到美国留学了。"梅子对此自然没有异议，就这样，在莫里斯夫人的帮助下，"日本妇人美国奖学金"成立，莫里斯夫人亲自担任基金会的委员长。梅子也在忙碌的学习之余，努力参加各种聚会，游说美国富裕阶层的夫人们为日本女性的教育积极募捐，当地报纸也对此事进行了相关报道，很快就募集到了 8000 美金的奖学金，在梅子结束三年留学生活返回日本前夕，超预期地顺利达成。受益于这笔奖学金前往美国留学的日本女性，有日本著名私立学校"同志社高等女校"校长松田道子、"惠泉女学园"校长河井道、"女子学习院"教授铃木歌子、"女子英学塾"校长星野爱、"东京女子高等师范学校"教授木村文子等前后十多人，且这些人从美国学成回到日本之后，无一例外地都从事日本的女性教育工作，为推动日本女性的高等教育作出了巨大贡献——而这正是梅子最期望看到的结果。

七

1892年（明治二十五年）8月，梅子结束在美国的三年留学生活，回到东京的贵族女子学校继续任教，此后也兼任明治女子高等学校的教授。1898年（明治三十一年），"万国妇人联合大会"在美国科罗拉多州的丹佛召开，日本政府首次派出两名妇女代表参加：一位是梅子，另一位是梅子在贵族女子学校的同事、教授法语的渡边笔子。

1861年出生于肥前国大村藩（现在的长崎县大村市）的渡边笔子，比梅子年长3岁，是明治维新志士渡边清男爵的女儿。12岁进入东京女子学校就读，19岁时遵循昭宪皇后的命令，以荷兰公使随从的名义被公派到欧洲，先后在荷兰、法国留学，两年后回国进入贵族女子学校任教，并同时担任"大日本妇人教育会"干事，积极参与日本的社会教育和慈善事业。渡边笔子和梅子一样，也是近代日本的女性教育家之一，不仅是大正天皇的皇后——贞明皇后的老师，同时也是日本最早的智能障碍者福祉创始人。在明治社会强调富国强兵，而智能障碍者只能被关闭在屋子里的时代，笔子因为女儿的智能障碍而深切地理解智能障碍者的诉求，以及作为家属的种种苦衷，并为此将自己的毕生精力都奉献给了日本的智能障碍者教育与福祉事业。

　　1898 年夏天在美国科罗拉多州丹佛市举办的"万国妇人联合大会"，共有来自美国、英国、澳大利亚等超过 3000 人以上的欧美各国妇女代表参加。梅子和笔子在万国妇人大会上成为最闪亮的明星。这不仅因为在 1898 年，许多与会的欧美女性都是第一次看到身穿和服的日本女性，因此十分好奇，而更令她们惊奇的是这两名黄皮肤的日本女性，不仅会英文，还会法文，特别是其中一位"日本小妇人"，用纯正的美式英语在大会上作为日本代表发言。美国的报纸都对这位"日本小妇人"的发言进行了报道。不用说，"日本小妇人"便是身材小巧的梅子了。

　　这里有必要简单介绍一下万国妇人联合组织的形成：美国最早的女性组织，都是宗教或是慈善相关团体，直到 19 世纪中叶，接受过高等教育的女性们，才开始脱离宗教与慈善的框架，思考并关注社区福利与公共政策，并认为女性也拥有道德义务与责任去推动制度改革与时代进步，真正属于女性权利组织的团体才应运而生。成立于 1868 年的 Sorosis Club，被认为是美国最早出现的女性运动的专业组织。因为 Sorosis Club 不再局限于宗教慈善，而是隔周举办一次定期聚会，对思想、社会、职业、经济等问题进行讨论，并对女性参与社会活动提供支持。在之后的二十多年时间内，针对家庭问题、就业问题、经济问题等专业属性更为明确的女性团体也开始相继出现。1889 年，Sorosis Club 召开创立 21 周年纪念活动，邀请全美 97 家主要妇女团体参加，这一次盛大聚会，促成了美国妇女联合组织的成立，并于翌年制定了妇女联合组织的目标与纲领：联合全世界的妇女组织，研究女性相关的各种问题并互相扶持。1892 年，第一届"万国妇人联合大会"在芝加哥举行，有来自世界各国的 189 家妇女组织参加，之后成员不断壮大，到 1898 年第四届联合大会，梅子和笔子作为日本代表首次参加时，这个全球性的妇女组织加盟团体已经发展到 2700 家，拥有会员人数 16 万人以上。

为期一周的万国妇人联合大会结束之后，梅子回到了久别的华盛顿，探望多年不见的雷曼夫人。彼时雷曼先生已经去世，孀居的雷曼夫人也年事渐高，精神与体力大不如从前。感恩于雷曼夫妇当年对自己的照顾，梅子尽量减少外出，陪伴孤独的雷曼夫人度过了一段安静的时光。转眼到了秋天，准备启程返回日本的梅子，收到来自十多名英国名流夫人的联名邀请，希望她和渡边笔子一起访问英国，向英国的上流社会介绍日本以及日本女性现况，并愿意为此承担她们在英国期间的一切费用。如此盛情的邀请，日本政府自然欣然应允。

这次英国之行长达半年。在英国，梅子频繁出席各位贵夫人为她和笔子两位举行的欢迎宴会，结识了众多英国上流社会的名流夫人，期间还受邀前往约克教堂，与约克大主教共进晚餐。此外还拜访了著名的南丁格尔，一起度过了一段难忘的午后时光。

彼时的南丁格尔已经年近八十，虽然因身体欠佳大部分时间只能卧床，但其惊人的记忆力和明亮的眼神却令梅子毕生难忘。"令人惊叹的女子！"梅子在她的"欧洲日记"里这样写道，"我至今也不敢相信那就是弗罗伦斯·南丁格尔！"。南丁格尔笑纳了梅子赠送给她的日文版南丁格尔传记，并关切地询问日本妇女界近况以及日本的看护事业发展。当南丁格尔听到梅子介绍说，日本女性大部分都呆在家中，很少参与社会活动时，南丁格尔说："英国在四十年前也是一样，女性的世界真的非常狭窄，父母对女儿未来的唯一期待就是结婚。我的母亲曾经也是一样。"两人从各自的人生经历，一直聊到东西方的女性教育，话题源源不断，直到天色完全暗了下来，梅子才告辞离开。

这次欧洲之行，带给梅子无限感触。"和普通的日本女性相比，能从小接受高等教育、年纪轻轻便游历世界各国的自己，无疑是极其幸福且极其幸运的。约克大主教曾告诫说：'最重要的是成为像耶稣那样的人，除此之外作为虔诚的教徒，我们并没有所谓事业与教义。'要像耶稣那样爱所有人，要帮助所有人靠自己的能力独立生活。或许我的信仰是孱弱的，但我却相信爱自己的同胞是一种美；或许我的信仰是朦胧的，但我的心，一直在寻求理性的证明。我从不怀疑真理，因为那便是我的信仰。我的信仰是如此单纯——那便是耶稣所教导的博爱精神。"曾经朦胧的人生目标，在梅子内心开始变得越来越清晰。宛如得到神的指引，梅子感觉自己终于找到了多年来一直都在探索的人生道路。

八

1899 年（明治三十二年）2 月，梅子正在英国访问的时候，日本国内也刚刚通过了有关女子教育的法令《高等女学校令》，规定日本各府各县，必须使用公费至少建一座高等女子学校。此外，有条件的郡市町村或私人，也可创办高等女学校；同年 8 月，明治政府又颁布了《私立学校令》，肯定了私立学校在近代教育当中的正当地位，并同时将私立学校与官立、公立学校同等地纳入以天皇的《教育敕语》为中心的天皇制教育的评估框架。

在明治政府颁发《高等女学校令》与《私立学校令》之前，全盘欧化热已经令西方思想渗透到日本的各个阶层，女性教育受到官方与民间的双重关注，除了公立女学校的不断增设之外，传教士们创办的教会女学校也因为家境困难的女生提供学费补贴而受到欢迎。而明治政府对于女性高等教育以及私人办学的积极政策，更让日本的高等女校如同雨后春笋一般蓬勃发展。所谓天时地利人和，一切正是最好的时机——梅子在心中暗暗酝酿多年的想法，终于到了付诸行动的时候。

彼时梅子在贵族女子学校任教已经有十五个年头，官职从六位，年薪 800 日元。现在的 800 日元，只够吃一个便宜的午餐盒饭，但在一百多年前的明治时代，这样丰厚的年薪，是普通人望尘莫及的高岭之花。明治三十年左右，一个新上任的小学教员，月薪只有 8—9 日元，年薪 100 日元不到。从当时的物价看，1 日元可以买到 10 公斤左右的大米。而刚刚出现的啤酒一大瓶 19 文，对于普通人来说属于奢华饮品，轻易不敢出手。

受尊重的地位，高收入的年薪——如果继续在贵族女子学校任教，梅子完全可以无忧无虑地度过一生。但梅子放弃了这份安逸的生活，选择了充满挑战性的、无法预知未来的另一条人生道路——创办一家为女性提供高等教育的英文私塾。

1900 年（明治三十三年），37 岁的梅子辞去了所有职务，并同时向当时的东京府知事千家尊福提交了创办高等女性英学私塾的申请书。与申请书同时提交的《私立女子英学塾规则》中，阐述了创办私塾的目的与基本方针：

第一：私塾招收专修英语的女学生，并为想要成为英文教师的志愿者提供专门的英语讲座；

第二：私塾以家庭式熏陶为中心，私塾长、教师与学生同吃同住，通过朝夕相处的言传身教，培养出品性高尚、体质健全的女性。

　　放弃政府官职，放弃高收入的安稳生活，选择艰辛创业，而且还是一位年过三十的未婚女性，即使在 21 世纪的现在，恐怕也是难以为普通人理解的，何况是在一百多年前的日本。人们对梅子的这一选择议论纷纷，感觉难以置信。在众说纷纭的人生岔路口上，给予梅子莫大精神鼓励与支持的是梅子的父亲仙。仙无疑是一位极为开明的父亲，当年不仅将年幼的梅子送往美国留学，自己也创办了农业学校学农社，在日本全国推广近代化农业，同时也积极参与青山女学院、普连土女学校的创建，对推广日本的现代教育表现出极大的兴致与热情。也正因为如此，仙拥有其他人所没有的私人办学经验，是女儿梅子创业初期的最好顾问。

　　除了父亲仙，美国友人爱丽丝·培根小姐也是梅子坚定的支持者与合作伙伴。在听说梅子决定创办女子私塾之后，她当即辞去了在美国的一切事务，如约来到日本。此外，为创办女子私塾倾力相助的，还有梅子的老友、年幼时一起赴美留学的大山舍松（即山川舍松，婚后改夫姓大山），赴美留学时结识的旧友新渡户稻造、樱井彦一郎，以及元田作之进、上野荣三郎等与梅子私交甚好的友人。新渡户稻造是日本著名的教育家与思想家，1900 年梅子筹备女子私塾的时候，新渡户稻造用英文撰写的《武士道》正好刚刚出版，这本名著，至今是世界了解日本的必读书籍之一。樱井彦一郎是明治时代著名的翻译家，《武士道》一书的日文译者。元田作之进则是哥伦比亚大学的哲学博士，从美国留学回到日本之后，先后担任立教专修学校校长、立教中学校长，并在 1907 年担任立教大学首任校长，拥有丰富的办学经验。上野荣三郎教授是日本农业土木、农业工学的创始人，为日本农业做出了卓越奉献。不过，让这位教授广为人知的，还不是教授本人的丰功伟绩，而是教授家的阿八。阿八是教授饲养的一条秋田犬，教授每天下班回家的时候，阿八都习惯跑去东京的涩谷车站迎接教授归来，甚至在教授去世之后，依旧每天去涩谷车站等待回家的主人，一等就是十年——这便是在世间广为流传的"忠犬八公"的故事。这个故事听起来像个传奇，但却来自真实的物语。阿八的忠诚和执着令人动容，人们为此在东京的涩谷车站前为它设立了一座铜像作为永久的纪念。现在东京涩谷车站的"忠犬八公像"已经成为世界闻名的著名景点，从世界各地到东京旅行的人们，都会特意去涩谷车站看望永远等候在那儿的忠犬八公铜像，并与它合影纪念。

在如此强大的后援团的支持下，1900 年（明治三十三年）9 月，梅子的"女子英学塾"正式开张。第一批入塾生共计十名，梅子庄重地主持了"女子英学塾"的首场开学仪式，手拿英文讲稿，大声用日文对新生们宣布：

"今天开始正式上课了！"

参加开学仪式的，除了十名新生，还有担任顾问的大山舍松、爱丽丝·培根小姐等数名老师。开学仪式在租借来的一幢日式小楼的十畳（18 平方米左右）大小的和室里举行。创办伊始的津田女子私塾，虽然拥有强大的人脉后援团，但资金上并不宽裕。租借教学场地的费用，还是向上野荣三郎教授借来的 500 日元，地点位于东京麴町区（现为千代田区）的一番町。所谓"日式小楼"，其实就是常见的两层日式住宅，既没有专用的教室，也没有大礼堂，更没有事务所。一楼小一点的房间被用作教室兼食堂，大一些的榻榻米和室也是礼堂与教室兼用，二楼则是寄宿学生与老师们的卧室。

虽然条件简陋，但在开学仪式上，梅子充满自信地面向所有人重申了她创办女子私塾的理由与目的，说：

"在数十年来的教育事业当中，我强烈地感受到如下几点：

第一，真正的教育，即使没有气派的校舍和设备，也是可以做到的。当然，我这样说，并非瞧不起好的教室和教材以及设备。如果有条件，这些当然也要配置，但真正的教育，我认为远比设备这些物质之类更为重要。如果用一句话说明，那就是教师的资格和热心，以及学生的研究心。关于这一点，以后有机会再跟大家细说。总之，我认为，只要我们做好了这样的精神准备，即使缺乏物质上的设备，但一样可以开展真正的教育。

其次，我还感觉到，在大规模的学校，教一大群的学生很难令人满意。特别是那种在大教室里给大群学生上课，虽然知识得到了平均分配，但并不能做到真正的教育。真正的教育，应该遵循学生的个性，相应地予以不同对待。我们每一个人，都因内心、气质、长相的不同而与他人不一样，所以所接受的教育和训练，也应该与每个人不同的特质相吻合。而这是多人数教育无法做到的。所以，我认为真正的教育，是仅限于少人数的。至今为止，已经有过数名学生居住在我家中，而我也尝试过即使没有特别的教学设备，究竟能让学生们达到什么样的教育水准？

因为不可思议的命运，我幼年时期就去了美国，接受了美国的教育。所以我是带着想要为日本的教育尽力，将自己所学与日本女性共享这样的心情回国的。可是我第一次回来的时候，那时候的日本跟现在大不一样，没有适合我工作的学校，我所学到的知识，在现实中找不到应用的机会。但现在女性教育进步显著，就像大家所知道的那样，高等女校在逐年增加；此外，文部省最近又增设了教员检定考试的制度——这是个相当不错的制度，但却因为女子高等教育的缺失，至今几乎无一名女子可以接受这一检定考试。"女子英学塾"的目标多种多样，为将来希望获得英文教师资格的人提供切实性指导是目标之一。虽然这只是一个微不足道的小目标，但想到这类学校能为女性带来高尚职业，对今后的女性们是必不可少的，所以我才创办了这所私塾。为了实现这一目标，即便莽撞如我，也会全力以赴尽自己最大的努力。"

没有来宾致辞，没有媒体报道采访，也没有学生代表发言，"女子英学塾"就在梅子的这一番内心告白中宣告成立开张，成为日本最早针对女性创办的专业教育学校。不过，梅子对于"专业"二字非常警惕，告诫学生们说，"如果只想到要掌握专业知识，这种想法很容易造成思维方式变得窄小。因为人一旦热衷于一件事，就容易忘记其他。即使想进行专业的英语研究，想成为英文方面的专家，也不能忽视成为完美女性的其他必要条件。必须时刻记住我们要成为的是'完美女性'。出于这样的目标，除了学习英文之外，还将邀请专家来给大家讲解各方面的问题。"

新开张的"女子英学塾"虽然校舍简陋，但以培养全面的、完美女性为目的，学习内容极为广泛丰富。英文学习课程中不仅有时事问题讲解，还教授音乐与绘画。邀请来私塾授课的老师们，在日本也都是大名鼎鼎的一流学者。例如女性教育家严本善治，当时不仅是明治女学校校长，还是《女学杂志》的主编。《女学杂志》是日本最早的女性杂志，所谓"女学"，是指"推动女性的地位向上、权利伸张、增进幸福的学问"，又因为是"杂学"，所以从女性权利意识的启蒙主义，到小说文艺的浪漫主义，无不囊括。《女学杂志》是明治时代寻求新思想新知识的年轻女性们最重要的精神食粮，而身为这本杂志的发行人兼总编的严本善治，是当时全日本新女性的内心憧憬，宛如男神一般的存在。

除了男神严本善治，当时因出版了英文版的《武士道》而家喻户晓的新渡户稻造，也是"女子英学塾"的特邀讲师之一。新渡户稻造用英文为女学生们讲解他撰写的《武士道》一书，不久之后"女子英学塾"创办了《英学新报》校刊，新渡户稻造还兼任了这本校园杂志的编辑顾问，并自诩为"女子英学塾"的"大伯父"，对"女子英学塾"的大小事宜总是有求必应，与梅子的交情可见一斑。

除此之外，倾力支持梅子办学的，还有美国友人爱丽丝·培根小姐。因为刚刚创办的"女子英学塾"经费不足，爱丽丝作为教师，不仅拿不到一分钱工资，还必须去其他学校兼职，赚取讲师费补贴"女子英学塾"的经费开支。不过，爱丽丝对此毫无怨言，因为这也正是她所期待的——多年前第一次到日本，四处考察并对日本女性的社会地位有所认识的爱丽丝，一直希望能为日本女性的教育做些什么，而"女子英学塾"的开校，为她提供了一个完成多年心愿的机会。不仅如此，在应梅子邀请，从美国启程来日本之前，爱丽丝还特意去拜访了居住在美国费城的、当年为梅子筹集"日本妇人美国奖学金"并亲自担任基金会委员长的莫里斯夫人。爱丽丝向莫里斯夫人告知梅子创办"女子英学塾"的计划，希望莫里斯夫人能伸出援助之手。得知梅子的办学志向，莫里斯夫人欣然应诺，为了能及时帮助"女子英学塾"募集资金，莫里斯夫人迅速成立了"女子英学塾"的后援会，本人亲自出任会长，而另一位美国友人，也是梅子就读于布林莫尔学院的校友安娜·哈茨霍恩小姐，则当选为后援会书记，协助莫里斯夫人的筹款工作。关于安娜·哈茨霍恩小姐，接下来会介绍到。她和爱丽丝·培根小姐一样，都是梅子留学美国时的挚友，并且都为梅子的"女子英学塾"做出了巨大贡献。

九

"女子英学塾"创办半年之后，迅速从 10 名学生发展到 30 名，租借来的日式小楼显然不够用了，幸亏莫里斯夫人从美国费城及时送来募集到的第一笔后援资金，让梅子有能力买下麹町区元园町的旧醍醐侯爵曾经居住过的大宅邸，在修缮清扫之后改造成校舍。两年之后，又在波士顿的慈善家亨利·伍兹（Henry Woods）的资助下，购买下同在麹町区的一所闲置废校。旧醍醐侯爵宅邸的土地有 600 坪（1983. 47 平方米），闲置废校的土地有 500 坪（1652. 89 平方米），共超过 3000 平方米的土地，以及新建的校舍，"女子英学塾"终于初具规模。彼时学生已经超过 50 人，教师 15 人。外有来自美国友人的资金援助，内有日本国内顶级学者友人们的倾力支持，梅子创办的"女子英学塾"，可谓左右逢源，内外受惠，终于开始逐步走向正轨。

1903 年（明治三十六年）3 月，明治政府颁布了《专门学校令》，这是一项针对当时日本实施高等专业教育的机构所制定的相关法令法规。同年，梅子向当时的日本文部省提交了设置专门学校"社团法人女子英学塾"的申请，并顺利获得批准。梅子和好友大山舍松担任社团法人理事。理事会成员有严本善治、元田作之进、新渡户稻造、樱井彦一郎、上野荣三郎等，这些当初学塾创办之初倾力相助的众位友人。

梅子为人严格认真，对英文教学的要求也极其苛刻。但凡学生有一个音发不准，都会不惜时间要求她们反复练习。语法、读解、作文、听写——这些与英文学习相关的课程，每周都各有 12—16 小时不等。这还不包括逻辑学、教育学、心理学、国语、汉文、历史、体操等诸多其他课程。严格训练的结果，令整个日本社会都对这所学校的学生们刮目相看，大家都公认只有"女子英学塾"学生们的英语，才是纯正的英语。良好的社会评价令"社团法人女子英学塾"人气益旺，英文教育也成为一种品质保证。1905 年（明治三十八年）9 月，"社团法人女子英学塾"获得"教员无试验检定许可"批准，这意味着从"社团法人女子英学塾"毕业的女学生们，毕业之后便拥有英文教师的资格，成为经济独立的职业女性——这正是梅子创办"女子英学塾"的最初心愿。而这一心愿在创业第五年便得以达成，从抽象的目标变为具体的现实，不得不说梅子是时代的幸运者。

当然，这样的幸运，得益于梅子不求回报的牺牲与付出。梅子在创办"女子英私塾"时年满 37 岁，未婚、独身，放弃高收入年薪创办学校，创业之初的前五年，个人收入完全为零。早期办学所获得的慈善捐款，都用于购置土地、建造校舍，这令当时的梅子不仅无力支付给好友爱丽丝·培根小姐等人教学报酬，就连自己每月的生活费，也是在经营学校之余，外出兼任其他学校的讲师，以及贵族们的英文家教所获得。直到创业第五年，"女子英学塾"转型为"社团法人"，这种状况才终于得到改善——梅子终于可以拿到 25 日元的月薪。尽管这 25 日元的月薪，与创业前在女子贵族学校任教时的年薪 800 日元相比，非常微不足道，但对于梅子的精神世界来说，这 25 日元的价值，以及所带来的成就感与信心，远远高于任何丰厚的报酬。

眼见"社团法人女子英学塾"经历六年的创业期，终于步入正轨，进入平稳发展期的时候，梅子却因操劳过度而病倒了。加上一到秋冬的严寒季节，老毛病哮喘发作，无法走上讲台给学生们上

课，因此不得不接二连三地请假休养。1907 年（明治四十年）1
月，在友人的建议下，梅子从横滨港出发，前往夏威夷疗养，并顺
道游历美国本土以及欧洲各国。这次疗养旅程前后整整有一年时
间。这一年时间里，"女子英学塾"的一切事务，都由在前面提及过
的，担任"女子英学塾"后援会书记的美国友人安娜·哈茨霍恩小
姐（Anna C. Hartshorne，1860—1957，以下简称"安娜"）负责打理。

安娜是梅子在美国布林莫尔学院留学期间结识的旧友，安娜的
父亲哈茨霍恩先生也与梅子的父亲津田仙熟识。津田仙第一次访问
美国带回日本的礼物，便是哈茨霍恩先生的医学专著。这本专著后
来被翻译成日文出版，成为当时日本医学界普及西医学的必读著
作。出身于医学世家的哈茨霍恩先生，先后在美国的多所医科大学
任教，著作极丰。在哈茨霍恩先生的医学著作被翻译成日文之前，
日本的医学界主流，是源于中国的汉方医（中医）与源于荷兰的兰
方医，因此，当哈茨霍恩先生的《内科摘要》《七科约说》等西医
学说被翻译到日本之后，受到当时的日本医学界的热烈欢迎，更被
当时想要考上医师资格的年轻人奉若圭臬。

哈茨霍恩先生对自己的著作能在日本得到大力推广而倍感欣
慰，因此晚年丧妻之后，便辞去在美国的一切公职，由女儿安娜陪
伴来到日本，将自己的晚年精力都奉献给了日本医学教育。去世之
后，其遗骨也埋葬在东京青山的外国人墓地。

哈茨霍恩先生的女儿安娜，不仅与梅子是多年的旧友，也是新
渡户稻造夫妇的多年至交。新渡户稻造的美国妻子 Mary Patterson
Elkinton（日文名：新渡户万里子）是安娜的亲密挚友。1898 年（明
治三十一年），当时在札幌农学校任教的新渡户稻造，因身体欠佳，
偕夫人万里子一起，前往位于美国加州中部太平洋海岸的蒙特雷湾

疗养。彼时安娜正居住在费城，在新渡户夫妇的盛情邀请下，安娜也前往蒙特雷湾与他们相聚。在加州温暖的阳光中，新渡户稻造以英文口述的形式，完成了他的传世名作《武士道》，而安娜则兼任新渡户稻造的私人秘书，负责为《武士道》一书进行英文笔录并加以润色。不仅如此，1899 年 12 月《武士道》英文初版出版发行时，封面也由拥有良好美术功底的安娜负责绘制设计。安娜所做的一切，令新渡户稻造无比感激，为此在序文里特意这样写道："我还想对友人安娜·哈茨霍恩予以的种种重要启发表达感谢"。

安娜随父亲哈茨霍恩先生一起来到日本之后，除了在学校教授英文，还花费了大量时间前往日本各地考察，并将自己所观察到的日本人与日本社会生态，写成《日本和日本人》出版。这本概括了江户后期历史，以及明治时期日本风土人情、宗教信仰的书，成为后世日本研究者们珍贵的参考资料，至今都能在亚马逊找得到英文原版。而这部著作的原稿，据说和安娜的父亲，以及爷爷的医学论文一起，被收藏在美国宾夕法尼亚州的哈弗福德学院。

安娜一生中在美国和日本之间往返多次。在梅子的"女子英学塾"步入正轨之后，从美国前来日本支持梅子办学的爱丽丝·培根小姐也任期将至，必须动身返回美国。彼时安娜正陪伴年迈的父亲第二次来到日本，这令梅子喜出望外。爱丽丝离开之后，安娜便理所当然地成为爱丽丝的接替者，继续在梅子的"女子英学塾"教授英文。1923 年（大正十二年），日本发生了著名的"关东大地震"，"女子英学塾"校舍被毁，也是安娜各方奔走四处呼吁，筹集资金重建校舍。为了纪念这位美国友人为梅子创办的"女子英学塾"所作出的贡献，至今"津田塾大学"校园内的主教学楼，仍被称为"哈茨霍恩会馆"。

十

话题再重新回到梅子。将近一年时间的旅行与疗养，梅子感觉自己的身体得到很大改善，似乎又回到过去那种不知疲惫的精神状态，翌年一月返回东京后，很快便全身心投入忙碌的工作当中。彼时的"女子英学塾"，因高品质的英文教学早已声名远播，填报志愿的人数也年年增加，其中不乏天资聪慧的优秀学生。但"女子英学塾"是从仅有十名学生的小型私塾开始发展起来的，校舍空间有限，以至于不得不严格限制入学人数，否则教室不够用。也是时机巧合，此时恰好学塾北邻的一片牧场出售，梅子喜出望外，一眼看中，但购置土地扩充校舍，得有丰厚的资金才行。学塾虽然已经步入稳定的运行轨道，但还缺乏强大的储备资金购地建楼。为此，梅子在兼顾学塾的日常工作的同时，又开始了新一轮的资金募集。1910 年（明治四十三年），梅子创办"女子英学塾"的第十个年头，学塾用募集到的捐款扩充了土地，增建了全新的教学楼，并建成了可容纳四百多人的大讲堂。"女子英学塾"终于在办学的第十个年头脱胎换骨，从租借民居作为校舍起步，一步一步地扩建改版，成为颇具规模、拥有西洋风情的美丽校园。而学生人数也从起步时的十个人，发展到上百人，并因高品质的女性教育，为日本社会源源不断地输送人才，成为日本女性高等教育的一块里程碑。十年的宝贵时间和点滴心血，终于得到所期待的回报，梅子内心的欣慰可想而知。

只是，唯一遗憾的，是这个世界上最关心她的亲人们，一个个都离她而去。

首先是梅子的父亲津田仙，早在 1908 年（明治四十一年）便因脑溢血去世，未能亲眼看见学塾新校园落成时的模样。父亲津田仙去世不到一年，母亲初子也在镰仓的家中离世。父母双双离世之后，曾经将梅子当成自己的"日本女儿"精心养育了 10 年的雷曼夫人，也在美国家中寂寞地走到了人生终点。

亲人们一个个都离去了。原本孤独的梅子，只能将更多的身心投入到工作中去。作为一名教育者，培养自立自强的女性是梅子的理想，而作为一所学校的管理者，梅子还需要解决资金问题、人事问题等种种具体事宜。繁忙的工作令梅子忘记了寂寞，但也令她精力透支。1917 年（大正六年）春，梅子因身体不适再次住院，原本以为最多一两个星期就能出院，但医生诊断的结果是糖尿病，必须在医生的指导下严格控制饮食，至少接受两个月左右的住院治疗。

每天躺在病床上，什么也不能干，这对梅子来说是一种酷刑，令她忧虑未来的自己是否还能重返教育现场，承担起一个教育者应有的责任。在日记里，梅子这样写道：

"这么漫长的监禁生活，而且我必须面对的还不仅仅只是现在的问题，还关系到遥远的将来。我也许会为此而终止至今为止四处活动的生活，放弃所有的工作。我必须面对这一事态所导致的一切。虽然我现在有足够的时间用来回忆与思考，但心里却总有黑暗的影子，以及疑问与忧郁。不工作的人生是没有价值的，可我现在的工作完全被限制了。与想要实现的那么多目标相比，我现在所做到的还微不足道，现在就让我必须停下来，这太令人难过了。"

而更令梅子无法接受的另一个意外打击，是大山夫人的突然离世。

大山夫人便是当年和梅子一起被派遣到美国留学的五名小留学生之一的山川舍松，多年来一直是梅子无话不谈的闺中密友，也是梅子创办"女子英学塾"的合伙人和支持者。同为武家的女儿，山川舍松和梅子拥有相同的价值观，并拥有相近的人生理想——她们都希望能为日本的女子教育贡献自己的毕生精力，以回报当年皇后对她们"日后成业归朝，共为妇女模范"的叮嘱。但山川舍松在学成回国之后不久，便与陆军大将大山岩成婚，成了地位显赫的"大山夫人"。作为拥有家庭的女主人，大山夫人无法像梅子那样始终站在教育第一线，但作为梅子的至亲挚友，大山夫人从来都是梅子最为信赖的坚强后盾。梅子创办"女子英学塾"之后，大山夫人一直担任女学塾的顾问。"女子英学塾"转型为社团法人之后，大山夫人也和新渡户稻造等一起成为理事会理事，对英学塾的日常运行拥有决策权与执行权。

渴望重新回到英学塾继续工作的梅子，尽管住院期间非常积极地配合医生的治疗，但每次身体稍好可以出院之后，不用多久健康又会恶化，不得不再次住院接受治疗。如此反复多次，考虑到自己起伏不定的病情，会影响到"女子英学塾"的日常运行，梅子终于痛下决心，果断地向英学塾的理事会提交了辞呈，说：

"自从英学塾创办以来，虽然能力有限，但为了女子教育，我一直奋战至今。多亏有各位志同道合的同仁的支持援助，英学塾才能一路发展到现在。可遗憾的是，就在应该更进一步的时候，我却患病卧床，无法再胜任私塾长的重任。此后英学塾的一切事宜都委托给理事会，请理事会妥善处理。"

1919 年（大正八年）初，在梅子住院期间一直帮忙打理英学塾日常事务的大山夫人，与新渡户稻造等各位理事会成员，在收到梅子的辞呈之后，召开了一次内部会议，决定聘请从牛津大学留学回国的辻松女士作为代理私塾长，接替梅子处理英学塾的日常管理工作。同年 2 月，在为新的代理私塾长举办完就任仪式之后，大山夫人特意去了医院向梅子报告，对躺在病床上的梅子说：

"学塾的事都安排好了，尽管安心养病。"

又说，"不必担心，还有我呢。"

大山夫人的话，令梅子又是宽慰又是内疚。想想自己的卧病之身，再看看大山夫人熟悉的笑容，梅子阴郁的心如同被阳光照亮一般明快起来。有大山夫人这样的挚友，梅子感觉到自己的幸运，同时内心也暗暗遗憾自己若也拥有大山夫人那样健康的身体该多好。梅子不知道，当时一场席卷全球的大流感，在几天之后便夺走了她人生挚友的宝贵生命。那一次的病房探望，居然是她与大山夫人——她的终生挚友山川舍松的最后一面。

当时，一场被称为"西班牙流感"的甲型流感正席卷全球。这场从 1918 年暴发，1920 年结束的全球大流感，在两年时间里造成全球 5 亿人感染，推算大约有 5000 万—1 亿人死亡。按当时全世界推算人口 18 亿—20 亿计算，有三成人感染了这一可怕的传染病。不仅老人孩子，青壮年也大量死亡。大山夫人便是这场大流感的感染者之一。

父亲走了，母亲也走了，连最亲密的挚友——就在前几天还好端端的一个人，也突然说没有就没有了。而自己，则躺在病床上。一向专心致志满脑子都是工作的梅子，终于有了安静的独处时间，开始思考生命的消失，思考人人必须面对的死亡。她在日记里这样写道：

"一想到人生、想到工作和朋友，就非常难受。短短几星期，一切都变了。我感觉自己像个受到了死神宣告的人。虽然，我终究并不指望自己能够长命，可我现在毕竟才 52 岁，还期待能再活上十年或是十五年。只是，一想到那些前往战场的年轻人，那些称得上是高洁的、才华横溢的一国精英们，一想到等待他们的是苦难与死亡这一残酷且徒然的事实时，我不禁自问：虽然自己的人生看起来并不那么糊涂，也并非毫无意义，但我就有理由必须祈求长命百岁了吗？只是，一想到这些，我脑子里马上浮现出来的念头，却又有如下的疑问：这一生我都在努力利他，从不利己，可为什么偏偏却会患上这样的病？究竟是因为什么，让长寿将我拒之门外？还有，那些远比我更加优秀的、成千上万的人，他们在年华正茂时早早倒下，而更多的人，则孤独凄凉地残存于世……无法明白，这一切究竟是为什么？"

辞去女子英学塾一切职务的梅子，此后长期卧病。

1929 年（昭和四年），梅子因脑溢血在镰仓的别墅去世。享年 66 岁（满 64 岁）。

1933 年（昭和八年），作为对创始人津田梅子的追慕与怀念，"女子英学塾"改名为"津田英学塾"。

1943 年（昭和十八年），增设了理科部的津田英学塾，改名为"津田塾专门学校"。

1948 年（昭和二十三年），"津田塾专门学校"升级为"津田塾大学"，至今仍在源源不断地为日本社会输送自食其力的职业女性。

2022 年，日本"朝日电视台"推出年度大型专题电视剧——《津田梅子——成为纸币头像的留学生》。电视剧的推荐语是这样写的：

> 成为新版 5000 日元的面孔
>
> 描绘女子教育先驱津田梅子的青春
>
> 大型专题电视剧诞生
>
> LOOK UP!
>
> 女性力量改变日本

"女性力量改变日本"——百多年前的江户末明治初，明治政府所期待的"女性力量"，是能够培养出国家栋梁之材的"优秀母亲"。"女性力量"更多的是指母亲的力量——母亲学识好、素质高，就能教育出有见识、高素质的孩子。因此，有人说，"女人强则国家强"。

但津田梅子不一样。如果说梅子 6 岁公派出国留学，是父亲为她选择的道路，那么 17 岁学成回国之后，拒绝了被世人视为理所当然的婚姻，终生独身，并在 37 岁辞去一切公职，放弃政府高薪，放弃安稳生活，个人收入为零，独立艰辛创业——这一切则是成年后的梅子的个人选择。梅子将全部身心都投入所创办的津田塾，同时还创建了女性高等教育的奖学金制度，令无数优秀女性受益，而这些受益者，又成为下一代的女性教育学者——如此代代相传，令日本的女性教育生生不息。

"女性力量改变日本"——津田梅子式的"女性力量"和传统观念中以母亲为中心的"女性力量"是不一样的。津田梅子让人们看到：有力量的女性，不一定非要成为母亲，她只要成为自己就可以了——找到自己想要实现的人生目标，然后追寻着它一直走下去。梅子的人生目标，是希望自己"要像耶稣那样爱所有人，要帮助所有人能靠自己的能力独立生活"，并坚信"爱自己的同胞是一种美"。这种对于同胞之爱的信念，是梅子的人生美学。这样的人生美学赋予梅子强大的精神力量，支持她朝着自己选择的道路一直走下去，也支持着和梅子拥有相同信念的后来者，通过接力传承，源源不断地福泽他人，为日本社会的女性教育，增添一笔恒久执着的力量之美。

宇野千代记

1985年（昭和六十年）11月28日，是宇野千代88岁的米寿。这天，千代穿上自己亲手设计的全身飘满樱花花瓣的"樱吹雪"和服，在东京帝国酒店举办了一场盛大的米寿派对，接受文学界同仁以及各界来宾的祝福。当由几名男演员扮演的千代的丈夫们：尾崎士郎、东乡青儿、北原武夫等几位，列队走上舞台，围绕在88岁米寿的千代身边，为她送上最温柔的祝福时，整个宴会厅彻底沸腾了起来。在一阵接一阵的欢呼声中，来宾们笑到流出了眼泪——这是一次令人大开眼界的生日宴会。

在欢笑与祝福声中过完88岁米寿的千代，在第二年开春的第一篇专栏文章里，提笔这样写道：

> "如果将米寿作为人生的一个段落的话，那么，接下来的日子，大概可以算作是我的晚年了。"

88岁才"大致步入晚年"的宇野千代，出生于明治、成长于大正，并经历昭和前期的战争、昭和后期的经济腾飞，一直生活到 98 岁，才在平成时代告别这个世界。千代横跨近代日本四个时代的人生，可谓波澜壮阔：写最古典的小说，过最奔放的生活，设计最美的和服，创办日本最早的女性时尚杂志。一生中恋爱无数，失恋也无数，不断创业也不断歇业或破产。用千代自己的话概括，便是"这辈子除了盗窃与杀人以外，什么都干过了"。

最简单的音符，通常需要最艰苦的练习。应对最复杂的人生，通常只需要最简单的内心——如此才不会身心疲惫，拥有恒久的生活精神。这大概也是千代能够孜孜不倦一直活到 98 岁还能保持旺盛生命力的原因。日本著名的尼僧作家濑户内寂听是千代的文学后辈，当年濑户内寂听刚刚进入文学界时，千代已经是女流文学者会的会长了。作为千代的后辈密友，濑户内寂听由衷赞赏千代的性格与处世哲学，并曾经为千代写过一本书，书名就叫《我的宇野千代》。在书中，濑户内寂听称千代为"千代观音"，她说："如果一个人的晚年，居然都能够如此华贵而美丽的话，我也多么希望自己能长寿。"

千代在近一个世纪的人生当中，历尽艰辛却从不沧桑，至老至终，都拥有一颗玻璃般透明的心。当然，这种毫无遮掩的透明，也常常令人大跌眼镜。被誉为"情爱大师"的著名作家渡边淳一，某次应邀做文学演讲，谈及日本的女流作家时曾说，"日本的女作家中，记忆最深的就是宇野千代"。渡边淳一说，他读过宇野千代无数作品，印象最深的是千代会在文章里毫无顾忌地袒露自己："我这是怎么啦？居然一不小心又跟男人上床了。"

《窗边的小豆豆》的作者黑柳彻子，是日本家喻户晓的主持人，几十年来一直主持着日本最长寿的谈话类电视节目"彻子的房间"。

能去"彻子的房间"跟黑柳彻子对谈的嘉宾，都是在各行各业作出过杰出贡献的精英人士。在众多的名流嘉宾中，黑柳彻子对宇野千代印象尤为深刻。因为千代在回答黑柳彻子的提问时，画风是这样的：

彻子："关于您和尾崎士郎……"

千代扳着手指答："睡过！"

彻子："您和东乡青儿……"

千代又扳了扳手指："睡过！"

彻子："还有梶井基次郎……"

千代再扳了扳手指："没睡过！"

彻子（尴尬地）："呀！宇野您大概就像随时午睡一样，跟很多人都睡过呢！"

面对扳着手指细数"睡过没睡过"的千代，就连见多识广的彻子也难免吃惊，赶紧尴尬圆场。不过千代对此浑然不觉——这就是宇野千代，一个天真直白、心无城府的人。而她对于爱情的狂野奔放，也像她所热爱的樱花那样单纯明快、干净利落——爱来时盛开，爱去时飘落，既纤细又大胆，既浪漫又决绝。那漫天飘落的樱花固然令人心碎，但只要生命之树还在，就能在下一个春天到来时，为下一段新的爱情再次盛开做好准备。所以，千代说，对于离去的男人，她从不追赶挽留，对男人的负心，也绝不计较考问。这是千代对于爱的礼仪，也是千代的"恋爱武士道"。

一

岩国市位于山口县最东边，一座靠山临海的城市，弯弯曲曲的小道从海边向山谷延伸。从岩国出发，前往著名的世界遗产严岛神社，普通电车大约需三十分钟，前往广岛则大约需一小时多一点。

岩国的标志性建筑是锦带桥。这座始建于 1673 年的五连环拱桥，横跨于 200 米宽的锦川之上，是日本三大名桥之一。岩国的这座锦带桥与中国西湖白堤的锦带桥颇有渊源：1653 年，清顺治十年的时候，杭州有位人称戴曼公的文人医生，因反清复明无望而逃亡日本，并于长崎结识名僧隐元隆琦，翌年于长崎兴福寺得度皈依佛门，道号独立，法讳性易。独立性易精于医术，且书画、篆刻也造诣极高，因此，很快就在当时日本的上流社会名声渐广，并结识岩国第三代藩主吉川广嘉。当时吉川广嘉要在岩国锦川修建桥梁，独立性易便拿出随身携带的《西湖志》，建议吉川广嘉参考西湖白堤的锦带桥的桥墩设计，因此才有了这座在日本盛名远播的连环拱桥。

千代的老家，就在美丽的锦带桥旁边。跨过锦带桥，穿过日本百选赏樱名所"吉香公园"和樱花隧道，沿锦川朝西，路过邮局和稻荷大明神，便可望见千代的出生地——那是千代出生成长的地方。

1897 年 11 月 28 日，明治三十年，千代出生于日本山口县岩国的锦带桥边的宇野家。千代出生的时候，岩国还只是一个小小的岩国町，后来随着与周围其他的町村多次合并，升级为现在的岩国市。

千代的父亲俊次，是当地一家酿酒作坊的二儿子。俊次的哥哥政介，生下来就患有先天性小儿麻痹症，双腿无法行走，但有着十分精明的生意人头脑，每天坐在作坊里管理出货进货，虽然行动不自由，却将一家小小的酿酒作坊经营得风生水起，成为当地雄霸一方的大财主。

而千代的父亲俊次则与哥哥政介正好相反。在自传里，千代曾这样写到自己的父亲：

> "父亲是当地豪门家的儿子，年轻的时候过着放荡无赖的生活。就是居住在乡下的小镇，都会自己动手饲养赌马用的马匹，并自己充当乡间的赌马主。我现在都还记得小时候，经常由妈妈领着，去给被警察抓进拘留所里的父亲送饭。父亲在外吃饭的时候，有一次甚至将刚刚归窝的小鸡拎起来反扣在碗里，让周围的食客们猜碗里面是什么，令食客们大惊失色。"

放浪成性的俊次直到 42 岁那年才终于做了父亲，有了第一个女儿千代。千代的生母比父亲俊次小 18 岁，生下千代一年半之后，便因肺结核去世。千代生母去世的第二年，已经 45 岁的俊次又迎娶了年仅 17 岁的少女阿柳。阿柳嫁给俊次之后，为俊次生下了四男一女。而千代则成为这五个同父异母的弟妹们的大姐姐，用千代自己的话来说，是弟弟妹妹们的"小妈妈"。

因为才一岁多的时候生母便因病去世，所以，千代对于自己的生母毫无记忆。在千代的书里所出现的"妈妈"这一称呼，都是指 17 岁时嫁入千代家的继母阿柳。关于阿柳，千代在书里这样写道：

> "在我和弟弟妹妹们之间，明眼人一眼就可以看得出距离……但是家里有好吃的会不分彼此大家一起吃，一家人的洗澡水放好之后，也总是让我第一个先洗……过去常在戏剧里出现的关于继母的种种传说，在我们家是完全相反的。"

　　继母阿柳比父亲俊次年轻 28 岁，比千代年长 15 岁。虽然按辈分千代要叫阿柳为"妈妈"，但实际上两人相处得更像是朋友。幼年时的千代，窥见过阿柳多次在夜晚一个人偷偷哭泣。父亲俊次几乎不工作，靠分家所得的财产过着无所事事的生活。在千代的记忆中，父亲如果没有外出赌博，就会端坐在有一面大钟的和式起居室里，面无表情，一动不动，似乎在思考什么，又似乎什么也没有想。这样的父亲令千代充满畏惧，无论父亲说什么，千代都永远只会唯唯诺诺地回答说"是"。千代不敢反抗父亲，也从未想到过要反抗。她顺应自然地接受父亲的一切，就像后来顺应自然地接受自己的命运一样。这种顺应自然的接受，在潜移默化之中，成为千代的性格，也形成了千代的人格。

　　千代开始上小学不久，父亲俊次生病了，卧床不起，吐过好几次血。俊次死于过完年之后的二月初。去世的三天前，岩国罕见地下起了大雪。那年千代 15 岁，第一次看到那么大的雪，记忆深刻。以至于很多年后，年过八十的千代都对那场大雪无法释怀。因为千代始终没能明白，那场大雪究竟刺激了父亲哪一根大脑神经，令奄奄一息的父亲突然从病榻上一跃而起，冲进厨房抓了把菜刀就朝雪地里跑，边跑边喊，"谁也别过来！谁也不许过来！"父亲俊次挥舞着菜刀，站在雪地里发了狂，鲜红的血滴落在洁白的雪地上。伴随父亲的身体一起跌落的菜刀，在一片白雪之中散发出比雪更为耀眼的银光。

　　父亲俊次死了。扔下年轻的妻子阿柳和 6 个孩子。

　　"啊，我没有父亲了！我的父亲死了！以后再也没人管我了！"15 岁的千代，脑子里翻来覆去都是这几句话，很想也像父亲那样发狂。不是因为伤心难过而发狂，是为突如其来的自由而发狂。父亲死了，这意味着千代以后想干什么就可以干什么，再没有任何人可以约束她了，她不用对任何人心怀畏惧了。千代感受到一种前所未有的解放感。

拥有这种解放感的不止千代，还有千代的弟弟妹妹们以及千代的继母阿柳。父亲在世时，听到家门外传来庙会的鼓声，孩子们都只能假装充耳不闻。有父亲在，没有人敢随便迈出家门一步。父亲不在之后，孩子们再无顾忌，鼓声一响，最小的弟弟就率先踩着木屐哒哒哒地奔出了门。

阿柳也不再在夜晚一个人偷偷哭泣了。在井边洗衣服的时候，在厨房洗碗的时候，千代总能听到阿柳的歌声：

"梅花枝的洗手钵，敲一敲呀有钱落。"

阿柳的声音非常好听，千代这时候总是被阿柳的歌声吸引，不由自主地跟着一起唱。这对年龄相差 15 岁的母女，就像一对姐妹，共同挑起了养家的重担。千代和阿柳一起领着年幼的弟妹们，在自家地里种满了各类蔬菜，一部分自己食用，一部分留下拿去贩卖。除了种菜，阿柳还为自己找到一份工作。每天天不亮，阿柳就早早起床，哼着小调为自己做便当。然后提着便当盒，哼着歌儿穿过锦带桥，去锦川对面镇上的纺织厂工作。下班回家时的阿柳总是满面笑容，告诉千代说：

"我太喜欢唱歌了！总是一边纺线一边大声歌唱，大家都夸我唱得好！还有人为了听我唱歌，特意到我跟前来取线团呢。"

看着阿柳的表情，15 岁的千代心里也一样喜滋滋的，心里想：妈妈大概是为了向大家展现歌喉，才去工作的吧。

二

千代在自传体随笔集《我的化妆人生史》一书中，这样写道：

> "我非常喜欢八百屋阿七的戏剧故事。阿七这样的女孩，不只是存在于戏剧的世界里，也同样存在于真实的生活里。就是现在的社会也依然存在。说起来，戏剧里的阿七，也就是现实中那些时尚新潮的女孩们吧。她们只管毫不在意地干自己想干的事，没闲工夫去考虑多余的事，为此会经常惹出麻烦。在现实生活中，这样的女孩总是令母亲和姐姐担心。家附近的邻居们也会指指点点地说，'那家的女儿老是惹是生非'。在现实生活中被人指指点点的惹事生非的女子，为什么一旦被编排成戏剧故事在舞台演出，就会美好得令人如醉如痴呢？戏剧的世界和现实的世界，为什么区别如此之大？"

"八百屋阿七"是日本历史上的一个真实故事。故事发生在1683年，当时日本是江户时代前期，中国则是清朝康熙二十二年。"八百屋"是日文汉字，翻译成中文就是"蔬菜店"，阿七是江户（即现在的东京，旧称江户）一家蔬菜店的女儿。阿七16岁那年，江户发生大火，阿七随家人一起在吉祥寺避难的时候，邂逅了一位名叫吉三郎的美少年，两人一见钟情，互生爱慕之情。不久，火灾过去，阿七和父母一起返回火灾之后重建的家中。回到家的阿七，按捺不住对吉三郎的相思之情，不由心生妄想，"若再发生一次火灾，再去吉祥寺避难，也许便能与吉三郎相会"。于是，阿七为了再次见到思念的恋人，开始在街头纵火。江户时代的日本，因为以木建筑为主，最害怕的就是火灾。所以阿七才刚刚在街头燃烧起一缕青烟，就被迅速抓获了，并以纵火罪被处以火刑而死。阿七的故事，后来因为被江户时代著名的小说家井原西鹤写进了浮世小说《好色五人女》里而广为人知，并被编写成戏剧故事，成为日本传统艺术净琉璃、歌舞伎的经典剧目之一。

日本社会的常识，历来讲究不给人添麻烦。而阿七这样的女子，很显然是社会的一个麻烦，在现实社会里当然是不受欢迎的。可在舞台世界里，却成为经久不衰的经典角色，因其纯爱之美，而得到不同时代观众们的热爱。人们一边厌恶现实中的"阿七"，一边却为舞台上的"阿七"而感动得热泪盈眶。人性如此矛盾，如此不可思议。而正是这些矛盾和不可思议，编织出错综复杂的人类社会。

千代认为自己就是"现实版"的阿七。为了爱情，什么离奇的事都可以做得出来。

1914 年，是第一次世界大战的爆发元年。那年千代 17 岁，已经从当地的女子学校毕业，去了邻村的一所小学做了一名代课老师。17 岁的千代窈窕纤细，皮肤紧致，带着健康的微黑。千代对自己微黑的皮肤很在意，想尽一切办法要令皮肤美白。每天天不亮千代就会起床，在微明的晨曦中开始她每天必修的早课：先用热水的水蒸气反复蒸脸，让皮肤变得湿润并富有吸收力之后，再细细地在脸上均匀抹上白粉。直到用白粉将自认不好看的黑皮肤掩盖得天衣无缝了，才穿上自己最喜欢的和服，花枝招展地出门。

在同一学校任教的教员当中，有一位年轻帅气的男老师，不知道这位男老师的具体名字，这里就暂且称其为三浦老师吧。三浦老师戴着一副金丝眼镜，白皙干净的脸上隐约可见剃过胡须之后的青白痕迹。这些青白痕迹令三浦老师清秀的脸显得愈加惨白。这样的惨白映照到了对微黑的皮肤极为在意的千代眼里，就成了一种冷峻，一种超然的白，一种高高在上的美。

"他的皮肤多么白皙！他可真美呀！"

情窦初开的千代对这样的三浦老师着了迷，迷到连上课的时候也无法专心教学。授课时间她总是安排学生们做课堂练习，这样好方便自己坐在讲台上写情书。情书写好，千代便迫不及待地让学生赶紧给正在另一间教室上课的三浦老师送过去。一天之间，这样的"课堂情书"要差遣学生送上好几次。尽管无论千代每天写多少情书，三浦老师都从来不会回复只言片语，但千代已经爱到难以自拔。三浦老师越是表现冷淡，千代就越是朝思暮想。尽管白天在教员室天天见面，一天之间好几封情书，千代仍有诉说不尽的满腹衷肠。连晚上也会按捺不住思念的冲动，溜出自己的房间，跑到三浦老师的住处要求再见一面。从千代的住地跑到三浦老师的住地，有二里（一千米）多路，中间需要穿过一片幽黑的森林，然后再沿着山间小路翻越到山的那边——三浦老师就寄居在山那边的一座寺庙里。传说在黑夜的森林里有熊和狐狸出没，可为了多看到三浦老师一眼，千代不怕熊也不怕狐狸。

"三浦老师，三浦老师！"——每天晚上，穿过森林翻过山头的千代，一边呼唤着对方的名字，一边轻轻敲打三浦老师住所的木质雨窗。

这事很快就在学校里传开了，不久整个村子的人也都知道了。千代17岁那年，是日本的大正三年，也即公元1914年。那时候的日本虽然已经经历过了明治维新，打开国门向西方学习，引进大量欧美文化和西方时尚，但在地方上，依旧保留着相对的保守和不开化。当时有条不成文的规矩：同一学校的男女老师不允许谈恋爱。同校老师之间发生恋情，还属于见不得人的丑闻，为此其中一方得主动辞职或是被校方辞退，而且一般情况下，辞职或被辞退的，不用说都是女老师。

有一天，千代被叫进了校长室。"你的运气可真是不好啊！"校长搓着手对千代说，"看来不得不请你离开这所学校了。"千代被学校辞退的消息，很快就传到了村子里。千代感到在自己的家乡再也呆不下去了，于是决定去投奔在韩国首尔的高中老师。在韩国首尔，千代白天外出打零工，有时候做家庭教师，有时候帮人照顾孩子，晚上回到住所就眼泪汪汪地给三浦老师写信——只要有时间，就不停地写，多的时候甚至一天好几封。偶尔收到三浦老师的回信，千代心里就会像过节一样高兴。

终于有一天，千代收到三浦老师这样的一封回信：

> "这或许是我给你的最后一封回信了。请别往坏处想。也希望你今后再也不要给我寄信了。村子里的人都在议论纷纷，若再被发现我们还在继续通信的话，我在这片土地就再没法立足下去了。请等待时机成熟的时候吧。"

稍微长点心眼的女孩子，一眼都会知道：这明明就是一封绝交的信么！

可千代是个缺心眼的人。不止17岁时缺心眼，就是日后长大变老，也依旧老成一个缺心眼的老太太。这种"缺心眼儿"令千代在日后的人生中屡屡遭遇感情的失败，也令她面对失败的情感，越败越勇，屡败屡爱。

读完三浦老师来信的千代，第一个反应就是马上开始收拾行李。

"啊，他都在说些什么？什么叫'时机成熟'？如果连信都不可以再写的话，我得靠什么才能活下去？不行，我得马上见到他……"心念方动，动作先行——千代属于心里才刚开始想到，身体就已经付诸行动的人。当天就拎着自己的全部行李，告别韩国首尔，踏上了返乡之路。

几经辗转，终于到达家乡岩国的车站时，已经是翌日中午时分了。千代将行李寄存在车站，顾不上回家，便直奔山那边寺庙里三浦老师的居所。

可是被调任去邻乡另一所小学教书的三浦老师已经搬走了。千代走了好几里地，先找到三浦老师的新学校，打听到他的新住处，然后又东寻西找边走边问，费了很大的周折，才终于在黑夜中敲响了三浦老师新住处的木质雨窗。

"三浦老师！三浦老师！"千代还像过去那样一边轻轻拍打着木质雨窗，一边呼唤着对方的名字。

"三浦老师，是我啊，我回来了！"千代轻声呼唤着三浦老师的名字，在心里幻想着与三浦老师久别重逢的情形：看到自己突然出现，三浦老师会惊喜吧！会出其不意地紧紧拥抱自己吧？

可是三浦老师的房间始终没有动静。千代不停地拍打三浦老师住所的雨窗，直到手都拍累了，才终于停下来。也许三浦老师不在吧，千代想。安静下来的千代，在三浦老师的门外呆呆站了一会儿，正准备离去时，三浦老师房间的那扇雨窗总算打开了，露出了千代日夜思念的那张脸。

"呀？是你啊！你怎么回来了？"开窗看到并未离去的千代，三浦老师禁不住惊讶地低呼了一声，随即怒道：

"难道你没看到我给你的信？这么深更半夜地跑来，若被人看到你打算怎么着？"三浦老师说话时的嗓门压得很低，虽然黑夜里看不清三浦老师的脸，但千代分明感受到了三浦老师那张平时白皙英俊的脸，早已经变得铁青，怒目狰狞。

千代忍不住"哇——"的一声大哭起来。

看到千代大哭，三浦老师迅速从房间里飞奔了出来，双手紧紧抓住千代的肩膀，继续低声怒道：

"你想干什么？这么大声？这么三更半夜的，被人看到，我可要被免职的。"

三浦老师的话，让千代十分伤心，哭声也更加响亮起来。

千代的哭声越是响亮，三浦老师就越是恼火，抓住千代拼命往后推：

"我信里面写得清清楚楚，你到底想怎么样？你知道不知道你有多麻烦？你知道不知道你给我添了多大的乱子？你走，赶快走，给我回去！"

三浦老师一边推着千代一边冲着千代低吼。黑夜里，被三浦老师推着直朝后退的千代，一个不小心脚底一滑，咕隆咕隆地就从山上滚落到山底下去了。

"啊！"这是千代失足掉进山底之前，听到三浦老师不由自主发出的一声惊呼。可是已经来不及了，千代的整个身体已经失去平衡，整个身子顺着陡峭的山路咕隆咕隆往下滚，手中提着的一个小藤竹箱，箱盖已经被摔开，箱子里的东西也紧随千代的身体一起咕隆咕隆地朝下滚，滚到山脚之后四处散落。那些散落的物品里，有千代随身携带的化妆品，还有千代在韩国兴冲冲地为三浦老师特意挑选的礼物。

"哎呀，哎呀，掉下去了！掉下去了！"千代一边朝着山脚滚落，一边听到有个声音，在黑夜里这样朝着自己喊。那个声音不像是自己的，但却实实在在又是从自己嘴里发出的。那是居住在千代身体里的另一个自己吧。居住在身体里的"另一个自己"，正眼睁睁看着17岁的少女千代，被自己的恋人推下了山，禁不住在黑夜里高声惊呼：快看啊！这个失恋的少女，被她爱的男人推下了山，她是多么的可怜！

许多年之后，已经87岁高龄的千代，坐在自己的书斋里回想起年轻时的这段初恋时，这样写道：

> 当时我的身子一边朝下滚，嘴里就一边不断地这么嚷嚷着。简直是不可思议极了！紧接着，我扑通一声，一屁股蹲儿摔坐在山底硬邦邦的地上。深夜的山底四下里一片漆黑，要在平时不知道会害怕成什么样子呢，可那次我居然意想不到地镇静。那一瞬间的心情，真不知道该如何表现才好。
>
> 唯一知道的是，那一瞬间，我完全从恋爱的美梦里清醒了过来。就好像某种附体的邪魔突然砰的一声被摔落，令我睁开了眼睛。
>
> 从山上滚落到山下的瞬间，是我的梦幻的最后一瞬。从那一瞬间开始直到现在，我再也没有见过三浦老师的面。我的第一次失恋，就这么滑稽地结束了。现在回想起来，倒是感觉到那时候其实是自己一个人在恋爱，又一个人在失恋呢。

咕噜咕噜地从山上滚落至山脚下才终于大梦初醒的千代，回到家之后便生病发烧，在榻榻米上整整躺了 10 天。这一次失足从山顶滚落到山脚的初恋，成为千代人生中最刻骨的一次记忆。一直到老去，千代都始终无法忘记那个漆黑的夜晚。从那次之后，千代一辈子都再没有爬过那座山。

"恋爱是男女双方共同演奏的音乐。完全不顾及对方的心情，而只管自己忘情投入的恋爱，那不是真正的爱情。"——很多年以后，年迈的千代在自己的书里，对年轻女孩子们这样忠告道。

三

1916 年那一年，世界上有不少大事发生：袁世凯复辟帝制，蔡锷将军率护国军伐袁，之后于 8 月东渡日本养病；同年年底，日本大文豪夏目漱石去世。这一年千代 19 岁，已经从皮肤微黑的乡下女孩，出落成一位肌肤细腻、眉目清秀的纤细女子。

一个夏天的黄昏，千代领着弟弟妹妹出门，正沿着卧龙桥旁的河流朝下游行走时，突然听到一声招呼：

"哎呀！那不是千代吗？出落得这么漂亮了！"

招呼千代的人是千代继母阿柳的妹妹，千代唤她为伯母。在伯母身边，站立着一位身着学生装的英俊少年，这位少年便是伯母家的二儿子忠。这是千代第一次与忠见面。忠当时在京都第三高等学校就读，趁着暑假期间回家乡度假。

见到忠之后没过多久，有一天，千代去伯母家玩时，伯母拿出一件差不多快完工的男式的和服，对千代说：

"千代，这件和服还过两天就缝好了，缝好之后，可以请你去一趟京都交给忠么？"

千代轻轻点了点头，没有开口说话，她知道伯母让她给忠送衣服意味着什么。

两天之后，在母亲的催促下，千代带上自己的行李和伯母为忠新缝制的和服上路去了京都。在京都知恩院内一间六叠的榻榻米房间里，千代与忠开始了她人生第一段婚姻生活。当时，忠的父亲刚刚从裁判所退休，家中经济来源遽然减少，经济变得拮据起来。为了补贴家用，忠每天去上学的时候，千代就外出打零工。在千代的自传体小说《一个女人的故事》里，这样写到那段时间的生活：

> 到了京都二三天之后，一枝就找到了一份工作。这份工作是去给在某学校就读的中国留学生帮佣。从中午开始到黄昏，乘电车去这位家住冈崎的中国人家里做家务。

上面这段话里的"一枝"，就是千代本人。从这段话里可以看出，后来成为日本文坛著名女作家的宇野千代，年轻时曾经在留日的中国留学生家里做过女佣。也由此可见当时来日本的中国留学生，家境富裕者居多。

第二年，忠从京都第三高等学校毕业，考入东京帝国大学（即现在的东京大学）法学部。千代也跟随忠一起，离开京都前往东京。在东京生活的那段时间，因为失去岩国老家父母的资助，忠实际上只保留了学校的学籍，其余时间都在役所（类似中国的政府办公厅）里做雇员赚取生活费。而千代也寻找过不少临时性工作：杂志社的事务员、家庭教师，等等。甚至还在东京大学附近的一家西餐厅"燕乐轩"做过 18 天的女侍。

"燕乐轩"短短 18 天的女侍生活，可谓影响了千代的一生。出入"燕乐轩"用餐的客人，都是当时日本文坛响当当的大人物，千代因此而结识了今东光、久米正雄、芥川龙之介等至今在日本文坛深受敬仰的大作家。芥川龙之介曾经写过一篇短篇小说，名字叫《葱》，大致内容是这样的：

在东京神田神保町的一家咖啡馆，有个叫阿君的女侍应，应该是个美人。因为阿君"皮肤白皙，有一双明亮的眼睛。头发从正中间分的，插上一支勿忘草的簪子，系着白色围裙，站在自动钢琴前的时候，活像是从竹久梦二的画儿里走出来的人"。

这位像是竹久梦二的画中走出来的美人阿君，新交了一位男朋友叫田中。田中君"算得上是个默默无闻的艺术家"，因为他"既会作诗，又会拉小提琴，也擅长于画油画，兼任演员，并擅长玩纸牌，还会弹萨摩琵琶"。至于田中君的外表，也是无可挑剔，"脸像演员那样光滑，头发像油画颜料那样锃亮，声音像小提琴那样清婉，说话恰是诗一般得体"。总而言之，田中是个全能型的才子，并且还是个体面的美男子，是婉约派"高富帅"，梦想着跟"梦二般的美人"阿君好好谈一场风花雪月的浪漫恋爱。

田中君约阿君一起去看马戏。这是两个人第一次约会，两个人都做了一番精心打扮。沿着林荫道一起漫步时，田中君轻轻握住了阿君的手。一切的景色仿佛都在歌唱恋爱的巨大欢乐，连风卷起的尘埃拂到脸上都是令人感觉幸福的。总之，很甜蜜，很浪漫，万事和煦。

就这样两人不知不觉走到了一条狭窄的小街上。小街的尽头有一座两层楼的日式旅馆，而小街的右侧有一家小小的蔬菜店。就在田中君在心里暗暗惦记着小街尽头的旅馆时，阿君美丽的明眸突然绽放出炽热的光芒——阿君看到了小蔬菜店里的葱，还有立在葱堆上的价格牌，牌子上大大地写着"一把4分钱"。在物价飞涨的年代，4分钱一把的葱真是极为难得。阿君情不自禁地在那家蔬菜店前停下了脚步，撇下目瞪口呆的田中君，走进蔬菜店，用纤纤玉手指着葱堆，唱歌般地说，"给我来两把"。

当阿君喜气洋洋地拧着两把葱，重新回到田中君身边时，田中君刚刚还存在于脑海的各种清秀委婉浪漫的遐想，都在瞬间烟消云散，他像看着另一个人似的打量着阿君。"她提着两把共8分钱的葱站在那儿，清亮的眼睛里含着喜悦的微笑。"

这个故事后来的结局是——其实这个故事没有结局，因为在田中君全身血管里流淌着的浪漫爱意，被两把8分钱的葱一滴不剩地谋杀了，再也没有复活。

芥川龙之介的这篇写于1919年（大正八年）的短篇，其实确有其人其事。小说里的"阿君"，便是彼时在"燕乐轩"做女侍应的千代，而"田中君"则是日本著名的僧侣作家今东光。作为燕乐轩时髦美丽的女侍应，年轻的千代不仅和佐藤春夫约会，还经常与今东光一起散步，一起吃红豆刨冰，并被今东光作为女友领回家中。

但是，后来宇野千代和今东光并没有下文，原因就是那两把葱。

"那时候芥川龙之介写了个短篇叫《葱》，详细的内容忘记了，但小说的内容，是我和东光散步时发生的一件真事。芥川听说之后，就写成了小说。后来我曾在心里想：在那样的时候，奔跑着去买葱的自己，是多么不可思议，又是多么的可怜啊！"千代在晚年撰写文学回忆录提及此事时，不由深为感叹。当时的千代和还是大学生的丈夫忠生活在一起，没有经济来源，生活过得非常拮据。就像当代中国那些北漂的文艺青年一样，一贫如洗，生活艰辛。在物价飞涨的东京，4分钱一把的便宜大葱，对于贫穷的千代而言，比眼前浪漫的爱情更为吸引人。

除了被两把葱杀死的这段爱情之外，还特别值得一提的，是时任《中央公论》编辑长的泷田樗阴，也是"燕乐轩"的常客之一。千代后来在自己的人生自传中，将与泷田樗阴的相识，称为自己人生中"命运的邂逅"。

"完全没有想到的是，这家燕乐轩的对面，就是中央公论社的大楼。一到午餐时间，就会有位面色发红的胖绅士，身着讲究的和服，脚踏木屐，脚步匆匆地走进来。此人就是《中央公论》的著名编辑长泷田樗阴先生。泷田先生就座之后，总是急匆匆地吃完，而且每次离开座位时，一定都会在餐桌上留下一枚 50 钱的小费。当时的 50 钱，相当于现在的 5000 日元了吧。"

千代在人生自传中，这样描述了最初认识泷田樗阴时的情形。每天 50 钱的小费，对于当时生活拮据，穷得只有两件单衣的千代而言，无疑是笔不小的意外之财。但没多久千代就辞去了燕乐轩的工作，跟随丈夫忠一起去了北海道。勤工俭学的忠，边打工边完成了学业，从东京大学毕业后，顺利地进入北海道的拓殖银行本部工作。

"啊，终于成了有钱人！"

当千代拿到忠交给她的第一次工资时，说不出的心花怒放，感觉自己简直就是一步登天，从一名需要到处打零工赚取日常生活费的"女佣"，摇身一变成了"白领阶层的阔太太"。

在北海道的那段日子，千代和忠过着平和安稳的生活。就像所有日本式家庭主妇那样，每天早晨千代早早起床准备早餐，然后送丈夫忠出门去上班。黄昏的时候，在忠快回来之前，千代会仔细地梳妆打扮一番，然后到家门外的路口等候忠回家。忠出门上班的时间里，千代就坐下来加工缝制和服——这是千代在北海道找到的一份在家就可以干的活。千代的裁缝手艺，是在念高中时在女子学校的家政课上学会的。千代上学时正值日本的明治时代，明治天皇的皇后美子十分贤德，不仅自己带头身体力行，同时对于普通日本女性的教育也十分关注，并在日本全国对女子实施"贤妻良母"式教育，不仅要求所有女子必须上学读书学习文化知识，还要求学习持家、烹饪、缝制等家政知识。日本女人之所以后来在世界上拥有"温柔贤惠"的好名声，明治皇后美子功不可没。

千代将加工缝制和服的钱一点点地全存了起来。之后，有一天，千代和往常一样，去家门外的小路上等待忠回家，忠的身影刚刚出现，千代就急切地跑过去，对忠说：

"你快猜一猜，我买了件什么东西？"

"你买了什么呢？"忠十分纳闷，怎么也猜不出千代究竟买回家了什么，竟然这么兴奋。

千代居然用自己加工缝制和服存下来的钱，买下了一所房子。

那是一所建筑了二十多年的旧房子，千代用很便宜的价格买了下来。因为便宜，房子除了很旧，还空荡荡的什么都没有，日式的和室里连榻榻米草席都没有铺，露出光秃秃的地面。但是千代依旧兴奋得不得了：平生以来第一次拥有属于自己的房子，真正属于自己的家了！

搬进这所属于自己的"新家"之后，千代比以前更忙碌了。当时在北海道流传着有人靠吃苦耐劳终于成为百万富翁的传说，这个勤劳致富的传说是千代向往的目标。她比以前更积极地接缝制的活儿，一笔钱到手，就马上去买一张榻榻米草席回家自己动手铺上，这样慢慢地，这所一无所有的旧房子，没多久就已经有两间房铺上崭新的榻榻米草席了。千代将其中一间铺好榻榻米的房间租了出去。

只是单靠缝衣服、收租金过日子，离发家致富的梦想实在太遥远。有没有什么其他办法，能突然成为"暴发户"呢？

有一天，千代无意中在报纸上看到一则悬赏征文启事，巨额的悬赏金吸引得千代双目炯炯发光——好哇，动笔写小说，若能拿到一等奖，不就成为"暴发户"了吗？

"心动不如行动"——这是千代一直以来的行事作风。当下就铺开纸笔，昼夜不分地写起了小说。这篇投寄给《时事新报》的悬赏小说《脂粉之颜》，在众多投稿中脱颖而出，获得了悬赏小说一等奖。

第一次写小说就取得如此好成绩，极大地鼓舞了千代的写作干劲。接下来的三个月时间，千代又写成了第二部小说《掘墓》，这一次千代将小说投寄给了《中央公论》杂志。给《中央公论》投稿的理由很简单。《中央公论》从明治时代至今，一直在日本文坛占有不可动摇的重要地位。特别是明治末年，《中央公论》的总编泷田樗阴，以开创自由风气、提携新人作家而闻名。

可是，投寄到东京《中央公论》的小说，如同石沉大海般杳无音信，千代有些坐立不安起来，想起在燕乐轩做女侍应生时，与《中央公论》的总编泷田先生有过面识之缘，于是下决心无论如何一定要赶去东京，亲自拜会一下，请泷田先生提携一把。

想到就行动。千代当下就开始整理行装，下决心要亲自去东京一趟。十分了解千代性格的忠，什么也没有多说，只是默默地将千代送上了开往东京的列车。

登上开往东京的列车的千代，噙着眼泪与忠告别，反复地说道：

"我马上就会回来，你一个人要好好吃饭，我只去几天，马上就会回来。"

就是在列车开动的那一刻，千代心里仍在想：

"三天或者五天，估计最多十天，就可以回来了吧。"

然而，谁也不知道，这一走，便成了千代与忠的诀别。

四

当千代从遥远的北海道，乘火车赶到位于东京的中央公论大楼时，正逢千代的小说在《中央公论》开始连载。

在《中央公论》总编泷田先生的办公室，千代拿到了有生以来的第一笔稿费。

"真是无法忘记。按一页稿纸 3 日元稿费计算，摆在我眼前的 366 日元真是一笔巨额数字。当时那个时代，刚刚参加工作的女孩月工资只有 12 日元，这 366 日元，相当于现在的 366 万日元了。"

1984 年，已经 86 岁的千代在随笔集《自传式恋爱论》一书中，这样回忆起拿到第一笔稿费时的情形。千代文中所说的"当时那个时代"，是指大正十一年，即 1922 年。1922 年日本普通男职员的工资收入，为每月 20—30 日元，而刚刚踏入社会的年轻女孩的月收入就更少，只有 12 日元左右。而千代曾经做过女侍应生的"燕乐轩"西餐厅，一个月的收入只有 8 日元。突然之间收入从一位数跳到三位数，让千代惊喜得有些目瞪口呆，居然连"谢谢"二字都不记得对总编泷田先生说，就拿着稿费飞奔出门了。

有钱了，有钱了！终于有钱了！

千代跑出中央公论大楼之后，去的第一个地方是一家当铺。那家当铺是千代在东京生活时，典当物什常去的地方。

"当铺里的大叔，瞧啊！这是我的第一笔稿费，366 日元，366日元啊，巨款吧！"千代心花怒放地将那叠钱拿出来，在当铺老板面前炫耀说，"我现在是有钱人了，再也不必来这儿典当东西了。"

当铺老板是个温和的老头，微笑着恭喜千代说："太好了！祝贺你！"

离开当铺之后，千代先去邮局将钱存起来一半，留下的一半则用来"衣锦还乡"。想当年，与同校的男教师闹出"恋爱丑闻"，只能在深更半夜趁人不注意的时候，偷偷乘船去韩国，不仅失去工作，还失去爱情，让家中的老母和弟妹们被邻居们背地里指指点点地笑话……而现在，我有钱了！我会写小说了！我写的小说在《中央公论》这样的名牌杂志上连载……千代要将内心中的这份巨大的喜悦，马上带回家去与岩国家中的老母和弟妹们分享，要让全家人都扬眉吐气地骄傲一回。

当身披绚丽的桃色蕾丝花边披肩的千代，花枝招展地出现在家乡岩国的车站时，母亲正领着五名弟妹，从高到矮一字排开地立在车站的月台翘首期盼着她。

"走！姐姐给你们一人叫一辆人力车，我们一起回家去。"

千代兴奋地对弟妹们说。

那时候出租车还没有在日本普及，人力车是主要的交通工具，但也只是有钱人出门时才叫得起的奢侈品，一般的老百姓出门则完全靠走路。千代家自从父亲去世之后，一直生活拮据，五名弟妹从小到大，一次人力车都还没有乘坐过。

母亲一辆，五名弟妹一人一辆，千代自己一辆——七辆人力车如同队列一般，从车站鱼贯而出地飞奔至家门口。不到一个时辰，千代衣锦还乡的消息，便在全村子里传开了。

"衣锦还乡"的千代，只在家乡呆了短短两天。听家里人说起初恋情人三浦老师已经做了村子里一家和服店的上门女婿，她还精心打扮一番，在黄昏中妖媚婀娜地特意从三浦老师的家门口"路"过好几次。

> "那天傍晚，我装着散步的样子，路过了那家和服店。心想我曾经那么喜欢的三浦老师，大概正坐在暖帘的里边拨弄着算盘算账吧？傍晚的和服店已经关门了，屋檐下有个年轻男人正侧身抱着个小孩在把尿。
>
> '哦……尿了、尿了……'那年轻男人突然转过身来，抱着孩子冲着这边尿尿了起来——那个身穿条纹和服的年轻男人，不正是我曾经那么喜欢的三浦老师么？居然都已经有孩子了……看到这一切，很奇怪地，我心里居然升腾出一种说不出为什么的喜悦。那一刻，我的初恋物语，才算是真正地彻底结束了。"（摘自宇野千代《我的化妆人生史》）

两天之后，千代在岩国买好返回北海道的车票，告别母亲和弟妹，踏上了归途。在路过东京换车的时候，看看时间还早，于是千代决定再去《中央公论》杂志社拜谢一下总编泷田先生。

当千代走进泷田樗阴先生的办公室时，里面已经坐着两个男人。一位是评论家室伏高信，而另一位则是在《时事新报》的悬赏小说比赛中与千代同时获奖的另一位新人作家尾崎士郎。

与尾崎士郎的不期而遇，改变了千代一生的人生轨迹。

那天晚上，在评论家室伏高信邀请下，三人一起喝酒庆功至很晚，千代因此耽误了返回北海道的火车，而这一耽误就是一生——从此之后，千代再也没有返回过北海道的家。虽然北海道的家里有天天盼她回家的丈夫，虽然刚买下来没有多久的新家里，榻榻米才铺完一半……家里的一切都在等待她，呼唤她。可是，与尾崎士郎的相遇，令千代再也无法回到北海道的丈夫身边了。

千代与尾崎士郎彼此一见钟情，双双坠入情网之中。

尾崎士郎比千代年小3个月，算得上是同龄人。出生于日本中部爱知县的尾崎士郎，中学时代就因为一篇题为《无论如何也有必要扩张选举权》的时事论文，受到当时还是早稻田大学教授，后来成为政治家的永井柳太郎的青睐，并在永井柳太郎的推荐下，进入早稻田大学的政治学部就读。在早稻田就读期间，尾崎士郎因为倾心于社会主义运动而中途退学，之后又因质疑并批判日本社会主义运动的伪善性而脱离出来。1921年（大正十年），《时事新报》悬赏募集新人小说家，宇野千代参赛的短篇小说《脂粉之颜》获第一名，尾崎士郎的《来自狱中》则获得第二名。两人都因这次征文比赛而双双进入日本文坛，此后两人都笔耕不止，凭借自身实力，各自奠定了自己在日本文坛的地位。尾崎士郎的代表作是带有自传色彩的《人生剧场》。这部小说从1933年（昭和八年）开始在报刊连载之后，大获好评，并获得"文艺恳话会"奖。现在在尾崎士郎的家乡日本爱知县，以及东京尾崎士郎曾经生活过的地方，都设有"尾崎纪念馆"。

在千代眼里，士郎是位"有一些口吃，可是说话的方式却十分风趣且富有魅力的美男子"。

士郎性格开朗豪放，好酒、爱朋友，是千代一生中最爱的一位男人。连士郎有些口吃的毛病，在千代看来，都是可爱得不得了的个性。"如果一定要从士郎身上寻找出些缺点的话，"千代说，"那么这个人唯一的缺点，就是太惹人喜欢了。"

千代与士郎相遇没多久，就在东京郊外的一片种满萝卜的菜地边，积极动手开始搭建爱巢。千代用拿到手的第一笔稿费，买下萝卜地边的一间二十来平方米的旧杂屋，准备将它改建成和士郎共同生活的小家。这个时候的千代，离开北海道的家其实连一个月都还不到。在北海道的车站，千代告别丈夫忠的时候，还眼泪汪汪地叮嘱又叮嘱：

"我只去几天就马上回来，你要记得一个人好好吃饭啊。"

谁能想到，一个月的时间不到，人的心情会发生如此大的变化，而故事的情节会变得如此曲折呢？

就在千代在东京积极建设一座新家的时候，收到了忠从北海道发来的一封简短的电报：

"明天晚上八点到达上野"。

"为什么这么久都不回家？"

"说好只有几天就回家的，为什么一到东京就毫无音信？"

"这么长时间，你一个人在东京都做了些什么？"

第二天晚上八点不到，在东京的上野车站，千代一边等待着忠的到来，一边内心忐忑不安地猜想着忠有可能质问自己的话，思量着该如何向忠说明这短短几个星期里所发生的一切。

忠来了，见到了相别一个月不到的千代。只是与千代所想象的完全不同的是，不断在提问和说话的人是千代，忠什么也没说，什么也不问。

两天之后，忠整理行装返回北海道。千代将忠送到郊外的电车站，与忠告别：

"再见啦。"

见千代就此与自己说再见，忠轻声问了一句：

"你这就走了吗？"

"你这就走了吗？"——这是忠与千代诀别时说过的最后一句话。然后，忠转身走进了电车车厢，随着电车门"哐"的一声关上之后，忠的身影，从此永远地消失在千代的人生中。

"你这就走了吗？"——直到四十多年后，已经60多岁的千代，在经历过无数次人生起伏和情感波折之后，再次回想起第一任丈夫忠对自己说过的这句话时，才终于醒悟到，忠对她的这一种无言的处置态度，在她漫长的人生中，居然如此不知不觉地左右着她的命运，成为她在人生中每一个重大转角处，都能下定决心拿得起、放得下的人生范本。

五

1923年，千代在东京郊外的马达村，买下萝卜菜地中间的一间二十来平方米的旧杂屋，将它改建成和第二任丈夫尾崎士郎共同生活的小家。

马达村又称"文士村"，是大正后期到昭和初期许多日本文人和艺术家汇集居住的地方。与千代和士郎同期居住在马达村的，还有川端康成、榊山润、广津和郎、三好达治等日本的知名文士。

那时居住在马込文士村的日本文人，大都生活拮据，因为大家都穷，所以个个心安理得。川端康成家离千代家只有百米左右的距离，到了做饭的时候，川端的太太就会跑到千代家的厨房里来借酱油，或是千代跑到川端家借一升米。在千代眼里，川端康成是个有些"抽象"的人，喜怒哀乐从不表露于颜色，永远以一种旁观者的姿态在生活中行走，仿佛这世上一切事情都与自己毫无干系。

当时，西式短发开始在东京流行，好奇心旺盛的千代，第一个在文士村里带头剪了个时髦的短发型，俏丽的短发让千代看起来比实际年龄起码年轻7岁，造成文士村"大轰动"。一夜之间，文士村里的女子们，包括川端康成太太在内，个个都去剪短了头发，人人变得活泼顽皮起来。其中一位女作家萩原稻子，剪短头发之后，居然爱上一名18岁不到的少年，抛夫弃子大胆与其私奔。关于这一时期，川端康成后来在他的《文学自叙传》中曾这么写道：

> "太太们之间都接二连三地剪短了头发，舞会流行，恋爱事件频出，文士同仁们仿佛都患了某种神魂颠倒的传染病，总之是十分热闹有趣。甚至就连我，因为与宇野千代女士走在一起，好像还被人误解为恋人。"

千代和士郎在马込文士村的小家二十平方米不到，只有一间厨房、一间厕所外加一间卧室兼客厅二用的厅房，当时一般的日本民居基本没有配套的洗澡间，想要洗澡得去家附近的"钱汤"（即洗澡堂）。士郎性情温和，十分好酒，且爱交朋友，因此家里

20 多岁的宇野千代，
与尾崎士郎一起生活
在马込文士村的时候

从早到晚客人络绎不绝。不管遇到谁，士郎都会招呼人家一起喝
酒，喝酒喝到兴起时，直着嗓门地大声辩论人生，再喝至酒性醺
醇，便开始击掌放声而歌。士郎在一帮文士之中素有"酒豪"之
誉，浪花曲也吟唱得极棒，一帮文人墨客聚会，士郎总是其中最
活泼的中心人物。

　　家中朋友来来往往地川流不息，千代作为女主人跑里跑外地忙
着借钱买酒，煮菜做饭，即使家中几乎日日都在摆流水席一般，千
代也从未流露过一丝不愉快不耐烦，总是兴致勃勃地招呼着士郎的
一帮狐朋狗友。士郎喝酒喝到微醺，开始击掌而歌的时候，千代会

在厨房一边备菜一边伴唱附和，所谓夫唱妇随，神仙眷侣，莫过如此。

只是两个人都以笔为生，不写作生活费就没有着落。眼看着那笔原以为一辈子都用不完的稿费一点点被花光，千代心中着急起来，下决心要找个安静的地方好好写点东西。于是在家乡岩国临近海边的一座小山坡上，千代借到了一所朋友度假时才使用的小木屋，偶尔会一个人离开家去住上一段时间，静心写完新小说，然后再返回马达文士村的家中。从这一点来看，千代的性格真是十分"男人"。因为即使是现在这个年代，能随时放下家庭外出的，也仍然大都是男人，更不用说 20 世纪 20 年代的日本了。千代这种过于独立的性格，或许正是她一生中不断失恋的根源。当千代一会儿离家一会儿回家的时候，她与士郎之间其实已经发生了微妙的变化，只是千代天真钝感，对于微妙的情感变化浑然不觉。

日本的温泉旅馆，一直是日本作家们极其青睐的地方。例如川端康成的经典名作《伊豆的舞女》，就是在伊豆的汤之岛旅馆逗留了四年有余写成的。日本的出版社或杂志社搞活动，也经常会选择伊豆或箱根这些温泉名胜。

1927 年，千代应《中央公论》之邀第一次去了伊豆的汤之岛，当时，与千代同行的还有川端康成、三好达治等多位作家。在汤之岛，千代经川端康成介绍，认识了年轻作家梶井基次郎。

梶井基次郎是日本近代史上有名的小说家，31 岁那年因肺结核去世。梶井基次郎的作品在生前并未为世人重视，直到死后其作品才得到高度评价。其代表作《柠檬》甚至还被选编进日本高中的教科书。《柠檬》描述了高中时代在京都求学的梶井基次郎阴郁的内心。"我"在水果店买了一个新鲜的柠檬，柠檬新鲜的黄色和重量，带给我瞬间的幸福感。但这种幸福感很快又被压向心头的"不吉的板块"驱逐了。在书店里，"我"将柠檬留在被自己堆积得高高的"书的堡垒"上，并幻想那是一枚"黄色炸弹"。"我"若无其事地走出书店，想象着那枚"黄色炸弹"即将爆炸，内心有一种恶汉般的快感。《柠檬》至今被视为日本文学史上杰出的短篇小说之一。小说通过少年的"我"试图脱离现实，并产生心理错觉的种种内心活动，真切地描绘了一位少年在成长过程中的烦恼、躁动，以及不安。

认识千代的时候，梶井基次郎已经是东京大学文学部的学生，因为身体欠佳正在汤之岛的温泉旅馆疗养。年轻的梶井基次郎放浪不羁，还在京都上高中的时候，就以"无赖汉"闻名：逃学、抽烟、酗酒、打架斗殴……最著名的一件轶事，是某次梶井基次郎喝到烂醉如泥后，张开四肢呈"大"字状躺在八坂神社前的电车道上，在青春的躁动中大声呐喊，"让我扔掉童贞吧！"

梶井基次郎饱读群书，且记忆力惊人，曾经完整地读完《夏目漱石全集》并能背诵出许多章节里的句子。尽管热爱文学，梶井基次郎长相却很"不文艺"，肤黑唇厚，女人缘总也不佳——这大概是梶井基次郎青春期郁闷的主要原因。

这样的梶井基次郎，在遇到性格天真而又美丽多情的千代之后，内心的烈火便无法控制地熊熊燃烧起来。为博得千代的注目，梶井基次郎甚至当着众人的面，站在桥头一跃而起，纵身跳入激流。白天，他寸步不离地跟随在千代左右，晚上，则坐在千代的房间里舍不得走。这样如胶似漆，难免引起周围的种种猜忌，各种流言蜚语也慢慢扩散开来。

梶井基次郎对周围的议论无所顾忌，我行我素。这种不羁的性情令千代着迷，但作为一名资深颜控，每次看到梶井基次郎饱含热情的目光时，千代脑子里总是浮现出丈夫尾崎士郎那张英俊的脸——"士郎笑起来的时候，像个孩子般可爱，多么好看！"

千代带着这种难以言述的暧昧情绪，从汤之岛温泉回到文士村的家。家中的尾崎士郎早已听到种种传言，但却什么也没问，什么也不说。直到梶井基次郎返回东京，前往文士村看望千代时，尾崎士郎压在心头的怒火才终于爆发出来。两个男人因为千代而引发的一场"决斗"，后来成为近代日本文学史上的一个著名场景：

作为情敌的两个男人不期而遇。

愤怒的尾崎士郎将手中正在燃烧着的烟头，朝着梶井基次郎的脸狠狠扔过去。

梶井基次郎冷冷地用手接住，若有所思，沉默良久，突然一声怒吼：

"来啊！打呀！放马过来！"

尾崎士郎当即抡起拳头便朝梶井基次郎冲过去，却被身边惊慌失措的千代紧紧拉住，阻止说：

"士郎，别，别……"

千代的阻拦更令尾崎士郎怒不可遏，一掌将千代甩翻在地，大吼：

"你有什么资格阻拦我？"

这一场日本文学史上的著名斗殴，将千代与尾崎士郎的恩爱小家彻底摧毁。两个人之间，生出一条永世无法逾越的鸿沟，曾经的恩爱夫妻，从此形同陌路。那段时间士郎开始在报纸上连载他的长篇小说《世纪之夜》，出于对千代背叛自己的惩罚，士郎在写作这部连载长篇时，一直刻意回避着千代——他在咖啡厅里写、在公园的长椅上写、在家以外可以写作的各种场所写，但回到家中时，却对自己的新创作只字不提。以至于千代作为妻子，作为士郎最亲近的文学伙伴，居然对士郎的整个创作过程毫不知情。

《世纪之夜》的长篇连载令士郎不仅名气大增，还收获了十分丰厚的稿费，拿到高额稿费的士郎，辗转于东京银座的咖啡厅和酒吧之间，每天喝到酩酊大醉，常常彻夜不归。士郎从不告诉千代自己的行踪，千代也从不追问，虽然两人名义上还是夫妻，但却很难再见上一面。有一天，千代因工作与朋友相约在一家居酒屋，刚坐定没多久，从外面进来了一群人，其中一位赫然便是士郎，而另外几位则是以前每天到千代家喝酒高谈阔论的老朋友。当时士郎和一帮朋友大概已经在其他地方喝过不少酒了，走进居酒屋的时候，已经微显醉态，一位年轻女子十分体贴地搀扶着士郎，从千代身边走过，在邻桌的空位置上坐了下来。

在邻桌坐下来的士郎一眼看到了千代，说了句"呀"，然后，扭头对身边的年轻女子说：

"小雪，来，我们一起唱歌。"边说边敲着桌子，大声吟唱起千代十分熟悉的那首浪花曲——那是朋友们来千代家聚会的时候，千代常常附和着士郎一起吟唱的那首浪花曲。而现在，曲子依旧，人也依旧，唯一的变化，是附和士郎一起歌唱的人，不再是千代，而是一名被唤作"小雪"的年轻女孩。

小雪和士郎一曲终了，身边的朋友们拼命吆喝着鼓起掌来。坐在邻桌的千代，也礼节性地附和着一起鼓掌——在阵阵掌声中，千代听到自己的心，如同玻璃一般被击得粉碎。千代终于发现，士郎身边那个原本属于她的位置，已经完全被其他的女子所替代，而她，则永远也回不去了。

这之后的某一天，士郎一声不响地走出了家门，从此再也没有回来。

士郎的离去，带给千代的痛，是刻骨铭心的。那段时间，千代将自己关在家里，足不出户，在榻榻米上爬摸翻滚，辗转反复，放声哭泣——千代将这样的痛彻心扉称为"失恋体操"：

关起门来，像小鸟一样，像虫子一样，一边扭动着身体一边放声大哭。在这样的大哭之中，千代说："很不可思议地，身体里某种恍如硬疙瘩之类的东西被散发弥尽，那条失恋的虫子，也随之一下子便被抖落了。"在歇斯底里的放声大哭之中，一种豁然开朗的情感涌现出来，你的身体里跳出另一个自己，对正在大哭着的你说："多么可怜啊！你居然在为了失恋而哭泣噢！"

千代将这种内心中自己与自己的对视与对话，称为"失恋的客观性"。并认为这种"客观性"非常重要：因为只有当你跳出自我，像凝视他人的失恋一样，来看待自己的失恋时，失恋的本质才会显露出来。

哭完之后，擦干眼泪，给自己化上一个完美的妆，穿上最喜欢的衣服，走出去试试吧！千代说，一段全新的恋情，或许正在前面不远的拐角处，在向你招手呢。

不过，即使抖落了那条"失恋的虫子"，千代也并没有跟梶井基次郎在一起。虽然，在梶井基次郎短暂的一生当中，千代是他唯一认真爱过的女人，但在千代心里，尾崎士郎才是爱人，而梶井基次郎则是异性知己、文学挚友。千代能感受到梶井基次郎对自己的爱，但是作为热爱文学的不羁青年，梶井基次郎并不曾对千代有过任何直白的表达。对于一位阅读过《夏目漱石全集》且能背诵的年轻人而言，"我爱你"这样的表白，是羞耻而不堪的。双双并肩月下，轻叹一句"月色真美"，才是含蓄雅致的表白方式。而这样含蓄雅致的表白方式，在千代与梶井基次郎的许多次相聚中，也仅仅发生过一次。那是千代和尾崎士郎离婚之后，有一回，千代因为采访从东京去了日本关西，并顺道去看望返回关西老家的梶井基次郎时，脚踏木屐、健步如飞地走在千代身边的梶井基次郎，像是突然想起什么，带着戏谑的口吻问千代道：

"如果我快要死了，你还会来大阪看我吗？"

"好啊！会的。"

千代没心没肺地回答。她看了一眼走在身边的梶井基次郎，阳光下梶井黑黝黝的皮肤，看起来显得很健康。

"在我临终之前，你会呆在我身边吧？"

"会的。"

"那时候你会紧紧握住我的手吧？"

"哦，好啊好啊，到时候一定紧紧握住你的手。"

千代忍不住笑起来。这种镜头感十足的对话令千代感觉很快乐很文艺，这大概也是千代虽然不爱梶井基次郎，但却始终视他为挚友的理由之一。谈笑风生的梶井基次郎看起来很健康。而且，他还那么年轻，怎么可能死呢！千代不知道，看起来很健康的文学青年梶井基次郎，当时已经重病在身，在那次与千代见面之后不久，便因肺结核咳血去世，离世时年仅 31 岁。

"在我临终之前，你会呆在我身边吧？"

"那时候你会紧紧握住我的手吧？"

很多年后，年过八十的千代，在自传小说《活着的我》一书中，回忆起与年轻的梶井基次郎的这次对话时，这样写道：

> "不用说，我想当然地认为这是梶井在跟我开玩笑。所以

记得当时还笑着回答他，'好啊好啊，到时候紧紧握住你的手。'神户的坡道非常多，梶井碰碰撞撞地走在坡道上，木屐敲打着地面发出的巨大响声，至今还在我的耳边回响。"

千代永远记得梶井基次郎的爱，但也永远忘不了尾崎士郎。因为，千代说，"这一辈子，最爱的人就是尾崎士郎。"

六

多年之后，千代在《我的文学回忆》一书中这样叙述自己对于尾崎士郎的情感：

"我和士郎就这样分别了。回想起来我们之间甚至没有说过任何告别的话。说起来很奇怪，我对于士郎从未有过任何恶意，他抛下我一个人离开了家，我哪怕是做梦都不曾怨恨过他。我这样的心情，别人是无法理解的。但是，我若说'我爱士郎'，大家也许就能理解了。对于自己所爱的人，我不想去打扰他。不打扰他，让他去做自己喜欢做的事，这便是我对士郎的心意。经常有人问，'你是不是太不成熟了？'我不成熟的地方实在太多了，对于自己如此深爱的人，我只想让他去做自己想做的事。即使这样会令我感受到痛苦，但只要这么想一想，再大的痛苦我也能完全承受。"

老年的尾崎士郎，也曾在自己的文学回忆《小说四十六年》

里，这样回忆起千代：

> "和宇野千代结婚之后的我，结束了过去长时间的放浪生活，进入了埋头创作的生活状态。她不仅有着作为作家的优秀秉质，即使作为妻子和家庭中的主妇，也是一位诚实的、具有献身精神的女子。可以说是她为我的作家生活创建了最基本的根基……为我打开文学之眼的人是宇野千代女士，在我犹豫彷徨无所作为的时候，是她为我的心眼投入了一丝亮光……"

尽管尾崎士郎在自己的文章中，对千代给予了极高的评价，但是他当年一言不发地不辞而别，却实实在在地带给了千代巨大的打击和伤痛。所幸千代单纯的性格拯救了她自己。在无数次闭门大哭饱受"失恋体操"的折磨之后，千代终于清醒过来，发觉自己不能再这样下去，必须强迫自己振作起来才行。想到做到，千代从来都是行动派女人，当即便换上自己最喜欢的华丽和服，并去了美容院剪了个时髦的短发——女人要改变自己的内心时，总是先从改变自己的外貌着手，这一点，古今中外的女子似乎无人可以例外。外形外貌对于女人常常拥有强大的暗示作用，似乎只要改变了自己的外形，内心也能焕然一新。

在与尾崎士郎分手之后的第二年，重整旗鼓的千代开始在《中央公论》连载长篇小说《罂粟为什么这样红》。这部长篇小说共计150 回，连载时间长达一年，连载结束之后由中央公论社整理成册出版。在撰写这部连载小说时，其中有一段要描写煤气中毒的场面，当时日本著名画家东乡青儿，正因为殉情自杀未遂而闹得满城风雨，宇野千代想将小说里殉情自杀的人物内心描绘得更真实生动点，于是便去拜访东乡青儿。在东乡青儿家里，两人谈得十分投机，言来语往滔滔不绝，聊到夜深人静时分，东乡站起身来，极自然地伸手抱住了千代，说：

"该睡觉了。"

就这样，初次登门拜访的千代，当天晚上便在东乡青儿家里住下了。那时候东乡与原来的恋人盈子的殉情自杀事件才刚刚发生没几天，两个人躺着的床上，甚至还残留着东乡与盈子殉情未遂时残留着的血迹。

关于画家东乡青儿，非常值得在此好好写上一笔。

东乡青儿（1897—1978），原名东乡铁春，少年时代师从日本浪漫派画家竹久梦二，24岁时前往法国留学，在欧洲留学七年中，积极参加意大利未来派运动的同时，多次与毕加索、藤田嗣治等最顶级画家探讨交流。东乡青儿的画自成一派，糅合了西洋油画的立体感与日本浮世绘的典雅线条，尤其以线条优美、色彩柔和的女性画见长。从欧洲学成返日后的东乡，将创造"大众热爱的通俗艺术"作为自己的终身目标，其作品遍及书籍杂志的封面设计、广告包装、室内设计等各个领域。从1928年学成归国，到1978年因心脏病突发去世，这五十年中，东乡青儿的作品渗透到了日本人日常生活的每个角落，对日本社会审美观念的影响，长达整整半个世纪。

东乡青儿一生以女性画闻名于世，日常生活中也阅女无数。其中最著名的便是前面提及过的"殉情自杀未遂事件"。当时东乡三十出头，已有妻室和孩子，刚从欧洲学成归国不久。在一次聚会上，东乡认识了日本海军少将的千金盈子小姐。盈子是位纤细修长的美人，比东乡小十岁，正就读于美术学校，对年轻有为大名鼎鼎的东乡仰慕已久，俩人初次见面便双双坠入情网——这事当然遭到了盈子父亲的反对。盈子的父亲是位非常热爱孩子的基督徒，无法想象自己的女儿居然充当第三者去破坏别人的家庭，为此不惜将盈子反锁在家囚禁起来，并以盈子的口吻，给东乡写了封绝交信，请东乡以后不要再来打扰。

为情所困的东乡日日借酒浇愁，并由此又认识了另一位富家千金修子。修子的父亲当时是"帝国联合电灯"（即之后的马自达电灯）的专务董事，这位修子父亲跟盈子父亲一样，也是位非常热爱孩子的爸爸，不同的是两位父亲爱女儿的作风完全不同：盈子的军官父亲是将盈子关在家里监视起来，而修子的父亲则是只要女儿喜欢，一切都在所不惜。看到自己的宝贝女儿爱上了前卫派画家东乡，修子父亲高兴得什么似的，等不及东乡与前妻办理离婚手续，就屁颠颠开始买别墅、发请帖，大张旗鼓地为修子和东乡操办婚事。

东乡与修子刚刚新婚燕尔，原配妻子就找上门来，接下来，前恋人盈子终于获得了自由，也找上门来——眼见自己的新婚丈夫居然女性关系如此复杂，修子一怒之下离家出走，东乡与修子的这段婚姻，仅仅存活了两个星期便彻底告吹。

接下来，便发生了东乡与盈子的双双殉情自杀未遂事件。

再接下来，殉情未遂的盈子再次被父亲带回了家，而东乡此时也已经与前妻协议离婚，成为真正的孤家寡人。正是这个时候，刚刚经历第二次失恋之痛的千代出现了，两个在感情上失去依靠的人，毫无预谋地走到了一起。

第二天早晨，我坐在寝室的窗子边梳头，新吉还躺在床上没有起来。我和新吉，就如同因为某种差错而偶然同宿的旅人一样，明快地、毫无拘束地走到了一起。我也好新吉也好，都知道该怎么做才不会伤害到对方的心，都知道该怎么做才能够很好地欺骗自己。

上面的一段话，出自千代所写的自传体小说《那个家》。文中的"我"是千代自己，"新吉"就是东乡青儿。

对于与东乡的结合，千代不认为是爱情，而是两个心灵受伤的人，因为某种偶然的错误而走到了一起。或许正因为如此，尽管千代和东乡的兴趣爱好与生活习惯各异，但两个人在五年的同居生活中，却相处得十分和谐。他们彼此之间从不询问对方的过去，并且都努力迎合努力靠近对方的喜好。生活与思维都十分西化的东乡，因为千代而开始青睐传统和服，而从来只穿和服的千代，则摇身变成了身着洋装的摩登女郎。就连化妆的风格，也从日式的粉白妆变成了西洋风格的油彩妆。用千代自己的话说，就是"每天打扮得像是热带雨林来的人一样"。

千代认为二人之间的这种互相迎合，是两个受伤的人彼此的一种"武装"。但究竟为什么要"武装"，这种"武装"是为了表演给谁看呢？对此两个人都无法给出答案。

尽管千代和东乡两个人，完全是毫无预谋地走到了一起，两个人对于未来，也并没有坚定的计划和长远的打算，但是，两人同居没多久，居然不假思索地在东京的世田谷借了块地，建了幢气派豪华的宫殿般的白色洋楼，并很快地搬了进去，开始了属于两个人的全新生活。

搬入新家的千代和东乡，日子过得十分融洽和谐。东乡与前妻所生的孩子也搬过来同住，千代对孩子很友好，就像小时候照顾弟弟妹妹一样照顾东乡与前妻的孩子。东乡的前妻每月按时上门来领取生活费，拿到生活费之后，有时候会在客房里住上一晚，或者是留下来与东乡和千代一起共进晚餐。对此千代从未感觉有任何不快，对东乡前妻总是笑脸相迎，非常友好，心里甚至还想：如果东乡说，你们友好相处一起生活吧，估计也是完全可以做到的。

千代的淡定和坦然令东乡有些吃惊，对千代说：

"真是个不可思议的女子，好有自信啊，你！"

对于东乡的感叹，千代微笑不语。在经历过两次失恋之后，千代对于男女之间，有了另一层新的认识。她认为维系男女之间的那根纽带，不是爱情，而是自尊心。对于注定要一起生活的男女而言，即使缺少爱情，但只要彼此呵护好对方的自尊心，日子就能得

30 多岁的宇野千代，邂逅画家东青儿，在新建的白色洋房前

以和谐地延伸。

千代与东乡居住在东京世田谷新居的那段时间，通常是这样安排的：白天，东乡在布满阳光的宽大的画室里作画；黄昏，与千代穿戴整齐，牵上外国品种的小洋狗出门散步；晚上，举办家庭舞会或是家庭派对，招待成群结队的朋友。这种生活表面看起来极其优雅有品质，但在"优雅"的背后，却爬满了千代的难言之隐：借地建房的时候，千代和东乡两个人实际上都身无分文，尽管没钱，但两个人却不假思索且不考虑后果地建了一幢人见人羡的宫殿式洋楼。房子建好了，没钱，付不起建筑费，建筑公司要钱要不到，就花钱请了黑社会天天上门闹事。那段时间里，一到白天千代就提心吊胆，担心逼债的黑社会随时会从眼皮底下冒出来。不过千代和东乡虽然兴趣爱好不同，但性格上有一点却十分相似，那就是：两位都是"神仙级淡定男女"，心思很细腻，神经很粗犷，即使口袋里掏不出几两银子，即使黑社会天天上门逼债，品质生活中的小资式优雅却照常上演不误。这边逼债的黑社会前脚刚走，那边马上歌舞升平舞会照开，将个小日子过得一半如同海水，一半如同火焰。

性格再淡定，但欠了债还是得要还的。为了筹集资金还钱，有好几年时间，千代甚至放弃了赖以为生的写作，每天抱着东乡的画，满日本游走，与各地不同的画商们见面，盼着东乡的画能卖出个好价钱。而东乡在那段时间，除了作画，还翻译了好几本法语著作，两个人都十分卖命地工作，盼着早日脱离每天遭遇黑社会逼债的"火坑"。

关于这段时期的生活，千代在多年后的《我的文学回忆》中也有回忆：

"现在想起来，我和东乡这种乱七八糟的生活，不得不说真是十分有趣。白天被逼债逼得喘不过气来，到了晚上，这种苦痛顿时消失无痕，随着音乐的节奏与来客们翩翩起舞。只是，这种习以为常的迟钝，并非是在与东乡共同生活的日子里所养成的，而是自己与生俱来的。而另一半是东乡，怎么说好呢？只能说是两个同样迟钝的人聚集到了一起……"

接下来的几年，千代与东乡忙于写作、绘画，一心一意想着要快点将拖欠的建筑费还清。为此，两个人不仅在生活上配合默契，工作上也十分齐心协力。1931 年，千代的短篇小说集《大人的绘本》出版发行，这本短篇小说集由东乡负责插图和装帧设计，以大开豪华单行本推出，至今仍被人们视为千代与东乡二人的情感结晶与见证。

1933 年 9 月，千代初期的代表作《色忏》开始在《中央公论》杂志连载。这部长篇连载小说以第一人称内心独白的手法，描绘了一位海归现代派画家与多位女子之间纠缠不清的感情故事，书中的主人公原型便是东乡。《色忏》后来在日本文坛获得非常高的评价，被认为是日本近代经典爱情小说之一，同时也被公认为千代小说系列中"最有味道"的一部作品。就连作品原型东乡本人，在阅读过后也感叹千代的确写得好看，并还曾经半开玩笑地对千代说：

"喂，我说，你不是因为要写这本书，所以才来故意跟我亲近的吧？"

一般而言，许多执着于艺术的画家大都远离时尚，因为时尚的东西生命短暂，缺乏深刻内涵而被艺术家们不屑一顾。但作为知名画家的东乡青儿却完全不是这样。东乡不仅具备敏锐的流行时尚触角，而且对于自己身边的女人的着装、化妆、发型，等等，都会超乎寻常地关心。千代与东乡一起生活的时候，东乡会为了千代的一件洋装袖子该如何缝制，而特意从东京跑到横滨去当面指导裁缝。千代的肌肤细腻，于是东乡便建议千代以后化妆时不要使用白粉，而使用西洋式油彩妆，以突出细腻肌肤的质感。东乡对于"美"的近乎挑剔的追求，在潜移默化中带给千代十分深刻的影响，这些都在几年之后，千代创办日本第一本女性时尚杂志《STYLE》时，毫无保留地体现了出来。

大约花了三四年时间，千代和东乡才终于将建筑费全部还清。这以后再不会天天有黑社会上门逼债了，两个人心中的一块石头总算是落了地，忽然之间身心一片轻松。两个人共同背负的包袱没有了，也意味着两个人失去了维系共同生活的一个目标或是一根纽带。千代与东乡，原本是两个感情受伤的人因为某种偶然而走到了一起，随着时间的推移，内心的伤口日渐愈合之后，彼此内心之间的互相需要也从浓厚到淡漠，于是原本缺乏牢靠感情根基的日子变得乏味起来。对于千代和东乡这样的男女而言，即使可以忍耐贫困和世人的不理解，但却无法忍耐日子的乏味和过于平凡，于是千代主动与东乡商议，提出暂时分开来居住一段时间，为彼此留下可以自由独处的空间。

千代从来都是想到就行动的人。当下二话没说，很快就联系好了东京市区一处靠近电车站的交通便利的二层小楼，然后整理好随身的行头一个人离开了与东乡共同的那个家。

对于自己那段时间的内心状态，千代后来在自己的文章中这样写道：

"这并不是与那个人彻底分手，而是处于一种可以互相取舍互相选择的自由状态。这么做，比那种果断决然的分别，无疑要轻松得多。"

归纳千代每一次的感情失败，都跟她这种耐不住寂寞的"离家出走"有关。对于自己这种骨子里所隐藏的浮游者性情，千代自己也感觉十分奇怪，并且也知道这样不好，但问题是她无法委屈自己永远过一成不变的生活，骨子里隐藏着的不安分因子，令千代每隔一段时间就想为自己换一个新环境。

虽然是自己主动带着行李离开了和东乡共筑的宫殿式白色洋楼，但千代的内心却并没有真正地离开过。每隔两三天，千代都会给东乡打电话嘘寒问暖。接到电话的东乡，每次都表现出超乎寻常的淡漠，既不问千代在哪儿干些什么，也从不问她打算什么时候回来。

一次，千代又跟往常一样给东乡电话。但这次接电话的不是东乡本人，而是家里的女佣。

"先生出门了，去了北条太太家。"女佣在电话里对千代说。

"北条太太？"第一次听到这个陌生的称呼时，千代感觉有些奇怪。

接下来，再打电话回家，东乡依然不在家，再问接电话的女佣去了哪儿，回答依然是"先生去了北条太太家"。

这个北条太太，究竟是谁呢？自己离开家才一个月不到，东乡身边居然就出现了一位从来没有听说过的女性，这太不可思议了——千代内心忽然滋生出一种异样的预感，说不清是为了什么。那天，千代朝家里拨了几乎一晚电话，但是东乡一直外出未归。第二天早晨再往家里打电话，东乡仍然没有回来。一直到第二天的傍晚，再打电话回家去，这次总算在电话里听到了东乡的声音。

"北条太太是谁?"千代在电话里劈头就问。

"你还真是多管闲事啊,北条太太是谁,跟你可是一点关系也没有。"电话里传来东乡笑吟吟的声音。接下来没等千代再说话,东乡便已经先将电话挂断了。

不久,千代终于从东乡的学生处得知,那位"北条太太",原来就是五年前与东乡一起殉情自杀未遂的盈子。盈子在与东乡一起殉情未遂之后,被父亲接回了家,不久便与东京浅草的一位名叫北条千吉的男子结了婚,产下一女,但两人最终感情不和,婚后第五年两人协议离婚。离婚后的盈子,想去洋裁学校学习一门手艺,以便从此自立,可以自己养活自己。第一天去洋裁学校报名,却无意中邂逅了五年前一起殉情的恋人东乡——接下来的一切,都如同命中注定的那样:五年后,一对曾经苦恋的男女再次重逢,在经历过比死还要痛苦的"殉情未遂"之后,两颗因爱而伤痕累累的心,终于无可阻挡地重新燃烧在一起。与盈子重逢没过多久,东乡就将盈子接到与千代一起共同建筑起来的白色洋楼里同住,并很快举办了一个非常正式的、极其隆重的结婚典礼。

当初千代主动提着行李离开与东乡共同的那个家的时候,原本是想两个人小别一段时间,给彼此一些自由的独处空间。有句俗话不是说"小别胜新婚"吗,暂且小别,各自独处一段时间之后,也许还能寻找到值得两人回味的细节也不一定。但是,最终的结局却是如此出人意料。百思不得其解的千代,用"晴天霹雳"四个字,描绘自己听到这一消息时的心情:

> "当时的我,该如何接受这如同晴天霹雳一般的事实?说句实话,在最初的一瞬间,我几乎都发狂了。虽然是我自己主

动离开那个家，可是，仅仅只是听说东乡又回到了曾经的女人的身边，我就已经开始抓狂了！这是一种什么样的心理啊？也是在那一瞬间，我告诫自己说：对这件事，实际上我连一点点嫉妒的资格都没有。"

虽然千代很努力很理性地按捺着自己的震撼，但是依然无法克制住内心的怨恨。"可是，虽然我明明知道自己没有资格嫉妒，但我仍然逆流而上了。我开始恨东乡，从那一刻开始，我第一次开始恨一个人。"

就如同千代说过的一句话，"维系男人与女人的不是爱，而是自尊心。"原本千代是和东乡说好，两个人只暂且分开一段时间的，但是仅仅一个月不到，东乡便毫不犹豫地回到旧情人盈子的身边，并正式娶对方为妻，在与千代共同建设的家中，与盈子夫妻恩爱，毫不顾忌千代的任何感受，这令千代有一种被轻视被欺骗的感觉。这种感觉狠狠地伤害了千代的自尊心，令从来不曾怨天尤人的千代，第一次在心里对东乡生出难以言喻的怨恨。这种复杂的心绪纠结，后来被千代用文字梳理为《分手也很愉快》的一篇短文。回想起与东乡的相识相处，千代在文中如此告诫自己："所谓的爱恋也好爱情也好，那只是对并不存在的东西所产生的一种内心作用。"想通了这个道理，千代的心情也莫名其妙地变得明快起来——"对于那个男人，既不再有爱情，甚至连憎恨的感情也不再有了。"

与自己的心情和解的千代，之后在人生的转角处邂逅了北原武夫，开始了另一段全新的恋情并组建了新的家庭。与东乡则成为亲密的异性朋友。三十年后，千代的代表作《阿娴》获奖，东乡领着与盈子所生的女儿一起出席了千代的出版纪念会。在纪念会上，东乡的女儿还特意为千代演奏钢琴作为祝贺。两个人在年过八十之后，甚至还计划要将代表两人情感结晶的《大人的绘本》重新改订出版。晚年的东乡曾经在给千代的信里这样写道：

> "那本书再版的时候，你将会多么高兴！而且，我现在的插图，也远比过去更为洒脱了。"

在与千代谈妥《大人的绘本》一书的再版计划之后，东乡因为画展要回一趟家乡鹿儿岛。临走前，东乡对千代说：

"等我从鹿儿岛一回东京，就开始着手书中的插图，等着我。"

但谁知这一走便成永别——在家乡鹿儿岛，东乡因心脏病突发去世，享年81岁。而那本作为千代与东乡情感见证的《大人的绘本》，也终成绝版。原本不属于自己的，终将不能拥有。该逝去的，该失去的，也终将随着时间一起永远地逝去和失去。岁月虽然会留下回忆，但时间让一切无法再版。

七

因为与画家东乡青儿相识而同居的千代，在1933年开始在《中央公论》连载其代表作《色忏》，这本以东乡为原型的经典爱情小说，完整地记录了画家东乡青儿的情感历程和内心独白，称得上是千代赠送给东乡青儿最特别的一份礼物。《色忏》作为千代的初期代表作，获得了很高的评价，奠定了千代在日本文坛的地位。在长达一年多的连载结束之后，《色忏》于1935年4月由中央公论社结集成书出版。千代动笔写连载的时候，还正与东乡恩爱有加，到一年之后连载成书时，两个人却已经各奔东西了。真可谓世事多变化，情事更无常。

千代天性爱美，在身无分文的时候，即使穷到没钱吃饭，也会饿着肚子精修细琢地专心打扮自己。靠写作成名之后，有了丰厚的稿酬作为后援，再加上大胆奔放追求时髦的个性，更是成为十分吸引眼球的"摩登文学女郎"。于是有人跟千代建议，认为她完全可以办一本领导时尚潮流的女性杂志。

这个建议对于千代而言可谓正中下怀。当下就将自己居住的二层小楼做了简单的装修，楼上做自己的卧室，楼下则做杂志社编辑部。一楼被改造成编辑部之后，做饭的厨房没有了，千代只好将烧饭用的一干炊具搬到屋子外的街边去。为了节省费用，千代最开始只雇用了四名年轻编辑，自己则身兼数职：走进编辑部，主持编辑会议时，千代是有模有样的杂志社社长；到了吃饭时分，卷起和服的袖子，蹲在室外的街头给编辑们烧饭做菜时，又摇身变成女佣帮工。就这样，1936 年 6 月，由宇野千代主编的日本第一本专为女性读者设计的时尚杂志《STYLE》，在东京首次登场。

《STYLE》出版发行之后，因为获得读者们的一致好评而受到各路媒体的关注，负责《东京新闻》（当时名为《都新闻》）家庭版面的记者北原武夫为此特意前来采访千代。才第一次见面，千代便对北原一见钟情。

"第一次见到北原的时候，我便感到连自己的灵魂都被他一起夺走了。"千代说，"那之后，我每天每天都想要见到他，于是天天都跑到新闻社的门口去找他。"

北原的父亲是位曾经参加过日俄战争的一等军医，北原本人毕业于庆应大学文学部，是位皮肤白皙、相貌英挺的青年俊才。从庆应大学毕业之后，北原就进入新闻社工作，负责《东京新闻》家庭版面的采编。在认识千代前，北原有过一次短暂的婚姻，其妻子因病去世，一个患病的女儿也随后夭折。

北原第一次与千代与见面时，刚满 29 岁，比当时已年满 39 岁的千代年轻 10 岁。女方比男方年长 10 岁，这样的组合即使在 21 世纪的现在，在世人眼里都会感觉不可思议，但千代不在乎这些，丝毫不觉得男人比女人小 10 岁有任何不妥。对于千代这种从不循规蹈矩，也不受任何条条框框束缚的女人而言，年龄、地位、收入等这些世人所拘泥的东西，从来都不是问题。千代认为男女在一起的决定条件只有一条，那就是"两个人是否相爱"。只须这一条，便足够倾尽全力去爱去追求了。千代是个凡事都十二万分投入的女人，对于写作是如此，对于爱情更是如此。从初恋时爱上三浦老师，到后来爱上尾崎士郎，以及与尾崎士郎分手后与东乡青儿的同居生活，千代对于自己身边的男人，从来都是百分之百的追求和百分之百的付出。尽管每一次百分之百的投入，最终都以惨遭"被抛弃"收场，但"被抛弃"的教训不仅没有改变千代凡事投入的本性，反而愈加执着。

因为天天都想见到北原，每天下班回家时，千代都要绕道将车开到北原工作的新闻社门口，然后下车袅袅婷婷走到新闻社的前台接待处，对前台接待小姐说：

"请找北原武夫。"

20 世纪 30 年代的日本，还是典型的男尊女卑的大男子社会，像千代这样不顾一切大胆示爱的做派，令整个新闻社都惊震得炸开了锅。当时的千代，已经是日本家喻户晓的女作家，不大不小多少也是位大名人了，居然如此毫不在意自己的名声地位，主动追求一位比自己年轻 10 岁的小记者，实在是令众人感到不可思议。加上千代曾经有过多次恋爱绯闻，因此，几乎没人看好千代对北原的爱情。新闻社里负责的头儿们，甚至还以前辈身份，特意提醒北原说：

"离这个女人远点啊，这女人太危险了。"

然而北原却在千代炙热情感的烘烤之下，被彻底熔化。不久，北原便辞去了新闻社的工作，进入《STYLE》杂志社担任杂志总编，与千代一起工作并同居在一起，两个人朝夕相处，形影不离。北原是个十分有才能的男人，因为长期从事新闻采访和编辑工作，对于市场需求和读者心理把握得极准。《STYLE》杂志自从有了北原的加入，销量直线上升，当时的名流夫人、贵族仕女，都是《STYLE》的忠实读者。1939 年，千代与北原在东京帝国大酒店举行盛大婚礼，二人正式结为夫妻。那年千代 42 岁，北原 32 岁。

千代和北原结婚那天，跑去看热闹的人很多。几乎没人看好他们的婚姻，大家只是对这对"少夫老妻"感觉不可思议。时任中央公论社社长的岛中雄作，就跟来宾们说笑着打赌说，"不知道能不能坚持个二三年哪。"而参加婚礼的女客人们，看着年满 42 岁才第一次穿上洁白新娘婚纱的千代，一个个心情复杂，表情夸张地故作姿态说，"不错不错，我也感觉自己的勇气在汹涌地喷薄而出了！"至于千代和北原，这对少夫老妻既然一个敢嫁，一个敢娶，自然也不会将众人的揶揄和议论放在心上。两人婚后的小日子过得有滋有味，夫妻俩齐心协力，将一本《STYLE》女性时尚杂志办得有声有色。除了《STYLE》这本女性时尚杂志，千代和北原还将曾经与作家三好达治等人一起办过的文学刊物《文体》，也合并到《STYLE》

杂志社一起，令时尚杂志《STYLE》，升级成为一本文学与时尚兼容的综合性杂志。

　一切都如此顺风满帆。不幸的是，1941 年 12 月 8 日，太平洋战争爆发了。刚刚与千代新婚两年多的北原，被征兵入伍，跟随运输船的大部队一起，途经新加坡前往雅加达。独自一人留守东京家中的千代，对心爱的丈夫北原有说不尽的思念，开始每天一封情书，给北原写信倾诉衷肠。这些爱意绵绵的情书后来被整理成书出版，取书名为《恋爱书信》。除了《恋爱书信》，那段时间千代还完成了著名的中篇纪实小说《人形师天狗屋久吉》。《人形师天狗屋久吉》讲述了出生于日本德岛的人偶工艺师久吉，从 18 岁开始，一直到88 岁去世之前，七十年如一日，每天坐在同一间屋子、以同样的姿势，制作造型各异的不同人偶的故事。为了写这本书，千代接连六

40 多岁的宇野千代，创办日本第一家女性时尚杂志，爱上小 10 岁的北原武夫并结为夫妻

次从东京前往日本德岛，去拜访人偶工艺师久吉。这篇平实细腻的纪实作品，以典型的千代风格，告诉给读者们一个看似简单却不平凡的道理：一个人做一件事并不难，难的是花上一辈子的时间，从不厌倦地、精益求精地做好同一件事。千代的《人形师天狗屋久吉》一书出版的时候，正是以"忠君爱国"为主流思想的日本军国主义的鼎盛时期，但是在千代的文字中，找不到任何忠君爱国的思想痕迹，千代是个对于国家、战争、政治等毫不关心的人。她自始至终只关注她的爱情与生活，而且从不怨天尤人。无论战争还是和平，无论富有还是贫穷，千代始终都在爱或是寻找爱的路上。

千代对远方的北原牵肠挂肚，但却并没有收到北原思念的回报。干净白皙的北原，帅气而有才，有极好的女人缘，而薄弱的意志力，也令他对一切诱惑难以抗拒，甚至还十分迎合对方（说起来，千代本身就是一个很好的例子）。在千代与北原婚后不久，千代便知道了北原在外面还另有女人，甚至那女人还为北原生下了孩子。当千代给北原每日一封情书，并作为纪念整理成集，取名《恋爱书信》出版的时候，也正是远在雅加达服兵役的北原，与当地一位混血女郎打得十分火热的时候。千代直到时间过去很久，才了解到北原在雅加达的这段艳遇，但却对此保持了一种宽容，并掩耳盗铃地告诉自己说：

"即使有人笑话我，'哎呀！你怎么什么都不知道呀'，我也觉得没什么。于我而言，什么都不知道，也就意味着什么都不曾发生。既然我根本不知道，所以我也没什么感到羞耻的，反而感觉幸福得很。"

八

北原在雅加达服完两年兵役之后平安回到东京。当时太平洋战争日益激化，东京进入战时管制状态，《STYLE》杂志社被迫解散，千代和北原先是从东京被疏散到热海，后来又疏散到北原的老家栃木县。一直到 1945 年 8 月 15 日，日本战败投降，千代和北原才重新返回东京的家。

回到东京不久，千代和北原便开始着手进行《STYLE》杂志的复刊准备。复刊初期，因为缺乏经费，特别是纸张等物资严重缺乏，日本《产经新闻》的前社长前田久吉曾主动提出愿意资助《STYLE》的复刊费用，并免费提供纸张——但这一提议后来不了了之。当时战争刚刚结束不久，正是一切都百废待兴的时期，但纸面媒体却非常少，因此，上门要求刊登广告的客户，每天都在千代他们的杂志编辑部外排长队，大把大把的广告预约金，如同洪水一般涌入千代和北原的钱包。如此一来，千代和北原完全无需依赖外援，仅靠收取的广告费，便将复刊的《STYLE》办得风生水起，进入全新的鼎盛期。

千代在自传小说《刺》中，这样描写过他彼时疯狂赚钱的情景：

"只要是印刷在纸上的东西，不管是什么都能卖掉。可以说当时就是这个时代。最开始的时候，我也没想到居然会这么赚钱，可是每天送过来的钞票，都是成堆成捆的。

"从此，我们开始了一种奇怪的生活：因为事务所大楼内没有保险柜，所以我们每天下班的时候，就将成捆成捆的钞票用大手帕包起来，然后乘上电车将成捆的钱扛回家。

"到了晚上我就和妹妹一起数钞票。我们按客户分类，将钞票分别装进不同的信封内。妹妹说，'我的手指都数痛了'——这可真是意想不到的事，倒好像我们不是在数钞票，而是在家里做什么手工活似的。后来我们不要的那些信封，像座山一般堆满了整间屋子。"

《STYLE》首期复刊号发行的第一天，前来批发或购买杂志的人，从杂志事务所4楼的办公室门前开始排队，一直排到楼外的街道上。"这可真是个奇怪的景象。"千代后来在回忆录里写道，"就这样，我们成了名副其实的暴发户。"

突然摇身一变成了暴发户的千代，很长一段时间都处于目瞪口呆的状态。她眼睁睁地看着钞票像洪水一样涌入自己的腰包，却不知道一下子突然拥有这么多钱，到底该如何使用才好？尽管很有钱了，但千代还跟过去一样：每天早起做好两份便当，一份是丈夫北原的，一份是自己的，然后夫妻二人拎着便当盒，跟以前一样，乘坐往返需要二小时的电车，去杂志事务所上班。直到有一天，一纸事务所大楼使用合同到期的通知书摆到千代面前，千代才猛然回过神来，想起应该为杂志社买一块地，建一幢属于自己的办公楼。想得到就做得到，千代从来都是属于行动派的女人。当时正是初冬季节，窗外北风呼啸，寒雨纷飞，但千代顾不了这么多，她是个性急的女人，一想到要建新的办公楼，便恨不得新楼房马上出现在眼前。当下顾不得屋外天气恶劣，冒着大风大雨就出了门。独自在寒风冷雨中奔走了几乎整整一天之后，终于在东京银座的中心地段，找到了一块提供租赁的空地。

1946年10月，千代斥资20万日元，在东京银座的中心地段，建了一幢两层楼的木结构白色洋楼，一楼用来做自己和北原的住宅，二楼则用来做《STYLE》杂志社的编辑部。1946 年日本的米价，是 10 公斤 3.6 日元，而现在则是 10 公斤 3000 日元左右，若按米价变动来换算的话，1946 年的 20 万日元，相当于现在的 1 亿 6 千万日元了，而千代一口气掏出这么多钱买地建房，眼睛都不眨一下，这架势，还真的是"名副其实的暴发户"。此外，千代还为了博得年轻丈夫北原的欢心，不仅斥资在日本有名的观光地热海购置别墅，将热海的温泉直接引入自己家中，并花大手笔将北原父母居住的旧房子也翻建得焕然一新。

说起千代对年轻丈夫北原的爱，简直可以用"鞠躬尽瘁，死而后已"几个字来形容。其实千代不止对北原如此，对所有自己爱过的男人，亦是如此。任何男人若有幸遇上千代这样的女人，可谓是上辈子修来的福分。因为这样的女人不仅愿意为自己的爱人做牛做马，还不求回报，不在乎得失，但求无私地奉献自我，便可心满意足。这样的女人，为了爱，就是让她们将自己卖掉，她们都会心甘情愿地帮忙数钞票。

有了钱，业余生活自然也丰富起来。有段时间北原迷恋上跳交谊舞，看着北原怀里搂着年轻漂亮的美女蓬嚓嚓地跳得欢快，千代心里非常嫉妒。但千代是个不动声色的人。她既不当场生气，给北原一个下马威，也不泪水涟涟地恳求北原不要去跳舞，而是每天打扮得花枝招展地陪着北原去舞厅，满面笑容地看着北原寻欢作乐，然后背地里瞒着北原，偷偷请了一个私人舞蹈老师，刻苦训练自己的舞姿。不久之后的某一天，当北原搂着一位年轻女孩步入舞池时，千代和她的舞蹈老师突然双双出现在舞池中心，舞姿翩翩，曼妙婀娜，震撼全场——这种典型的"千代式嫉妒"，令北原大跌眼镜。

千代热爱的男人，都是才华横溢、相貌英俊的魅力男人，这样的男人，注定都有一颗不安分的心。从尾崎士郎，到东乡青儿，再到北原武夫，莫不如此。在北原迷上跳舞没多久之后，关于北原出轨的流言蜚语，开始不断传到千代的耳朵里。

"那女人的长发染成红色，十分引人注目哦！"

"瞧，就是前面那家店，那女人经常在那儿跟北原约会，两人肩并肩地一起出门。"

"北原给那女人买了房子哦！据说北原还每天帮那女人烧洗澡水。"

"北原给那女人买房子了？嗯，有钱的男人，都会这么做吧。"千代想。她对所有的流言蜚语都不置可否。但一想到北原帮那个女人烧洗澡水时的样子，又禁不住扪心自问：北原干这些的时候，想必一定很快乐吧？可是自己却无法给北原这种快乐，因为在家里，从来都是自己烧好洗澡水，伺候着北原沐浴呢。

尽管关于北原又有了新女人的绯闻不绝于耳，但千代在北原面前，对此事却只字不提，只当所有的传言是空气。甚至北原开始三天两头外宿不回家之后，千代也照样保持着若无其事的平静，绝不会开口追问半句北原夜不归宿到底去了哪里。

"我在生活中总是无意识地想将那个女人的事忘掉。"千代后来在自传小说《雨之音》里写道：

> "我总是另外寻求寄托，让自己不去想这些事。在这方面，我可是个天才。我竭尽全力去寻找可以令自己着迷的其他事情。"

"用幸福呼唤幸福"——这是千代曾经说过的一句话。这句话，也是千代对待生活的真实写照。千代相信：相信自己幸福的人，就越能获得幸福；反之，越是认为自己不幸的人，就越会生活得不幸。因此，凡是遇到不愉快的事，千代都要求自己不可挂记在心里，应该马上从心里彻底抹杀掉。

为了从心里抹杀掉丈夫北原的"另一个女人"，千代更加拼命地工作：千代曾经与作家三好达治一起创办过文学杂志《文体》，在《STYLE》女性时尚杂志复刊发行并创造巨大利润之后，千代又投入资金复刊了《文体》，并在《文体》上连载她的小说《阿娴》。《阿娴》是千代的所有作品中，最为经典的一部文学名作。这部小说以千代的家乡岩国为背景，讲述了一个叫阿娴的女子，在知道丈夫幸吉爱上了一名艺伎之后，悄然离开幸吉而去。七年后，幸吉偶遇阿娴，才知道阿娴为自己生下了孩子，并独自抚养孩子长大成人。与阿娴重逢的幸吉，发现自己又一次爱上了善良的阿娴……。这部洋溢着日本式伦理美学的文学作品，先后获得"野间文学奖"和"女流文学奖"，并被多次改编成舞台剧和电视剧。1984 年，《阿娴》被日本著名导演市川昆改编成电影，著名女演员吉永小百合出演女主角阿娴，凭借精湛的演技，吉永小百合获得那一年的"日本电影学院奖"最优秀女主角奖。

除了办杂志、写小说，千代还创办了"宇野千代和服研究所"，并在东京银座开了一家与《STYLE》杂志同名的"STYLE 和服店"，专门出售千代自己设计制作的和服。千代的故乡岩国，拥有号称日本第一、全日本最美的樱花。樱花，是千代一生酷爱的花朵，在千代设计的和服中，一直大量使用樱花的色彩和图案，就连千代所写的系列书籍，封面装帧也大都以樱花图案为主。千代的樱花和服设计，不仅在日本国内深受欢迎，甚至还走出日本国门，在美国的西雅图参加博览会，并在博览会上举办"宇野千代和服展"，获得了巨大成功。

当千代拼命工作，想通过忙碌来忘却脑子里北原和另一个女人在一起的影子时，北原则隔三岔五便拎着出门用的旅行包，对千代说：

"我去热海的家里住几天啊。"

说完便自顾自地出门，连续几天彻夜不归。

当时，千代和北原除了东京的住宅之外，在热海还有一幢别墅。东京的住宅因为兼做杂志事务所，人来人往没有安静的空间，所以，当千代或是北原想要静心写作的时候，就会从东京去热海的别墅小住一段。

"他一定又去那个女人那儿了。"目送北原离去的身影，千代在心里想。

"我去热海的家里住几天啊"——千代明明知道这是北原在对她撒谎，可是，千代一次也没有戳穿过北原的谎言。"如果他说是去热海，那么我就该相信他的确是去了热海。"千代在心里对自己说。面对北原经常性的夜不归宿，千代不吵不闹，不追查也不询问。热海的别墅里装着电话，千代若想确认北原是否真的去了热海，打个电话就可以。可是，千代一次电话都没有打过。千代想，"他若骗我，我打这电话有什么意义？他若没骗我，我打这电话则更无意义。"

可是，一想到夜不归宿的北原，总是独守空房的千代，心里有说不出的寂寞难过。

有什么办法，能让北原不去"热海"，而是呆在东京的家里与自己在一起呢？

"如果能在东京另找一处安静的地方，再建一幢房子，将住宅与事务所分开来，为北原在东京的家中提供一个安静的写作环境的话，北原就再也找不到夜不归宿的理由了。如此一来，北原就会每天呆在家里，找借口出门与情人幽会的机会，也会因此减少许多吧？"千代天真地想。这个念头才刚刚出现在脑子里，千代便着手行动起来。

1950 年，53 岁的千代以每坪 25 万日元（"坪"为日本建筑界所使用的建筑单位，1 坪＝ 3.3 平方米）的价格，在东京中央区斥资建了一幢相当引人注目的豪宅。

"你看，这是我为你而特意设计的书斋，以后你再也不用从东京跑去热海那么远的地方去写作了。可以就在这儿写，这儿的环境，跟热海一样安静。"千代领着北原一起参观刚刚建好的新家，指着宽敞舒适的书斋，兴奋地对北原说。

可是北原一言不发，既没有高兴，也没有感动，与千代显得有些夸张的兴奋，形成强烈的反差。北原看向千代的眼神，没有湿润的感动，只有干巴巴的平静。北原就站在千代的身边，但北原的心却远离着千代，正游移在别处。

与千代一起搬入新宅的北原，不久之后的一天，一句招呼也没有，便整晚没有回家，接下来，二天、三天、四天、五天……北原都一直没有回来。

千代孤零零地一个人等待在空荡荡的新家里，心想：现在我就算是懊恼到粉身碎骨，也不会有任何人看得到，甚至连这个大屋子里有人没人，都根本不会有人知道。千代感觉这座斥巨资建起来的豪宅，宽敞得只剩下空洞——"我费尽心思建起了这幢房子，原来就是为了让自己在这个新家里，一个人等待着丈夫回来。"千代在心里嘲笑着自己。尽管千代总是不动声色地保持着外表的平静，努力想从心底里忘记北原的另一个女人，并拒绝任何与那个女人相关的流言蜚语，甚至从不打探北原和那个女人的行踪，但是，这所有刻意维护的"平静"，都无法阻止嫉妒的火焰，在千代的心中熊熊燃烧。无法阻止它日复一日地煎熬着千代的心。这是一种怎样的煎熬啊！直到有一天，千代无意中在北原寝室的书柜上，发现一张小小的、从书的扉页中飘落出来的照片时，这种煎熬带来的内心疼痛，才在一瞬之间不可思议地停息下来。

"那是一张年轻女子的照片，我才只看一眼，直觉便告诉我，她便是丈夫的情人。"千代说，"在看到那女子隐隐带着笑意的、婀娜容颜的一瞬间，那柔软的肤色，那渗人心扉的、如同孩子般的稚嫩，我的心便迅速被俘虏了，我的心情突然变得安静下来。我甚至开始想：如果是这个人，就是这个人夺走了我的丈夫的话，那我是完全能认可的。如果我说，我就在那一瞬间，理解了丈夫的情事，不知道是否会有人相信。但我真的就像能够懂得我自己一样，开始懂得丈夫为什么会将我忘记，而去到这个人的身边。"

在世人眼里，通常认为日本女人对丈夫温柔顺从、善解夫意。但像千代这样的，倒也少见。对于夺走自己丈夫的女人，不仅不忌恨、不诽谤，还给予真诚的赞美，甚至还毫不掩饰地说连她自己的心都被俘虏了，并为此开始懂得和理解丈夫的情事。这样的妻子这样的女人，也算是温柔顺从、善解夫意的极品了。

小说《阿娴》能成为千代的代表作，大概是因为小说中那位对丈夫忍让有加、总是选择默默离开、从不争风吃醋的女子阿娴，正是千代自己吧。千代不喜欢跟另一个女人抢男人。的确，如果男人的心都已经不属于你了，去争去抢又有什么意义呢？千代也从不因此而忌恨另一个女人。明明是自己的男人变心，为什么要去怨恨另一个女人呢？在一起时好好珍惜，离去时送上祝福。不追赶、不挽留、不计较、不考问。情已逝，断舍离。不回头，朝前看。继续寻找属于未来的幸福与希望——这是千代的一贯作风，也是千代终身贯彻的"爱情武士道"。

1951 年（昭和二十六年）2 月，在曾经长期旅居巴黎的作家宫田文子的邀请下，千代决定离开东京，前往欧洲居住一段时间。在登上飞往欧洲的飞机时，千代在送行的人群中看到了一个熟悉的身影——她的丈夫北原武夫正站在远处默默地凝视着她。千代挥了挥手，扭头走进了机舱。到达法国巴黎之后的第三个月，千代收到了北原写来的一封长信，信里说：

"你不在的这段日子，我想了许多。你什么时候回东京呢？我相信你还会回来的，我等着你回来的那一天。那些女人的事，我都处理好了，都结束了。让你心烦的那些事，绝对不会再有了。"

读完北原的来信，千代心头并没有泛起应有的喜悦，反而感到自己压抑了许久的、很深的悲伤突然决堤，开始在心中狂奔泛滥。千代带着这种复杂而狂乱的情绪，去了巴黎郊外的莱茵河畔，在莱茵河的静默中整理好心情之后，千代为北原拾了几片莱茵河畔的树叶，然后登上了返回东京的飞机。

然而，返回东京的千代，等待着她的，并不是与北原的破镜重圆，而是公司事业遭遇严重滑坡，并因偷税漏税被告发，面临破产困境。

进入 50 年代后，战后日本的文化产业复兴，以及电视等新媒体的出现，是导致千代的杂志社景气不再的根本原因。1950 年（昭和二十五年），日本放送协会（NHK）依据《放送法》成立特殊法人机构，开始基于公共福祉，为日本全国民众提供内容丰富优质的节目；1951 年，以营利为目的的商业化民营放送公司开始相继成立；1952 年，松下电器面向家庭研发的电视机开始投入市场。除了电视广播这些新媒体，日本的大企业也开始联手出版界，陆续推出各类豪华版本的大型时尚杂志。在强大的竞争对手面前，千代的《STYLE》女性时尚杂志势单力薄，停滞不前。退货单源源不断，事务所的仓库里，卖不掉的过期《STYLE》杂志堆成了一座座小山。

接着，日本国税厅找上门来，说有人告发千代的事务所有严重的漏税嫌疑，要求千代立即停止营业，配合调查。当国税厅一行十来个税务官，身穿清一色黑西装，面无表情地同时出现在千代公司的办公室，亮出搜查证，边高喊，"不许动！大家都坐着不许动"，边开始动手搜查抽屉、柜子，甚至连垃圾桶都不放过时，千代马上想到的第一件事，是给丈夫北原打电话——因为战后千代和北原重整公司，复刊《STYLE》的时候，法人代表写的是北原的名字。当时北原正在热海别墅的家中写作，电话打过去，刚响了一声，北原便接了电话——这令千代大感欣慰，尽管国税厅官员正在眼前忙忙碌碌，将公司搜了个底朝天，但千代心里却大松了口气，有些欣喜地想：这是自己第一次给在热海家中的北原打电话，电话一打过去北原便接听了，看来，北原过去总对我说"我去热海的家里住几天"，原来也并不全是在骗我啊！难怪日媒说"宇野千代是为爱而生的女人"。的确，在公司被告严重违法漏税，国税厅搜查官成群结队找上门来的紧要关头，依旧有闲心思考丈夫的花心与谎言，对爱情能达到如此处变不惊、直至忘我境界的，恐怕也只有千代这样的女人才能做到。

国税厅在经过一个月的税务调查之后，审定千代的事务所的漏税金额以及罚款金额共计将近 1 亿日元。战后不久，千代曾用 20 万日元，在东京银座那样的黄金地段租地建房，由此可见当时的 1 亿日元是个什么概念。这 1 亿日元，对千代和北原他们而言，有如悬挂在银河系里的星星一般高不可攀。战后复刊的《STYLE》，一度滚滚而来。可惜的是来得快也去得疾。1959 年，千代的《STYLE》杂志社宣告破产。千代和北原在一夜之间，从"暴发户"沦落到一贫如洗。因为无力偿付几家业务合作公司的拖欠款，千代不得不东奔西躲，到处躲债。为了活下去，千代只能靠帮人缝制和服为生。重新开张的窄小和服店门外，挂着千代自己动手写在硬纸板上的招牌"宇野千代和服研究所"——因为没钱，付不起做招牌的费用。可惜一场大雨，将千代自制的硬纸板招牌淋得稀巴烂。千代的潦倒模样，令她周围的朋友们看得心酸流泪，说，"宇野千代，你也不至于沦落到这个地步吧？"倒是千代自己很无所谓，回答道："我现在是没钱啊，没钱便没钱呗！我年轻时就一直穷惯了的，日子不也一样地过？只要不偷懒，一双手不闲着，还不照样生活。"说完，回头另找一张硬纸板，再动手写个新的纸招牌，面不改色地重新挂到门外去。

千代和北原自从破产之后，变卖并抵押了所有的房产和土地，两人无处安身，只能寄住在千代的妹妹家里，夫妻二人各居一间房，中间隔着条走廊，互不打扰——事实上，千代与北原此时已经完全处于分居状态，两个人之间唯一的纽带，只剩下公司破产之后必须共同偿还的债务。从《STYLE》杂志社 1959 年宣告破产，一直到 1964 年春，夫妻二人齐心协力拼命了五年时间，才总算彻底还清了全部债款，重新过上正常的生活。

随着千代和北原共同承担的债务全额还清，两个人之间仅存的唯一相连的纽带也就此消失。那年秋天的时候，一直与千代分居的北原，第一次走进走廊对面千代的房间。

"喂，我说，"北原看着千代，迟疑了一下，终于开口说道，

"我们还是离婚吧。"

"噢，好啊。"千代回答说，"这样比较自然，还是自然一些的好。"

千代回答北原这几句话的时候，很想展现给北原一个满面笑容的脸，以表现出自己对离婚这件事，是抱着一种顺其自然的豁达心态的，但却发现自己无论怎样努力，终究还是笑不出来。

"我们极其自然地分开了，就像秋天到了，树叶从枝头飘落那样地自然。即使有些许的苦恼，但那也只是类似于树叶离开枝头时，一瞬间的微痛而已。"千代在日记里这样写到她与北原的分手。

办理好离婚手续，北原决定搬家离开千代的那一天，千代一直都跟在北原身边，帮忙打点行李，并不时找出些自己喜欢的物件塞进北原的行李箱。

"这个你拿着吧。"

"还有这个，你也带走吧。"

这样的光景，倒不像两个人在离婚，而更像是老妻子在为出远门的丈夫准备行装，令人感觉那么温暖自然。

"因为，"千代说，"我想尽可能高高兴兴地送他离开，这样的告别方式，才是我的风格。"

而北原则默默地整理行李，默默地看着千代不断朝他的行李塞这塞那，一言不发。也许是北原找不出合适的句子，又或者北原根本不想说话。这样沉默地整理完行装搬上车之后，北原抬头看了看天空，在阳光下眯起眼，终于开口道：

"天气可真好呀！"

然后头也不回地上车走了。

"天气可真好呀！"

这句听起来毫无意义的话，似乎是对千代和北原的感情生活的某种概括——当他的心不再属于她的时候，她为他所付出的一切，就像一句多余的问候语，不仅毫无意义，甚至还会令人讨厌。北原就这样走了，用一句漫不经心的话，为千代与自己长达二十五年的婚姻生活画上了句点。就像千代的前面几任丈夫一样，北原也从此在千代的人生中消失。那年千代 67 岁，北原 57 岁。

九

千代与北原离婚的那年年初，千代的第二任丈夫尾崎士郎也因大肠癌去世，享年 66 岁。

"这一辈子，最爱的人就是尾崎士郎。"

千代曾经多次这样对人说。

除了尾崎士郎，北原武夫也是千代最爱的人吧。

北原在跟千代离婚之后不久，便与不伦恋爱长达十四年之久的女演员公卿敬子结婚，两人在一起生活了八年时间。1973 年，北原因病去世，享年 64 岁。

北原去世的消息传来的时候，当时已经 74 岁的千代，正在故乡岩国重新修建老家的祖屋。一位木匠正比比画画地和千代说着祖屋改建方案时，有人从东京打来了电话，告诉千代北原去世了。

"北原死了？"千代有些不太相信自己的耳朵，比自己年轻十岁的北原，怎么会比自己先死？怎么能比自己先死？北原死了！千代努力在心里想象着死去了的北原，应该是什么样子？但千代无论如何都想象不出。千代只记得第一次遇到年轻的北原时，他的笑容是多么好看啊，让她才看到他第一眼，便情不自禁地爱上了他。千代还记得她第一次跟北原去看电影，坐在电影院的黑暗里，她痴迷地盯着他英挺的侧面，对荧屏上的电影故事充耳不闻……他的鼻梁是多么挺拔，他的笑容是那么迷人……他多年轻啊！那样充满了少年感的一个人，怎么可能会死呢？千代难以置信。在北原去世的那段时间，东京的雨，一直下个不停。可千代只记得北原离开她的那一天，是多么阳光明媚。

"天气可真好呀！"北原在阳光下眯着眼说。这是北原与千代办好离婚手续后，离开前对千代说过的最后一句话。千代原以为北原在阳光下跟她告别，是他开始新生活的一个好兆头——他去到了心爱的女人身边，从此阳光普照，生活如愿。可是，北原他居然死了！那么早就离开了这个世间，而窗外，雨正下个不停。千代想起年轻时她初次遇见的北原，年轻白皙，英气逼人，微笑的眼睛里满是惊喜与赞叹，那么潮热而滋润；千代也想起婚后有了其他女人的北原，望向自己的眼神干巴巴的，像一口枯竭了的井……滋润感的北原，干巴巴的北原，两个截然不同的北原，重叠在千代的记忆里，演变为失去具备细节与内容的一种抽象体。

北原真的死了！千代在心里告诉自己。就如同看到一片树叶的掉落，令千代无限叹息。18 岁情窦初开时单相思的男老师、第一任丈夫忠、一见钟情的尾崎士郎、年轻不羁的梶井基次郎、第三任丈夫东乡青儿、还有年小十岁的丈夫北原武夫……这些所有她倾心爱过或倾心爱过她的男人，全都如落叶凋零般，一一先千代而去，只留下她一个人，依旧孜孜不倦地挺立在生命的枝头，忘记时间，忘记自己也会有凋零的时候。

"一直到我 59 岁为止，我都不记得有年龄这回事。"在随笔《女人的生命》一文中，千代这样写道。又写，"不过，过了 60 岁以后，就像有什么附体的东西被抖落了一样，我的心境完全变了。宛如换上了一副和过去完全不同的眼镜，说不清为什么，突然就能很清晰地看明白许多东西了。更直白地说，便是即使我仍然还会动心，但却不再是为恋爱而动心了。迄今为止我一直行走在男女关系的迷雾之中，摸索着打探这个世界。但现在云开雾散，晴空朗朗。一切都那么透彻可见，这是多么不可思议。"

那些爱过的人和事都走远了，千代也因此终于从男欢女爱的迷雾中解脱出来。当千代将她全部的爱情，都倾注于自己而不再是某个热爱的男人时，奇迹开始呈现出来：

70 岁那年，千代购置了土地，并同时成立了"株式会社宇野千代"，一边设计和服一边创作小说。以自己为原型的私小说《这个白粉盒》，便于这一年在《新潮》发表问世。

71 岁那年，千代无意中听人说起在日本中部岐阜山区的根尾谷，有一棵极罕见的千年古樱，相传是第 26 代继体天皇在 1500 年前亲手种下的淡墨樱。树高 16.3 米、树围 9.9 米，初结花蕾时为淡红色，到满开时一片洁白，快要飘落时则又呈现出微微的淡墨色，是难得一见的千年奇树。酷爱樱花的千代当即搭乘新干线前往探望。

在岐阜的根尾谷，千代见到了向往的淡墨樱，却发现千年古树虚弱的树体摇摇欲坠，正濒临枯竭。千代心痛不已，内心生出强烈的愿望，下决心要保护这棵樱树继续活下去。她当即动手给岐阜市长写信，呼吁政府出面保护淡墨樱，并设计以淡墨樱为主题的和服展示会，发起保护淡墨樱的募捐活动。并以这棵千年古樱为线索，创作了以樱花为主题的情爱小说《淡墨之樱》：为了拯救濒临枯竭的淡墨古樱，和服设计师一枝，策划了一场以淡墨樱为主题的和服展示义卖，一枝精心设计的淡墨樱和服被不知名的神秘人物购走。不久，一枝遇见了在东京一等地开着高级料亭的牧田太太。牧田太太的家乡，就是淡墨樱所在的根尾谷。年过七旬的牧田太太长得精致小巧，穿着讲究，性格逆反古怪。在牧田太太身边，总是寸步不离地跟随着她美貌的养女芳乃。芳乃的父亲二十年前在一次打猎时，不小心误伤了牧田太太的丈夫，令其变成了植物人。为了弥补过失，芳乃的父亲将当时年仅6岁的芳乃过继给了牧田太太，说："我家拿得出来的，只有这一个女儿和一升荞麦粉。请您收下芳乃做女儿吧。再长大一点，她就可以帮忙照顾您的丈夫了。不管您将来如何使唤芳乃，我都不会有任何怨言。"

长大成人的芳乃出落得楚楚动人。所有见到芳乃的人，都会被她的美貌吸引。芳乃与同乡的年轻大学生杉本相爱，但却没有爱的自由，因为芳乃必须一切无条件地服从牧田太太。牧田太太允许料亭的老主顾去芳乃房间过夜，又命令芳乃与一位年轻的遗产继承人联姻。忍无可忍的杉本决定领着芳乃一起私奔，在私奔计划被牧田太太发觉后，杉本用围巾勒死了牧田太太之后逃走，而随后赶来的芳乃为了帮助杉本洗脱罪名，打开煤气布置了自己与牧田太太一起自杀的现场。当警察赶到时，看到死去的芳乃将自己的手与牧田太太的手紧紧捆在一起，牧田太太脸上带着古怪的笑，而芳乃的面容则安详得仿佛正在熟睡，一袭精美绝伦的淡墨樱和服，裹住芳乃白皙而纤细的身体，静寂而神秘，美得令人无法呼吸。那条淡墨樱和服，正是和服设计师一枝的作品。

小说《淡墨之樱》里的人物——牧田太太和芳乃纯属虚构，而和服设计师一枝，则是千代本人。千代给岐阜市长写信，四处呼吁奔走，终于引起了当地政府的重视以及媒体关注，濒临枯竭的淡墨樱也因此得以及时接受了根部大手术：刨开樱树根部附近的土壤，先彻底清除白蚁，然后使用上百根年轻樱树的嫩根，与淡墨樱年迈的残根进行咬合对接，并紧紧捆绑在一起——从根部吸收到新鲜营养的千年淡墨樱，终于重新焕发出生命的活力。

将年迈的残根与年轻樱树的嫩根进行衔接捆绑之后，千年淡墨樱得以起死回生，在春天到来时继续繁花绽放——理解了淡墨樱的重生术，才会明白宇野千代为什么要在小说《淡墨之樱》里，让年迈的牧田太太与年轻的芳乃的双手紧捆在一起死去——那也是年迈与年轻的互接，当真正的淡墨樱在根尾谷重获生命时，宇野千代则让她小说里虚构的人物凄美地死去，以获得一种永恒的怀想。热爱樱花的千代，在小说《淡墨之樱》里，将日系樱花文化的审美，发挥到了极致。而千代本人，也从笔耕不辍的创作中，实现了现实的自己与期待的自己之间的精神对接，就如同与年轻樱树的嫩根捆绑在一起的千年淡墨樱那样。这样的对接，令千代重新找回创作的原动力。每天按时坐在桌前执笔写作——这些都如同一日三餐般，成为千代必修的日课。

十

　　每次一枝从浴缸中站起来，都要花费片刻，站在镜子前，端详自己的裸体。用浴巾挡住一部分身子扭腰站着。皮肤带着潮红。"很像！"一枝心想。一枝觉得自己很像波提切利画中的维纳斯。只不过脚趾跟前没有贝壳罢了，但造型是很像的。微微凸起的腹部、双腿的形状，都很像……

　　但实际上，一枝并不真的认为自己的身体就像维纳斯一样。这副年过七十的躯体，当然是不可能像维纳斯的。因为说不定那具躯体上已经有了斑点，甚至有些部位的肉也都掉了。只不过一枝视力不好，再加上在浴室的蒸汽里视线也无法定格。但一枝将这些当作她的一种幸福。

　　这是千代在小说《幸福》里写下的一段话。"一枝"就是千代自己。写这篇小说的时候，千代曾经的丈夫北原武夫刚刚和不伦之恋十四年的女人结婚，重新组建了新家庭，而年过七十的千代，强烈地意识到今后"一个人的晚年"，需要凭借一种强大的个人精神，才能独自走下去。而获取这种强大精神的源泉，于千代而言，便是"感知幸福的才能"——在浴室里欣赏自己朦胧的肉体，是无数生活细节当中的小确幸，而每天按时坐在桌子前坚持写作，则是坚持自我的大幸福。

　　千代说："还记得人形师天狗屋久吉吧，一个人做一件事并不难，难的是花上一辈子的时间，永不厌倦地、精益求精地做好同一件事。天狗屋久吉活一辈子，日复一日从不间断地坚持制作人偶，而我呢，也跟天狗屋久吉一样，日复一日从不间断地坚持写作。"

千代为这样的自己深感幸福，说："这个世界人人都可以做作家，但却不是人人都能做到每天坚持写作呢。"

年轻时的千代，一次次地邂逅爱情，又一次次地与爱情告别。多变的感情与失恋的人生，锤炼出千代强大的承受能力，令她在晚年孑然一身时，依旧拥有感知幸福的能力。从前倾心倾意爱男人，现在倾心倾意爱自己。每天按时作息、认真吃饭，坚持写作。女人一旦用一颗对待爱情的心，去专心专意对待自己的工作时，其成果必然惊人。晚年的千代，宛若重新焕发出生命活力的淡墨樱，满树繁花累累：75 岁那年，千代在《文艺春秋》发表了小说《一个女人的故事》《幸福》；在《中央公论社》发表了《我的文学回忆》，并在同年获得第 28 届艺术院奖。

78 岁，出版了小说《淡墨之樱》《八重山的雪》，并在杂志《文学界》连载与另一位女作家中里恒子的《往返书简》。就像撰写《淡墨之樱》那样，为了写好《八重山的雪》，千代也曾多次前往日本岛根县入间地区的八重山采访。和《淡墨之樱》里的虚拟人物不同，《八重山的雪》根据真实故事改编而成。小说的两位男女主人公确有其人："二战"结束之后，驻扎在岛根松江的英国士兵乔治，爱上日本姑娘春子，之后两个国籍不同、身份不一的年轻人为爱逃亡，并隐居藏身于八重山——这是一部在时代翻弄之中，超越国籍与意识形态的纯爱物语。

85 岁那年，千代获得第 30 届菊池宽奖。"菊池宽奖"是由日本作家菊池宽倡议、日本文学振兴会举办的一个纯文学奖项，以 46 岁以上的作家为对象，意在表彰这些作家多年来为日本文学事业做出的贡献。日本著名的国民作家司马辽太郎以及家喻户晓的宫崎骏导演，都是"菊池宽奖"得主。

86 岁，千代出版自传小说《活着的我》，成为高居榜首的畅销书在日本全国热卖，并被改编为电影上演。

1990 年，93 岁的千代获得日本政府授予的"文化功劳者"称号。这是对千代多年笔耕不辍的肯定，也是日本政府授予文化人士的最高荣誉称号。同年，千代的家乡岩国市，为感谢千代为家乡所带来的荣誉，也授予千代"荣誉市民"称号，并邀请千代回家乡演讲。

在家乡岩国，千代受到了乡亲们的热情欢迎。在雷动的掌声中，有十来名老者列队走上讲坛为千代送花——他们都是当年千代18 岁在家乡岩国做小学教师时教过的学生。这些曾经的孩子们，现在也都是七八十岁的老人了。其中一位白发苍苍的老先生，心情激

晚年的宇野千代，性格依旧像孩子一样天真可爱

动地对千代说：

"宇野老师，你还记得我吗？我就是当年那个在上课的时候，被您派遣去给三浦老师送情书的学生啊！"

白发老先生的话，惹得全场大笑起来。面对台下黑压压的听众乡亲，千代感慨万分：

"岩国的乡亲们，请原谅我至今为止，所干过的许多滑稽可笑的事。"

"请原谅我。"千代说，"我还会再回家乡岩国来的。岩国有日本第一的锦带桥和日本第一的樱花，而我则是拥有日本第一故乡的最幸福的人。"

1992年，千代的家乡岩国市邀请千代回家乡过95岁的生日，文化界人士以及千代的粉丝们，有500多人参加了千代95岁的盛大生日宴会。大家都祝福千代说，你还要更长寿一点，千万别输给长寿姐妹金婆婆和银婆婆哦！

1995年12月，刚刚过完98岁生日的千代，在单行本新书《我觉得自己根本不会死呢》里这样写道：

> "我在1995年11月28日刚刚过完满98岁的生日，元旦新年之后，按过去的虚岁算法，我就是100岁了。从明治、大正、昭和，一直到平成，我走过了被称作长寿的人生，我从过去开始就有个癖好——那就是爱骄傲。现在我又增加了一件值得骄傲的事。不错，我为我的长寿而骄傲。"

千代期待能活过100岁，亲眼看到21世纪的到来，为此甚至在书中骄傲地夸口说：

"人生在 100 岁以下去世的，都属于'事故死亡'。"

1996 年 6 月，98 岁的千代因为偶感风寒，不小心患上了急性肺炎，在东京的医院"事故死亡"。

逝后的千代，被追赠正四位勋二等瑞宝章，日本全国为之哀悼，千代的家乡岩国，也为这位荣誉市民举行了盛大葬礼。回顾千代 98 年的人生：贫穷、破产、债务缠身、四次结婚又四次离婚、失恋、背叛、被抛弃、孤独终老——从通俗意义而言，这是不堪回首的一生，是不幸的一生。但晚年的千代，在回顾自己这一生时，却写道：

"我很幸福。过去是，现在是，未来也是。"

对千代而言，幸福是一种心情，是信仰所在。你认为自己幸福就会幸福，认为自己不幸就会不幸——这是千代对于"幸福"的感悟。尽管在近一个世纪的人生当中，千代经历过无数的不幸，但千代始终坚信自己是幸福的。这种"幸福感"，不仅因为千代天性当中所拥有的对不幸的钝感和对幸福的敏感，还因为无论怎样跌倒，千代都拥有重新站立起来的能力。这种能力，便是"独立"。当一个女人独立到可以完全掌控自己的精神时，她便可以强大到对"幸福"二字呼风唤雨。独立，才是千代真正的幸福之源。

千代逝后的骨灰，保存在家乡岩国的教莲寺。2006 年，千代去世后的第十年，在东京南青山的梅窗院，缅怀千代的人们为千代建了一座纪念碑，纪念碑上刻着一句千代生前说过的话，用来总结千代的一生：

"用幸福呼唤幸福"。

濑户内寂听记

濑户内寂听在 2021 年 11 月 9 日去世，享年 99 岁。在她去世的三年前，也就是 2019 年的时候，曾获得直木奖的日本女作家井上荒野出版了一本小说，书名叫《在那边的鬼》，讲述一个男人如何同时与两个女人维持着多年的三角关系。书中男主角原型，是井上荒野的父亲井上光晴。而两个女人，一位是井上光晴的妻子，即作者的母亲；另一位，则是井上光晴的情人。

小说出版前夕，当时 97 岁的濑户内寂听，在读完原稿之后赞不绝口，不仅积极站台为书的出版发行做宣传，还挥笔为这本书写下推荐语：

"作者的父亲井上光晴，开始和我不伦的时候，作者才仅仅 5 岁。——濑户内寂听"

不错，濑户内寂听正是书中那位情人的原型。年轻时曾与作者的父亲、名作家井上光晴，多年保持着不伦关系。并在晚年时，为鼓励井上光晴的女儿将这些写出来，还非常积极主动地提供第一手资料，毫不掩饰地跟井上荒野畅谈自己年轻时与她的父亲偷情的往事，并沉醉其中，令作者井上荒野感叹万分：

"不愧是濑户内寂听啊！她是真的非常爱我的父亲。"

如此毫无顾忌的做派，的确是非常"寂听式"的——无拘无束，无遮无挡，不受世俗的观念与规矩的任何束缚，放浪一生爱自由。难怪年近百岁，都会将"恋爱与革命"几个字挂在嘴边，这正是濑户内寂听终其一生所追求的人生美学。

作为日本当代最著名的尼僧作家，濑户内寂听在世时为京都嵯峨野寂庵的住持，僧位为僧正；日本文部科学大臣评定的日本文化功劳者，并获得过日本国家级最高荣誉认证的日本文化勋章。濑户内是她的姓，而"寂听"则是她50岁那年出家之后所使用的法名。在出家之前，濑户内不叫"寂听"，而叫"晴美"——一个非常阳光的女孩的名字。

一

1922年，晴美出生于日本德岛县，是家里的二女儿，有个姐姐比晴美大5岁，单名一个字唤作"艳"。晴美和姐姐艳本来应该姓"三谷"，但是因为两姊妹的父亲三谷丰吉过继给了大伯家做养子，于是一家人都跟随父亲改姓为"濑户内"。

晴美刚出生那会儿，日本正流行结核病，结核病在当时被日本人称为"亡国病"，在1950年之前，结核病死亡率在日本一直高居首位。晴美的母亲在生下晴美不久之后，也患上了结核病，因为怕传染给刚出生的晴美，所以，从晴美出生直到满周岁之前，母亲从来没有抱过她，晴美也从来没有喝过母亲一口奶。母女俩一直处于近乎隔离的状态。直到晴美周岁之后，母亲的身体奇迹般地康复，于是日日夜夜地将晴美抱在怀里疼不够，想要弥补过去的损失。因为婴儿时代的这种遗憾，晴美感觉母亲对自己比对姐姐艳要更加偏爱一些。

晴美的父亲丰吉是位极为手巧的工艺人，在当地开着一家很体面的神殿佛具商店，带着十来个徒弟，徒弟们称晴美父亲丰吉为"师傅"，称晴美的母亲为"大姐"。过去日本人学徒，也跟旧时代的中国一样，学徒们跟在师傅身边干活，也同时跟在师傅家吃住，为此晴美母亲一日三餐要烧十几个人的饭菜，在晴美的印象中，母亲一年 365 天总是系着做饭用的白色围兜。

晴美小时候皮肤过敏，身上脸上老是容易生东西，痒痛难熬，就用一双小手去抓，抓得皮肤这儿破一块那儿红一片，看起来有点脏兮兮的味道，于是小朋友们都不愿意跟她玩。没人玩的小晴美就自己跟自己玩，例如先想象有只恶鬼正在寻找自己，于是吓得赶快找个角落躲起来，边躲在角落里边在心中空想着那只恶鬼会怎样来寻找自己。童年时代的孤独培养了晴美天马行空的丰富想象力，为她成年之后成为一名出色的小说家打下了很好的基础。

在很小的时候，晴美就表现出不达目的不罢休的倔强个性。4 岁的时候，没有玩伴的晴美对幼儿园十分向往，母亲知道了便说等晴美满 5 岁就送她去。母亲随口说的话，晴美却牢牢记在心里了。过完 5 岁生日之后，晴美便开口对妈妈提起去幼儿园的事。从晴美家到幼儿园步行需要 15 分钟，因为家里的大人都很忙，没有时间接送，所以母亲拒绝了晴美想上幼儿园的要求。晴美为此很生气，认为母亲说话不守信用，在骗自己，于是凭着模模糊糊的记忆，居然一个人找到幼儿园去，对幼儿园的园长说，母亲答应了等她 5 岁就送她上幼儿园的，可是却没有守信用，而她实在太想上幼儿园了，所以就一个人找来了。园长听了晴美的话，便领着晴美一起回家去见晴美的父母，最后，在幼儿园老师的安排下，晴美如愿以偿地去了幼儿园上学。

晴美的这次"幼儿园事件"，令家里的大人们十分惊异。母亲看着才 5 岁的晴美，叹息着说：

"这孩子的性格，到底像谁呢？"

"像她爷爷。"父亲不假思索地回答说。

晴美直到长大成人之后，才从家中长辈嘴里听说了爷爷的故事：晴美的爷爷年轻时放浪成癖，年轻时抛下妻子儿女离家出走，最终客死旅途。二十多年后，第一次抛夫弃女离家出走的晴美，在旅途中回忆起父亲说的"像她爷爷"这句话时，心里不由百感交集。父亲随口而出的一句话，却预言了晴美人生中不可知的一份未来。

7 岁的时候，晴美进入家附近的寻常小学就读。在晴美的同班同学中，有几个孩子长得特别好看，但因为他们的母亲是陪酒的艺伎，而被其他同学歧视。可是晴美却跟这些艺伎的孩子很要好，放学后还经常去这些孩子家里玩，因此得以窥视到后来被称为日本"国粹"的艺伎文化。

比晴美大 5 岁的姐姐艳，学生时代是个文学少女，醉心于各种文学读物。受姐姐的影响，在小学三年级那年，晴美便立志长大后要成为一名小说家。

学生时代的晴美成绩优异，并以总分第一名的成绩考入德岛女子高中。1940 年，18 岁的晴美以优异成绩考入东京女子大学国语系。之所以选择东京女子大学，是被东京女子大学的招生广告上的尖顶教堂画面所吸引，感觉这所学校的校园就像小说中所描绘的世界那样，充满罗曼蒂克风情。于是便报名参加了东京女子大学的招生考试。东京女子大学是一所教会学校，其建学精神所追求的是"真实、牺牲、奉献"，奉行基督教为基磐的人格教育。学校的第一任校长，便是日本著名学者新渡户稻造。当时正值"二战"期间，社会环境极不安定，但是，作为教会学校的东京女大，宛如世外桃源一般，依旧保留着温厚平和的人文环境。

从小学到高中，晴美一直是个勤奋认真的好学生，但进入大学之后却正儿八经地成了名"坏学生"，常常逃课窝在图书馆里阅读源氏与西鹤。在看完紫式部的《源氏物语》和井原西鹤的《好色一代男》之后，晴美开始自觉到原来自己才华平平，毫无天分，曾经自信满满想要成为小说家的梦想在无数阅读的煎熬中被蒸发得烟消云散。

日本的学校都是在三月底四月份举办毕业典礼，但当时因为处于战争期间，日本文部省将四年的大学时间缩短成三年半，各所大学都提早了半年变成九月份毕业。在晴美大学二年级下半期的时候，在家乡德岛的父母来信要晴美暑假时回去相亲。相亲对象是书香门第人家的公子，由日本外务省公派到北京的一位留学生，名叫酒井悌。悌在中国留学之后，又留任在北京师范大学做老师。专门研究中国古典音乐的悌，十分热爱中国，希望能找到一个愿意一辈子跟自己永住在北京的日本女孩。当时战争的硝烟一天比一天浓，战时下的大学生活也变得一天比一天枯燥乏味。期待摆脱现实中单调生活的晴美，对北京充满了向往——因为当时日本几乎是所有国家的敌对国，只有"中国北京"是当时的日本人能够"安家乐业"的为数不多的外国城市之一。

　　说是相亲，但按日本乡下的习惯，实际上主要是男方挑选女方。相亲那天，坐在晴美对面的悌，身穿亚麻白色西装，系藏青色领带，真人比照片上看起来更显得俊秀儒雅。悌比晴美年长九岁，举手投足之间无不透露着一种成熟稳重的气质，这令从没经历过男女恋情、学生气十足的晴美十分着迷。尽管晴美骨子里潜伏着与众不同的反骨，但对于那次相亲，内心却没有丝毫的抵抗情绪，在与悌见过一面之后，心里便一心一意盼着悌能看上自己，好领着自己离开日本到向往的北京去。

　　相亲之后过了四五天，悌派人来晴美家回话了，说很希望晴美能跟随自己一起到北京去定居生活。

　　第二年二月早春时节，晴美在家乡德岛穿上了日本传统的"白无垢"新娘装，完成了她人生中重大的、唯一的一次结婚典礼。日本自明治维新开始，十分重视贤妻良母式的"女德教育"，好人家的女儿，对于贞操都看得非常重要。从小接受这种"女德教育"长大的晴美，在婚礼上对悌提出：两个人虽然举办了结婚典礼，但要结为肉体上的真正夫妻，希望能等到她大学毕业之后。悌毫不迟疑地答应了。新婚当晚的洞房之夜，一对新人居然宛如青涩的恋人一样，保持着"童贞"般清纯的夫妻关系，两个人充满虔诚地将洞房之事慎重地保存起来，一起等待晴美九月大学毕业之后，夫妻二人正式开始一起生活时，再结为"身心合一"的真正夫妻。

　　婚礼举行之后的第二天，晴美便返回了东京女大上课，而悌也继续返回北京工作。期待着早日跟随丈夫去北京的晴美，在大学的最后一个学期根本无心学习，每天沉醉在文学青年所幻想的爱情人生之中，将新婚丈夫在内心勾勒成完美无缺的白马王子，没完没了地给远在北京的丈夫写情书。那些情书中所洋溢的少女情怀，是否打动着丈夫的心晴美并不知道，但晴美却在一封接一封的情书中被自己的真情切意感动得柔肠寸断。

初秋是北京一年之中最美丽的季节。这一年九月末，终于大学毕业的晴美等不及参加大学的毕业典礼，便跟随回日本迎接她的丈夫一起踏上了前往北京的旅途。那年是 1942 年，晴美第一次踏上中国的土地。

当时侵华日军正频繁向晋察冀等各抗日根据地进行不同规模的"扫荡"，无数中国人因此流离失所，过着非人的生活。而初为人妻的晴美，却正在北京的新家里，努力经营着属于自己的"正常的家庭生活"。

出家前的瀬户内寂听（晴美时代）

"就这样我在北京开始经营起自己的'正常的家庭生活'，感觉非常幸福。家庭之外，是日本对中国的侵略战进行时。虽然就连我们所居住的地方也是占领过来的土地，可是当时的我，完全没有考虑到自己的'家庭生活'，居然是建立在巨大的国际罪恶之上的。"

在随笔《真诚而活》里，晴美这样描绘了自己在北京时期的婚姻生活：

> 在家庭里，我是家里的模范主妇。妥善安排微薄的家计、照顾大病的丈夫、顺应丈夫的工作变动、育儿、与丈夫的朋友们打交道、学料理，无论是哪一方面，我的成绩都在平均线之上。作为学生时代优等生的我，即使处于家庭主妇的位置，如果不能拿到同样优等生的成绩，心里就会感到不安。

晴美与丈夫的小日子过得平稳幸福。丈夫从事中国古典音乐研究，书房里从墙根到屋顶全都堆满了书。晴美完全陶醉在婚姻生活的小日子里，一心只想做好学者丈夫的贤内助，从小学三年级就立志要成为小说家的人生梦想，早就在平和惬意的生活之中消遁得无影无踪。婚后第二年，晴美在北京生下女儿理子。当时战事频仍，北京的物价日日高涨，而悌在这段时间里，又频频转换工作，先是在北京师范大学任教，后转至辅仁大学，最后又辗转至北京大学。因为丈夫的工作变动，晴美在北京虽然仅仅生活了两年零八个月，却一共搬了七次家。

二

就如同法国著名女作家玛格丽特·杜拉斯曾经说过的那样：

"在这个世上，人们无处不在相逢。重要的，却是在这些茶余饭后的相逢之后所发生的一切。"

在瀬户内寂听的感情世界里，有一个至关重要的男人，影响了她的整个人生。但这个男人，在瀬户内寂听不同时期的自传体小说里，分别拥有不同的名字——有时候叫木下凉太，有时候叫木下音彦。因为在改编自瀬户内寂听自传小说的电影《夏天的终结》里，这个男人被唤作"凉太"，所以，本文就沿用"木下凉太"这个名字吧。

晴美与凉太第一次相遇，就是在这样茶余饭后的一个平常日子里。当时谁也不知道，因为与凉太的相识，会从此改变晴美的人生轨迹。

晴美在北京度过第一个冬天的时候，丈夫悌突然病倒，高烧超过 39 度。只会说只言片语中文的晴美，不知所措地日夜守护在悌的身边，连日彻夜无眠。

因为照顾生病的悌，严重睡眠不足的晴美，有一天正和衣歪在家中的沙发打瞌睡，突然听到外面有人敲门。

"是谁？"晴美努力抑制着倦意，将门稍稍打开一条缝，探头问道。

"我是木下凉太，是酒井老师以前在德岛时教过的学生。"门外站着一位身材修长的男孩，正笑意吟吟看着晴美。悌被公派到北京留学前，曾经在家乡德岛的中学临时任教过一段时间。凉太就是那时候悌教过的学生之一。

"我是酒井老师的内人，他现在正在发热隔离阶段，还不能探病。"晴美仰起满脸倦容的脸，隔着门缝对木下凉太说。

这是晴美第一次见到凉太时的记忆。当时凉太在上海学校就读，利用假期到北京旅游的机会，顺便来拜访以前教过自己的酒井悌老师。悌是位健谈好客的人，每天家里的客人都络绎不绝。因此，对于凉太的到来，晴美并没有特别放在心上。

第二次再见到凉太时，则是在晴美的家乡德岛了。1945 年，日本宣布战败投降，所有在华的日本人，都一批接一批地被遣送回国。专门研究中国古典音乐、酷爱中国文化的悌，虽然很想一辈子扎根中国，甚至想在自己死后连遗骨也埋葬在中国的土地，但作为日本人，当时的中国已经没有他的容身之地。

1946 年，晴美领着年幼的女儿，跟随丈夫悌一起，搭乘最后一班遣送船返回日本的家乡德岛。停战前，德岛受到美军飞机的轰炸，晴美出嫁前所居住的房子已经被美军飞机炸毁，母亲也被当场炸死。在被炸毁的房子对面的山坡上，晴美的父亲丰吉一个人动手，重新建起了一幢木结构的日式住宅，从北京被遣送回日本的晴美一家，就暂时寄住在父亲新建的房子里，一家三口与父亲及姐姐一家生活在一起。

悌是个闲不住的社交型人，在德岛老家刚刚安顿下来，便马上写信托在东京的朋友帮忙找工作，同时很快就跟家乡小镇上的文化团体打得火热。悌性格开朗为人热情，不久就成了小镇上无人不知的名人。

一天，有两个年轻男孩前来拜访悌。其中一位男孩身材修长，阳光下一张笑意吟吟的脸略带着稚气，白色麻质西装下所散发出来的生机与活力，与被轰炸得几近废墟的周遭环境显得格格不入。

这个男孩便是木下凉太。

"呀！是你啊。"看着突然出现在眼前的凉太，晴美失声叫道。第一次见到凉太时的情景，在一瞬间突然从某个从未打开的角落跃进晴美的记忆里，令晴美感受到一种从未有过的、如肌肤一般亲切的熟悉感。

"好久不见！"凉太微笑着，朝晴美微微鞠躬说。洁白修长的身影和那对笑意吟吟的眼睛，令四周明亮得令人晕眩。

那以后凉太隔三岔五就会来拜访悌，每次都会邀上两三个同伴一起来，同来的人跟凉太一样，都是悌曾经教过的学生。凉太和同学们唤悌为"老师"，唤晴美为"太太"。

不久，悌在朋友的推荐下，在东京某部门谋求到了一个职位。当时，战后的东京已经被美军的飞机轰炸成一片废墟，几乎找不到可供出租的住房。于是悌决定先一个人前往东京上任，要晴美领着女儿仍暂居在德岛老家，并说等他在东京一找到住房，就马上回德岛接晴美和女儿去东京团聚。

那年春天，悌独自赴东京上任，而凉太则和同学们仍与过去一样，每隔两三天便来看望晴美和孩子。凉太是个文学青年，知道晴美也喜欢文学，便经常向晴美推荐自己喜欢的文学书籍，甚至还与晴美计划着，准备邀上其他的文学爱好同仁们一起，集资办一个"文学同人会"。凉太每次与同学们一起来看晴美和女儿的时候，家里就会显得特别地快活热闹。身材修长的凉太，肌肤如同女孩子一般白皙，清秀的容貌令他在一群同学中间显得特别出众。不知不觉中，凉太的音容笑貌，被深深地刻印在晴美的脑子里。

"爱情从感觉开始，并从感觉结束。在相爱之后，恋人们总是喜欢追问爱的理由，而实际上，爱情是不可抗拒的、没有理由的一种动物性的感觉与反应。"许多年之后，晴美在自传小说中为自己当年的这段恋情做出这样的解释。

在刚刚发现自己爱上凉太时，晴美的内心陷入了深深的不安。她既盼着在东京的悌快些找到住房，这样可以在自己内心的情感还没有任何泄露的时候，能够及时离开德岛，令什么都不会发生。但与此同时，晴美又害怕悌真的很快找到住处，回家乡来接她和女儿去东京。想到一旦离开德岛去了东京之后，将很难再见到凉太，晴美的心里就隐隐作痛，陷入一种莫名的恐惧之中无法自拔。这种患得患失的内心情感的煎熬，令晴美常常整夜整夜地无法入眠。

转眼夏天到了。晴美收到悌从东京寄来的一封信，要晴美和凉太以及同学们一起，在家乡德岛协助正在竞选众议院议员的红霞女士拉选票。同为议员竞选活动协助者的身份，令晴美与凉太之间原本存在着的"学生与师母"的辈分隔阂无形地消失了，二人之间的距离急剧拉近，变得无话不谈起来。竞选结束之后，晴美仍然习惯性地每天在家附近的小树林里与凉太见面。清晨的小树林安静得出奇，在凉太那双浅褐色眼睛的深深凝视中，晴美会感觉全身如同有电流穿过一般，默默无语中，只听得到心脏加速跳动的声音。这种美好而甜蜜的心跳，令晴美对与凉太相处的分分秒秒都充满向往。每天都能见到凉太，成了那段时间晴美的一种生活习惯，或者也可以说是成了晴美当时的一种情感惯性。

一次，凉太连续好几天没有来。晴美变得坐立不安起来，想问另外几位同学，却又怎么也问不出口，正在忐忑不安中时，突然收到了凉太托同学带来的一封信，上面写着短短的一行字：

"生病了没法出门。"

因为正发着高烧，凉太的字迹写得十分潦草。好几天没有去看望晴美，凉太怕晴美担心，因此在病中勉强写下这封简洁的短信，托同学带去晴美看，好让晴美放心。

收到凉太的短信，晴美变得更加坐立不安起来。好不容易熬到晚饭之后，晴美将女儿交给姐姐，让帮忙看管一下。又跟姐姐借了自行车，说有事要出去一下。

姐姐看了晴美一眼，想说什么，却又咽回去了，只是默默地将自行车钥匙递给了晴美。

骑上自行车，晴美急匆匆地朝着国府的方向出发了。国府是邻近的一个小镇，晴美曾隐约听凉太说起他家就在国府的观音寺附近。从晴美所住的地方到国府，骑自行车需要将近一小时，路上还需要穿过一座山林和一条河。晴美从来没有去过凉太的家，只凭着隐约之中的方向记忆，骑着自行车猛劲地朝着国府观音寺的方向蹬去。到了国府观音寺附近之后，晴美已经累到双腿如同灌了铅一般，沉重得快抬不起腿来，只能缓缓地推着自行车，挨家挨户地一家一家确认各家门前的姓名牌。终于，在一处写着"木下"的低矮的日式院落里，晴美看到了身穿浴衣的凉太。

看到凉太的那一瞬间，晴美感到所有曾经在内心悄悄酝酿过的缠绵不清的情绪——疲劳、幸福、不安、快乐、埋怨、恐惧……所有所有的这一切，都在刹那间倾泻而出。晴美感到自己整个人都变得虚脱无力，随着自行车"哐当"一声倒地，晴美的身体，也随之摇摇欲坠地倒了下去……

"太太！"看到摇摇欲坠的晴美，凉太惊讶地失声叫道。同时飞快地从院子里冲了出来，眼疾手快地伸出手臂紧紧搂住了快要倒地的晴美。

"我……我实在是太担心了，甚至想你会不会就此死掉……"晴美软软地瘫倒在凉太的怀里，奄奄一息地说。

"在我死之前，即使变成幽灵，也会去与你相见的。"凉太紧紧抱住晴美软绵绵的身体，答道。

那年夏天，晴美对凉太的情感，变得如同夏日正午头顶的阳光一样炙热灼烫。在刚刚与悌结婚的时候，晴美曾经打算好好地爱悌一辈子，认真做个贤妻良母型的贤内助。可是，在遇到凉太之后，晴美开始意识到，与凉太之间的这份感情，才是自己内心一直向往的，如同书本里所描绘的、真正的爱情。

日子一天天过去，转眼秋天到了。悌从东京回到德岛休假，晴美领着女儿理子一起去车站接丈夫悌。在回家的路上，悌一手提着行李，一手牵着女儿，走在开满秋樱的小路上，显得非常快乐。

"东京房子非常难找，你带着女儿在德岛继续再等一等，等我一找到住处，就会马上来接你们的。"看到晴美一言不发地走在身边，低着头，一副心事重重的样子，悌以为晴美是因为一家无法团聚而不开心，便对晴美如此解释道。

晴美依旧一言不发，过了好一会儿，突然低垂着脑袋，双眼盯着地面，轻声说道：

"我不能跟你一起去东京了！"

"哦。"突然听到晴美从嘴里吐出这样一句话，悌一时没有反应过来，微笑着顺势"哦"地答应了一声，仍然牵着女儿的手继续朝前走。

"我是说真的，我不能跟你一起去东京了！"晴美站定了，看着牵着女儿的手继续朝前走的悌，大声道："我，我做了对不起你的事。"

"你在说什么?"悌终于停下了脚步,回过头来看着晴美,奇怪道。

"我不能跟你一起去东京了,我爱上了别人,真对不起。"晴美跪倒在悌的脚边,仰面看着悌的双眼噙满了眼泪。

悌愣住了,好一会儿没有吭声。良久,才闷闷地开口问道:

"是谁?"

"是凉太,木下凉太。"

晴美回答悌的时候,头低得几乎要埋入腰间,身体一动不动地等待着悌抬腿愤怒地踢过来。可是等了很久,却不见动静。待晴美忍不住终于抬起头来时,才发现一言不发的悌,早已抱着女儿走很远了,只留下晴美一个人瘫倒在路边,怔怔地看着他们越走越远的背影发呆。

"那是在丈夫 34 岁,我 25 岁,凉太 21 岁时所发生的事。嘴不饶人,摆大人架子,是文学青年的通病。虽然总是将脊梁挺得笔直,摆出一副对世界无所不知的样子,可是,21 岁的凉太至今为止却没有任何人生经验,我的爱情告白,对他而言无异于晴天霹雳,但同时又带给他不可想象的自信。而丈夫对于我这种女学生情结的精神恋爱丝毫无法理解,他第一时间马上想到的,是他离开的这段时间里所发生的这件丑闻,是否已经在家乡的小镇流传开了?"二十多年后,晴美在自己的人生传记小说中,这样回忆起当年发生的这件事,说,丈夫悌对于她在回家路上那段幼稚的告白,始终感到无法理解,为此将凉太找来,三个人一起通宵达旦地谈心。尽管这件事在家乡小镇上被人添油加醋地传得绘声绘色,但以悌对晴美和凉太两个人的了解,悌居然是唯一相信她与凉太之间,并没有肉体关系,而仅限于纯粹精神恋爱的人。

当时的日本，"不伦"一词还没有流行起来，因此晴美的"精神出轨"便被周围的人贴上了"不贞"的标签。为了避开流言蜚语，悌在返回东京的时候，将晴美和女儿也一起带到了东京。因为东京的住处还没有着落，一家三口便暂时寄住在已经当选了众议院议员的红霞女士家中。

在红霞女士的家里，晴美的生活处于一种"被软禁"的状态：不允许外出，身上也不允许有一分钱现金。晴美对于丈夫悌的这些限制毫不在乎，她在乎的是从此再也见不到凉太了，见不到凉太的日子，对于正处于热恋状态、在情感上极度依赖凉太的晴美而言，简直生不如死。

看着晴美对身边的孩子不闻不问，每天坐在房中发呆，一副灵魂出窍的样子，悌心里有说不出的生气，气闷难当的时候，便禁不住地责骂晴美甚至动粗。而晴美对于悌的暴力从不做任何抵抗，沉醉在精神出轨的漩涡中完全无法自拔的晴美，当时唯一剩下的一丝理性，便是还能理解悌内心里的狂躁，并因此将悌对自己所有的暴力，都视为理所当然的行为。

晴美与悌之间紧张不安的空气，无疑也影响到了孩子。当时才两三岁的女儿理子，一到晚上就歇斯底里地大哭不止。为了哄孩子入睡，晴美不得不每天晚上将孩子背在背上，在院子里走来走去。这反倒成了那段生活中，唯一能够放松些的自由时间。而这样自由的院中踱步，更加增添了晴美想要走出院门，飞奔去凉太身边的愿望。

终于有一天，晴美在黄昏中独自乘上了从东京开往广岛的列车。两天前，晴美收到了凉太托人写来的一封信，信上说他离开了德岛的家，现在借住在冈山的一处山林木屋里。凉太在信中写道：

"我会在这儿等你三天，如果这三天内你能来的话，我们一起重新开始新的生活吧。这是我最后的决心了。"

收到凉太来信后，晴美趁丈夫悌外出工作的时间，悄悄溜到黑市的当铺，变卖了自己的几件和服。翌日黄昏，趁女佣领着女儿理子去外面的澡堂洗澡的空隙，晴美提着一个随身小手袋，开始了她人生中的第一次离家出走。

"我没有想过要抛弃女儿理子离家出走，也没有要与凉太一起私奔的心情，更没有想过要从此与凉太一起开始新的生活，我当时仅仅只是想再见凉太一面而已。"多年后回忆起这件事时，晴美提笔这样写道，"当列车开出东京车站的时候，我才意识到自己做了一件多么不可思议的事。可是，我已经无法回头了。"

坐在开往广岛的列车上，晴美闭上眼睛，脑子里闪现的是女儿小小的身影，睁开眼睛，车窗的玻璃上映现出来的也是女儿稚气的脸。女儿已经洗澡回家了吧，现在这个时间，她是在一个人玩儿呢还是在看绘本？回到家里的女儿，发现妈妈不见了，会不会哭？

就在晴美的脑子里不断地变幻着女儿的身影时，从列车车厢里突然传来一阵孩子的哭声，顺着哭声望过去，晴美看到一个与女儿差不多年龄的小孩子，不知道什么原因，正在大哭不止。小女孩的母亲为此不得不站起身来，边哄着边将小女孩背到背上——眼前的一幕让晴美想起每天晚上歇斯底里哭个不停的女儿，想起自己每天晚上为了哄女儿入睡背着她在院子里来来回回的情景……

"名古屋，名古屋车站到了。"车厢里传来列车员报站的声音。名古屋是从东京到广岛时的必经之地。列车在名古屋靠站之后，透过车厢的玻璃，晴美看到站台上的时钟正好指向凌晨

12 点。到名古屋的旅客们正在陆续下车，车厢里小女孩的哭声已经听不到了，但是女儿理子歇斯底里大哭的声音，却一声高过一声地在晴美的脑子里回响。就在车厢门即将关闭的那一刻，晴美突然站起身冲向车厢门口，不顾一切地跳了下去——当列车的车厢门在晴美身后"哐"的一声关闭时，晴美已经失魂落魄地跌倒在名古屋车站的站台上……

"接下来，自己是如何走到相反方向的站台，如何乘上返回东京的列车的？在我的记忆里完全是一片空白。那是在我 25 岁的秋天结束的时候。

打那之后，五十三年的岁月就这样流逝过去了。

可是，至今为止，每次乘坐列车路过名古屋，听到列车广播说：

'名古屋，名古屋车站到了。'

我就感到胸口一阵刺痛。

好不容易已经忘却了的、遥远过去的变色记忆，因为这个车站的名字而被重新唤醒，带给我已被遗忘了许久的、如同拔牙一般钻心的疼痛。……"

2001 年，79 岁的尼僧作家"寂听"在随笔集《场所》一书中，回忆起自己作为"晴美"的那段人生，还有那段人生中所经历过的不同场所时，这样写下了"名古屋"这三个字带给她的揪心痛感。

在凌晨 12 点从名古屋站下车之后，返回到东京已经是第二天上午了。当满面疲惫的晴美重新出现在暂住的红霞女士家门口时，没有想象中的喧哗，一切都跟晴美离家出走之前一样平和安静。看到晴美疲惫的身影，红霞女士很高兴地迎上来，说，"回来了就好，快洗漱一下，好好休息吧。"

傍晚的时候，悌也领着女儿理子回来了。因为晴美的突然消失，悌特意请了一天假来陪伴女儿。由悌领着出门玩了一整天的女儿，看到晴美十分快乐，边喊着"妈妈"边跑过来扑到晴美的怀里，而悌则跟随在女儿的身后，朝着晴美微笑。没有人责备她，也没有人追问她，大家都表现得就如同晴美从来没有离家出走过一样，一切都一如既往。就连在山林木屋里整整等待了晴美三天的凉太，也来信表示对晴美半途而废的离家出走表示理解，认为她半路返回东京的做法是对的，要她千万不要有任何内心自责。

日子还跟往常一样，毫无变化地一天天过去。虽然悌对晴美离家出走一事，没有任何责备和追问，可是，悌与晴美二人之间的感情隔阂已经越来越深，再也无法恢复到从前了。两个人经常会为了一些鸡毛蒜皮的小事而发生口角，情绪愤怒起来的时候悌仍会对晴美动粗。一次，晴美收到姐姐从德岛乡下寄来的一件手工外套，穿上身之后被悌嘲笑"真土！"，并勒令晴美马上脱掉。自尊而敏感的晴美，认为悌不仅看不起自己，还嘲笑自己的娘家人，心里非常不高兴，便与悌争吵起来，争吵的结果，是悌再次对晴美动了手，将晴美的一只眼睛打到青肿起来。

晴美感到自己再也无法继续忍受这样的婚姻生活了，收拾了简单的行李放进手提包，再次决心离家出走。

"你真要走的话，就将外套脱下，手提包和钱包全留下，只穿着身上的衣服走人！"

悌在身后对着晴美喊道。

当时正是二月，一年之中最寒冷的时候，这么冷的天，没有温暖的外套御寒，没有足够的钱可以购物充饥，一个女人，还能走到哪儿去？——悌认定晴美不敢真的出走，所以才冲着晴美这么喊。

谁知晴美偏偏是个倔脾气，当下站定了，将身上的外套脱下来放在路边，又将放着钱包等随身物品的手提包也放在路边，然后身无分文地只穿着一身单衣，头也不回地走了——以晴美的个性和当时那份想要离开家、离开悌的决心，恐怕就是悌要求她光着身子裸奔，她也会毫不犹豫地马上照办。

晴美离家出走的那天，3岁的女儿理子不知道发生了什么事，冲着晴美的背影喊：

"妈妈！你快去快回啊。"

听到女儿理子的声音，晴美头也不回地继续朝前走，边走边泪如雨下。

理子以为妈妈跟昨天一样，只是去医院看被爸爸打伤的那只眼睛。才3岁的她根本不知道，她的妈妈这一走，便是母女之间的永别了。

悌也以为晴美只是一时赌气离家，一直以为晴美还会回来。可是，这次离家出走之后，晴美便再也没有回去过。悌在家整整等待了晴美三年，三年之后，悌才对晴美的归来彻底绝望，终于同意与晴美办理离婚手续，并再婚。

在家乡德岛的父亲丰吉，知道晴美抛家弃女离家出走一事之后，给晴美写了一封信。在信里，丰吉明确地对晴美说：

> "你不是小孩子了，你自己的选择就得自己负责，你不要以为家里有父亲和姐姐，所以会帮你一把，趁早放弃这种如意算盘。告诉你，家里不会给你一分钱经济援助。"

信的最后，父亲丰吉还这样写道：

> "事到如今你已经完全脱离了人的轨道，变得人亦非人，进入了鬼的世界。反正，你已经变鬼了，就不要再因为人世间的情与泪而变得脆弱，要做鬼你就给我做个大鬼。"

三

1948 年 1 月 30 日，致力于印度独立运动、主张"非暴力反抗"的印度国父莫罕达斯·卡拉姆昌德·甘地被人暗杀。同年的 1 月 26 日，日本发生了著名的"帝银事件"——位于东京都丰岛区的帝国银行椎名町支店发生重大盗窃案，12 名银行职员被毒杀身亡，画家平泽贞通被作为犯人抓获并判处死刑，但最终因为案件疑雾重重而未能执行。"帝银事件"成为日本战后所发生的、至今疑团未解的大案。此事后来被拍成电影，日本著名小说家松本清张后来以此为题材写成了《小说帝银事件》《日本的黑雾》等力作。

同年二月，身无分文的晴美在离家出走之后，先是在寒风中步行了几小时，走到一个朋友家借了笔路费，然后便乘上了从东京开往京都的列车。在京都，晴美寄住在大学时代的同窗好友丸本恭子家里。

凉太在得知晴美已经离家去了京都后，背了一大提包的食品，从家乡德岛赶去京都看望她。1948 年的日本，距离 1945 年宣布战败不过两三年时间，经济复苏还远未开始，物质资源极其有限，一切都只能凭证供给。当时要购买生活口粮，都得凭一张名为"配给表"的供应证，没有这张"配给表"，就只能去黑市花高价购买食粮。晴美只穿着一身衣服离家出走，除了一条活生生的人命之外，可谓是彻头彻尾的"一无所有"，因此，凉太从德岛乡下带来的那一大提包食品，实在是非同小可的"救命稻草"。

在京都，凉太表现得像个路人甲，他从头到脚打量着失魂落魄的晴美，没心没肺地说："哇，我说，你可真勇敢。还真的离家出走了。我说呀，你既然一个人这么勇敢地离开了家，以后可就得靠自己的双腿走路，靠自己的能力独立生活了哦！"接下来，又告诉晴美说，他正跟德岛当地的资本家们一起合作开发一个新项目。

"说真的，我现在可真是非常忙啊！"凉太踌躇满志地搓着手，对晴美道。又说他现在要打理自己的新事业，加上还要照顾上了年纪的父亲，实在没办法到京都来陪着她。

晴美后来在自传小说《从何而来》中写道：凉太仿佛是为了对她进行鼓励与说教才来京都看她的，并且完全将自己置身于一个旁观者的位置。

在京都，晴美与凉太有了第一次性爱之亲。然而，终于如愿以偿的零距离接触，不仅没有令晴美对凉太燃烧起更为炙热的爱恋，反而有了一种严重的心理失落。在凉太第一次进入晴美的身体时，晴美才忽然发现：自己对凉太曾经所怀有的种种向往、期待、渴望、痴迷，等等，一切的一切，都在第一次真正地得到凉太的肉体的那一刻，变得消失不见。

当一样渴望已久的东西，在费尽心机，甚至为此改变自己的人生轨迹都在所不惜地终于得到之后，却丝毫没有所期许的那种获得之后的喜悦感与幸福感——这样的情绪缺失，对任何人而言，都会形成一道情感落差极大的鸿沟，并坠入这一鸿沟之中，变得空虚无力、茫然无措。在与凉太有过肌肤之亲之后的晴美，便坠于这样的鸿沟之中无法自拔。这就好比一个人走在河岸边，看到河对岸开满了鲜花，远远望去一片五彩缤纷的美丽，于是千辛万苦地蹚水过去，可走近了，却发现那些远远望着很美的花朵，其实早已经开败了。

这种得到感的失去，无疑带给了晴美无以言状的精神虚脱，好在凉太很快返回德岛了，好在晴美要想法谋生养活自己。在生存都成问题的时候，精神只能被粗暴地搁置一边。

经朋友介绍，晴美在一家小出版社找到了第一份工作，但两年之后因为经营不善，出版社宣告破产。接下来晴美又经人推荐去了京都大学附属医院里做事务工作。先是在小儿科研究室，后来转至图书室，工作简单无趣，工资也低，仅够糊口而已。不过也正因为如此，晴美有了大量的时间用来阅读和写作。在京都大学附属医院图书室工作期间，晴美写了一篇名为《蓝花》的少女小说，投稿给了当时的《少女杂志》，拿到了人生中的第一笔稿费。那段时间晴美还开始与名作家三岛由纪夫通信。在读过三岛由纪夫的书之后，晴美情不自禁地给三岛由纪夫写了一封"粉丝信"，结果居然很快收到三岛由纪夫的亲笔回信，说，对于不认识的读者，我是从不回信的，但是你的来信写得令人如此舒服和愉快，便忍不住地给你回信了。之后，晴美和三岛由纪夫之间一直断断续续地保持着书信往来。

离家出走的晴美，在京都独自一人开始了新的生活。在新生活中晴美学会了喝酒，也开始抽烟，并且还与其他的男人上床睡觉。凉太每月会从德岛过来看望她一次或者两次。见面之后他们拥抱、亲吻、做爱。语言被行为奴役之后，肌肤之亲越多，心灵碰撞越少。在那年夏季将要结束的时候，晴美终于对凉太说：

"我们分手吧。"

"是我不好，我本应该好好照顾你的，可是……一切都是我不好。都是我的错。"听到晴美提出分手，凉太喃喃自语一般地说道。

"不，是我不好，"晴美说，"一切都是我不好。我抛弃丈夫，抛弃孩子，只是为了忠实地贯彻我对你的爱，可是，我一边爱着你，思念着女儿，一边却跟其他的男人上床。如果我说我不再相信人世间的爱、不再相信誓言，那绝对只是一种借口。事实是，我不再相信我自己了。我曾经那么爱你，但现在我将这份对你的爱践踏得这么脏，我无法再相信这样的自己。"

晴美流着泪，对凉太说出了这最后的一番话之后，转身离去。在回家的路上，晴美感到自己有一种如释重负一般的解放感和轻松感。"从今天开始，奋力写作"——晴美这样在心里对自己说。一份爱熄灭了，而另一份爱却燃烧起来。熄灭的是男女之爱，燃烧起来的，则是晴美对写作的热爱与渴望。

四

"如果不能步入文学之道，我恐怕就只有死路一条了。"回忆起当年的自己，晴美曾在随笔里这样写道。

1951 年 5 月，晴美从京都来到了东京。先是暂居在学生时代的同窗好友家里，后来在东京三鹰下连雀的商店街找到了一处住所。房东是个寡妇，与孙女二人守着一家杂货店过日子，晴美就租住在这家杂货店的楼上。

从晴美的住处步行不到 5 分钟便是禅林寺，禅林寺里有日本著名学者森鸥外和大文学家太宰治的墓。晴美到东京的时候，距离日本大文豪太宰治与情人投水自杀事件不到三年。

在东京的头几年，晴美一直以写少女小说和童话为生，每页 400 字的稿纸收获 300 日元报酬，解决了晴美日常生活的开销问题。然而，虽然在儿童杂志和少女杂志上已经发表了不少文章，但是想步入真正的文学创作者行列，对于初入写作行列、无名无辈的晴美而言，简直难于上青天。

为了向成为一名真正的小说家靠拢，晴美主动给同人杂志《文学者》的创办者、日本著名作家丹羽文雄写信，申请加入他们的文学沙龙。同人杂志《文学者》是丹羽文雄自掏腰包组织出版的一份纯文学刊物，旨在鼓励致力于文学创作的后辈新人。

丹羽文雄出生在日本三重县的一个僧侣家庭，因为作为养子的父亲与养母之间的乱伦，丹羽文雄的母亲在他才 4 岁的时候，便抛下他离家出走，在他幼小的心灵留下终生难忘的阴影。成年后的丹羽文雄，作品里无不饱含着对于母亲的追忆与思慕，其发表的第一篇作品，便是以母亲出走为题材的小说《秋》。丹羽文雄不仅擅长描写男欢女爱的风俗小说，还同时写下了《亲鸾》《莲如》等有影响力的宗教小说。丹羽文雄在致力文学创作的同时，还热心地培养文坛新人，在当代日本文坛中被他的后辈们尊为泰斗级人物。

在丹羽文雄主持的文学沙龙上，晴美第一次接触到宗教文学。如果说，日后 51 岁的晴美削发为尼成为"寂听"，是得到师傅今东光的指引，那么，邂逅丹羽文雄，则为年轻女作家晴美在日后转型为尼僧作家"寂听"，开启了宗教文学之门。

晴美虽然加入《文学者》杂志沙龙，却一直没有找到可以发表小说的机会，依旧只能依赖写作少女小说和童话为生，而童话和少女小说的稿费本就低，一天不写一天就没有收入，难免生活得窘迫。《少女世界》的总编看到晴美的困境，便劝她去考个老师资格，先有份稳定的经济来源，然后边教书边创作。听了这位总编的建议，晴美去参加了老师的资格考试，并顺利拿到了中学老师的资格证书。也是晴美运气好，资格证书才刚刚拿到手，就有一所中学急聘老师，而且还是东京首屈一指的名校，晴美的总编朋友大喜，马上将晴美推荐过去，校方看了晴美的资料，回复说希望晴美能马上去学校报到上课。

可是，晴美在接到学校的录用通知之后，想了一个晚上，最后居然拒绝了这份许多人求之不得的好工作。拒绝的理由是：

"我如果做了学校的老师，一定就会为了做个好老师而拼命努力，努力的结果就是将自己钟爱的写作放到第二甚至更次的位置。但我想了一夜，扪心自问：我究竟是为了什么才走到现在这一步的？我的真正的理想和目的又是什么？何况，我自己生下孩子却不曾抚养过她，如何又有资格去教育别人的孩子？"

晴美拒绝了中学老师这份工作，也同时拒绝了一份安定的生活。回忆自己这一生所走过的路，后来成为"寂听"的晴美如此说道：在人生的岔路口，如果同时出现两条路，一条风和日丽平和安稳，一条风雨交加困难重重，而自己又只能选择其中一条可走的路时，她总是会在犹豫迷茫之后，最终放弃那安稳平和的，而选择困难重重的那条路去行走。

晴美放弃了老师这份令人向往的职业，想一心一意投入到写作之中。可是时间不断流逝，晴美却一直没有写出过一篇像样的小说来。这令晴美的内心有一种说不出的焦虑与烦躁。一个冬天的黄昏，天空下着小雨，独自撑着雨伞走在人流之中的晴美，触景生情，回首自己所经历过的种种往事，想起自己在贫困、孤独、无助的侵蚀中，开始嗜烟、酗酒，喝得烂醉如泥地睡倒在街头；想起才三岁便被自己抛弃的女儿；想起自己亲手将自己的生活蹂躏得如此一团糟，并为此无数次地想过去死……走在雨中的晴美，越想越悲，越悲越哭。街头的人流熙熙攘攘，每个人都在匆匆赶自己的路，没有人会有闲心停下脚步来，去留意路边一个陌生人的眼泪。

"呀，是你！"突然有个男人的声音招呼她道。

满脸是泪的晴美抬起头来一看，站在眼前的，居然是早已离婚的丈夫悌。晴美自从离家出走之后，除了办理离婚协议的时候见过悌一次之外，便再也没有跟悌有过任何联系，而今却不意在东京的街头偶遇，并且是在晴美一个人伤心落泪、最为痛苦失态的时候。

"一起喝杯咖啡吧。"悌说，领着晴美走进路边的一处咖啡馆。

坐在咖啡馆里，擦干了眼泪的晴美，定睛打量坐在对面的悌：悌比过去稍胖了些，一丝不苟的西装和领带，一如初次相亲见面那天一样俊秀儒雅，举手投足之间无不透露出一种生活优裕的富贵气质。

因为已经是晚餐时分了，悌为晴美点了份晚间套餐，而自己只要了一份咖啡，并解释说他因为要去赴一个晚宴派对，碰巧路过这里。

"你还好吗？"悌看着泪痕未干的晴美，眼眶微微发红，问。

"哦。"晴美低头回答，不置可否。

"女儿理子上小学了，她现在一切都很好，家内也将她照顾得很周到。"悌对晴美说。

"哦。"晴美仍是低着头道。

"你现在都在写些什么？"悌问。

"写童话。"晴美从包里拿出一本幼儿园杂志，递给悌看。悌接过去，翻了翻，说："这本就送给我吧。"

"哦。"

"你没有抽烟吧？"

"没有。"

"有没有喝酒？"

"没有。"

面对悌，晴美就像面对一个长辈般的大人一样，情不自禁地说了谎。

两个人出了咖啡馆，站在路边告别的时候，看着站在寒风中冷得发抖的晴美，悌忍不住说道：

"这么冷，你怎么连手套都没有？我帮你买副手套吧。"

"谢谢。"晴美朝悌点了点头，转身离去。

"我……我帮你买副手套吧！"悌站在原地，冲着晴美的背影喊道，声音有些哽咽。

"谢谢！"晴美回过头来，站定，朝着悌深深地弯下腰，鞠躬道：

"女儿理子就全拜托你了！"

这次之后，晴美再也没有与悌见过面。与悌短暂的婚姻生活，是晴美和"寂听"这一生之中，最温馨平和的一份回忆。如果晴美这一辈子跟着悌一起生活下去，她将会是一个幸福的妻子，温和的妈妈，守护着女儿一点点长大，相夫教子之余写一些风花雪月的小说，生活富足无忧无虑。她的人生在世人眼中，将是完美无缺，令人艳羡的。可是她却放弃了这一切，并非她不爱这些，而只是在自我与世俗的认同之间，她更加遵循自己内心的指导，即使她明明知道那结果是不好的，甚至是危险的，可是她的心牵引着她，令她如着魔一般情不自禁，无法自已，更无法回头。

五

"我看，你还是继续写点童话啊少女小说之类的比较好。"小田仁二郎坐在晴美对面，手中把玩着刚刚饮尽的小酒杯，悠悠地说。

"为什么？因为我没那个才能吗？"晴美问。

"那倒不是。"小田仁二郎回答道。说完低下头，沉吟了片刻，终于又抬起头来，看着晴美说：

"因为写小说，是件很痛苦的事。"

小田仁二郎是同人杂志《文学者》的责任编辑之一，日本战后前卫文学的先驱，也是晴美步入文学领域的引路人。1910 年，小田仁二郎出生于日本山形县，早稻田大学毕业之后，进入"都新闻社"（现为东京新闻社）工作，其新潮前卫的思想与深厚的文学底蕴，赢得不少"小田粉丝"，也迷倒了同新闻社的一位女记者，甘愿下嫁于他，并为他放弃工作只在家专心做个"小田太太"。小田太太能干贤德，对丈夫小田仁二郎的文学才华深信不疑。小田仁二郎辞去记者的工作，成为一名专业作家之后，家庭收入不稳定，无力支撑起一家人的日常开销，小田太太便毫无怨言地每天在家接缝纫的活儿，靠着自己的一双手，支撑起全家人的生活，为的只是能令小田仁二郎不必为生计所累，可以安下心来致力于文学创作。小田仁二郎的代表作《触手》，曾经带给刚刚步入文学殿堂的晴美极深的心灵震撼，晴美在后来的文学回忆中，曾经写道：小田仁二郎的《触手》，不仅带给她深刻的"文学感动"，还让她获得了"文学的开眼"。

只是，小田仁二郎除《触手》之外，便再无出其右的经典之作。身为作家，小田仁二郎对于文学有极好的审美眼光，但自身的文学创作却始终都在二三流作家之间徘徊，虽然曾经分别获得过芥川奖和直木奖提名，但最终一辈子与这两项日本的文学大奖无缘。

晴美在加入同人杂志《文学者》的头一年，对于文学前辈小田仁二郎，还只敢远远地眺望，不敢靠近。后来稍微熟悉一点了，才终于敢鼓起勇气将自己的创作小说拿给小田看。于是有了前面那番小田仁二郎与晴美的对话。

晴美鼓起勇气拿给小田仁二郎看的第一部小说，便被小田毫不犹豫地判了"死刑"。小田是个有怜香惜玉之心的男人，怕晴美心里太难过，便请晴美去居酒屋喝酒，晴美谢谢小田的好意，于是回请——这样一来一往之间，两个人居然成了无话不谈的酒友。不能一起喝酒的日子，晴美会收到小田邮寄来的信件，信写得很短，通常只有几句话，例如：

"下雨了/刮风了/而你在做什么呢/一个人害怕吗/看到那个人，我会害怕"

读着小田的来信，回想起小田看着自己的那双眼睛，晴美心里开始感觉到一些什么。

一天，晴美与小田一起喝酒到半醺之际，小田微眯起眼，漫不经心地对晴美说：

"一起去旅游吧。"

"去啊，去啊。"晴美也微眯起眼，没心没肺地随声附和说。

"什么时候去呢?"

"什么时候都行。"

"那好。××日，×时，我们在品川车站见吧。"小田说。小田家住在海边，品川是小田每天出门的必经之地。

到了约好出门的那天，晴美的住处来了客人，好不容易将客人送走，匆匆出门赶到品川车站时，已经比约会时间迟到了一个多小时。

小田是个慢性子的人，可是性格再柔和，恐怕也无法忍耐一个第一次约会就迟到一小时的女人吧? 出了品川站的检票口，晴美的心情有些沮丧，并在心里估摸着小田恐怕早已经走了，但想想自己既然都已经来了，晴美决定还是去约定的地方看一看。

才走到地下通道的出口，晴美就看到在来来往往的人流中，有个身穿黑衣的男人，正一动不动地站在那儿，远远地凝望着她。

"你居然还在?"晴美跑过去，内心惊讶得连道歉都忘记说了。

"当然，不是说好了吗?"小田回答说。声音一如既往地悠然平和，丝毫没有生气或不悦的迹象。

晴美问小田："去哪儿呢?"

小田问晴美："你说去哪儿好呢?"

晴美："去箱根的塔之泽如何?"

小田："嗯，那就这样吧。"

虽然是第一次约会，可是小田和晴美之间的对话，倒像是一对结婚多年的老夫老妻，一切都那么自然而然。

在箱根的温泉旅馆，小田对依偎在自己怀里的晴美说：

"我们一起去死吧。"

"啊，不要。"晴美说。

"很早以前就想去死掉算了。"

"是吗?"晴美边回答边抬起头来，看着小田的脸，"可你太太呢，怎么办?"

在微暗的灯光下，小田的脸温和平静，带着一丝微微的浅笑，眼睛望向天花板上那片微暗的灯光投下的阴影，幽幽地说：

"她太可怜了，那么拼命，可是我……"

当时的小田仁二郎，只是个"卖不出去"的小说家，每个月的稿费收入只有五六千日元，不仅无法照顾全家人的生活，就连自己喝酒乘车的钱都还不够，到晴美的住处去看望晴美的时候，甚至会穷到连回家的电车票都得晴美帮忙买好。虽然小田太太对自己丈夫的才华一直深信不疑，并任劳任怨地肩负起一家人的生活重担，可是太太的信任与支持，并没有改变小田的任何困境，反而更加重了小田内心的负疚感。

但是小田是个宽厚温和的人，说话总是慢条斯理、不急不躁。和小田在一起的时间，令晴美觉得内心特别安心特别恬静，令她开始感到自己的一颗心，终于有了可以存放的地方，有了可以依赖的精神归属感。这是自从离家出走以来，晴美从未有过的体验。

"爱人"这个词，在1949年之后的中国，指的是合法夫妻之间的丈夫或妻子，而在日本，"爱人"这个词，一直被用来指婚外的不伦之恋，类似于中文之中的"情人"，又或现在流行的"二奶"。回顾一下晴美离家出走之后短短二三年的生活经历，不仅居无定所，情感生活也是一片混乱：在京都与恋人凉太睡觉，也与其他男人上床，到了东京之后，只不过一年的工夫，又成为第三者，做了已经有妻室儿女的小田仁二郎的"爱人"。

从传统的观念来看，晴美的这种混乱的男女关系，是不贞洁也不道德的。但晴美对此另有一番自己的理论。多年之后，年满六十、遁入佛门改法号为"寂听"的晴美，在她所主持的"寂听塾"里，这样对众人说：

> "有些人因为同时与好几个人保持关系，于是被人说成'不贞洁'，可是，一辈子仅仅只是夫妻间一对一的做爱，并不意味着就很贞洁。如果连什么是真正的爱都不知道的话，那才反倒是'不贞洁'呢。"

或许正因为晴美如此与众不同的想法，才能做到与小田之间不伦的爱人关系，维系整整八年之久。这八年中，小田将自己的时间分成两半，一半给家里，一半给晴美。小田太太知道自己的丈夫在外面有了其他女人，甚至知道晴美的名字、住址、电话，等等，但是从来不曾找上门来过。小田呆在晴美这边的时候，小田太太只打过一次电话来，还是因为小田的父亲去世了，不得不赶快通知小田本人，才不得已打了一个电话。晴美也知道小田家在海边的地址、电话，但是也从不曾找上门去打扰，更不曾逼着小田离婚，要求他只爱自己一个人。两个从未谋面的女人，十分奇怪而又配合默契地各自守护着内心的底线，在长达八年的时间里，一起共享着这个叫"小田仁二郎"的男人。

六

转眼到了 1957 年的夏天，那年晴美 35 岁，第一次在《文学者》杂志上发表了自己的小说处女作《疼痛的靴子》，接下来又在同杂志上发表了小说《石榴》，开始真正进入文学创作的领域。可惜的是，这之后不久，因为种种原因，《文学者》杂志宣布停刊。接下来，在写作同仁们的支持下，由小田仁二郎担任主编的另一本文学杂志《Z》新鲜出炉，晴美在《Z》杂志上发表了小说《吐鲁番王妃记》《塘沽货物厂》等。《Z》杂志推出之后，受到文学界的一致好评，晴美的小说也开始受到众人的关注。用晴美自己的话来说，在日积月累的文学熏陶中，对于该如何写好小说，已经开始拥有了一种切实的笔触与手感。

一天，小田从海边的家中过来，将手里拿着的一份《新潮》杂志扔到晴美眼前，说：

"《新潮》在悬赏征集小说，快去投稿吧。"

《新潮》是由日本的"新潮社"主办发行的文艺刊物，与"文艺春秋"发行的《文学界》、"讲谈社"发行的《群像》、"集英社"发行的《星》，以及"河出书房新社"发行的《文艺》，被统称为日本的"五大文艺刊"。能在这五大文艺刊物上登载中短篇小说，意味着离日本的最高文学奖之一"芥川奖"，已经只差"最后冲刺"的那一点点距离了。

晴美看了看征稿启事，是在全日本范围内征稿，并要求必须有同人杂志的推荐才行，顿时就有些泄气了，不置可否地将《新潮》的征稿启事推到一边。

眼看距离《新潮》的征文截稿日期只剩下四五天了，晴美还是没有半点要动笔的意思，一向慢性子的小田都有些忍不住了，催促晴美道：

"你还是试试看吧？"

"写什么好呢？"晴美问。

"写什么都成，只要你写，快写啊。"小田居然前所未有地变得急躁起来，不断催促道。

"好吧，写就写！"晴美被小田难得一见的热血沸腾给打动了，终于点头答应道。

见晴美终于点头答应，小田二话没说，当即将桌子上堆着的杂物全都掀到了一旁，拿出纸和笔，指着对晴美道："动手吧！"

"可我到底写什么好呢？"晴美问。

"你就写以前在北京的往事。"小田回答说。

就这样，小说《女子大学生曲爱玲》诞生了。这部以中国北京为背景，描写抗战前一名日本女教师与中国女学生之间的同性恋小说，经过重重筛选，最终获得"新潮同人文学奖"的一等奖，成为晴美自写作以来，拿到的第一个文学奖项。

《女子大学生曲爱玲》获得新潮社的"新潮同人文学奖"之后，文学界开始向晴美伸出友好的橄榄枝。《新潮》杂志主编主动找晴美约稿，于是，晴美的第二部深具影响力的小说《花芯》问世了。《花芯》后来被文学界同仁们评价为濑户内寂听在"晴美时代"的纪念碑作品。这部小说描写了一位名叫圆子的女子，经媒妁之言与丈夫结婚，婚后却爱上丈夫上司的不伦情爱故事。《花芯》在《新潮》杂志刊登出来之后，一石激起千层浪，日本文学界一片哗然，褒贬不一。有人评价这部作品"纤细、干净"；也有人评价说"没有比它更淫荡的，也没有比它更无邪的"；更有评论家在《新潮》匿名撰文批判《花芯》，认为作者写这篇小说的意图，就是为了不知恬耻地展现自己的淫欲与风骚。因为"花芯"二字，在中文中也暗喻"子宫"，匿名评论家因此讥讽《花芯》是作者一边做爱一边写出来的"子宫小说"，晴美也因此获得了一个"子宫作家"的"冠誉"。

被扣上"子宫作家"帽子的晴美，羞愤交加之下，情绪失控地跑到新潮杂志社大楼，去找当时的《新潮》杂志主编斋藤十一理论，要求斋藤十一允许自己撰文反击，却被斋藤十一冷冷地拒绝了。斋藤十一对流着眼泪来找自己哭诉的晴美说：

"作家负责发表作品，批评家们则负责说三道四，这不是一种理所当然的相互买卖吗？批评家想怎么说三道四那都是没办法的事，就是说坏话那也是买卖的一种，你怎么可以像个摆放在箱子里的瓷娃娃一样，表现得这么奇怪啊？对于作家而言，在商业杂志上刊登小说，与店铺开张挂牌子是一回事，你既然挂牌开张了，商品是好是坏，就得允许有人评价，允许有人说三道四嘛，你怎么连这点觉悟都没有呢？"

斋藤十一对晴美说完这番话之后，便扬长而去，只留下满脸是泪的晴美一个人站在那儿发呆。斋藤十一的一番话，对晴美的打击是巨大的：从小学三年级开始，自己就暗下决心长大要做个作家。作家——这是多么高尚神圣的一份职业！可是，身为知名杂志的主编，斋藤十一却对她说：作家写小说，与店铺开张挂牌子是一回事。这，怎么可能呢？

直到三十多年后，晴美遁入佛门，成为尼僧作家"寂听"后，才终于对斋藤十一的这番话，有了真正的认识。那年寂听已经63

岁,在"寂庵"的住处,迎来 88 岁的文学前辈、女作家宇野千代。宇野千代一边在寂庵散步,一边对伴随在身边的寂听说:

"瀬户内桑,知道吧,作家可不是什么特别的职业,跟开鱼店、面包店、花店的人可没什么不一样。别以为是个作家,就以为自己与众不同,这样的想法要不得。"

老年的寂听后来在随笔里写:年轻的时候,自己还是"晴美"那会儿,听到这样的话,是绝对无法赞同的。因为那时候觉得不是什么人都能成为作家的,能成为一名作家是件骄傲不凡的事。可是,年过六十之后,我终于开始明白宇野千代先生这段话的意思了。因为我总算开始明白什么叫做"平常心"。

晴美因为《花芯》遭人匿名攻击,并被讥讽为"子宫作家"之后,跑到"新潮社"总编那儿去哭诉闹事的结果,是那之后整整五年时间,不再有任何文艺杂志来找她约稿。

与此同时,一直在纯文学创作中找不到出路的小田仁二郎,因为再也无法面对妻子为了生计劳作而日渐憔悴的脸,开始在大众刊物上撰写通俗小说连载,"摇身一变"成了一名流行小说家。小田在《周刊新潮》上的连载小说《流戒十郎》受到读者们的大力欢迎,人气高涨的同时,钱包也跟着变得丰厚起来。收入越来越高的小田,将获得的稿费一分两半,一半交给妻子,一半交给晴美。晴美拿到小田的稿费之后,开始为小田购置高档的进口名牌,将小田从头到脚"高雅"地包装起来。晴美戏称自己这一举动属于「妻の座なき妻」,意思就是无名无分的"没有妻子座位的妻子"。

时间就这样在日子中慢慢地流淌着过去了。如果不是因为木下凉太,晴美与小田仁二郎之间的不伦之恋,在小田太太的默许之下,或许就这样一辈子相安无事地延续下去。

可是木下凉太如同幽灵一般，在时隔十四年之后，突然出现在晴美眼前。

重新出现在晴美眼前的凉太，不再是当年那个年仅 21 岁、灿烂青春的大男孩，而是一位饱经沧桑、年满 35 岁的中年男人了。而比凉太年长 4 岁的晴美，当时也已是年满 39 岁，且小负盛名的女作家。

十四年的岁月，将曾经 21 岁的纯真少年凉太，改造成了一个颓废潦倒的 35 岁中年男人。十四年前那双笑吟吟的眼睛不见了，取而代之的，是一双如同迷雾一般，看似空洞，又似乎蕴含着无尽忧伤的眼睛。唯一没变的，是凉太还跟十四年前一样，拥有一张看起来永远长不大的娃娃脸。只是，一张娃娃脸长在一个青葱般的少年身上，会令人感觉无限可爱，但替换在一位 35 岁的中年男人身上，却未免令人心生可怜。

时隔十四年突然出现的凉太，在晴美面前一根接一根地抽烟，断断续续地对晴美说起他这十四年来的遭遇：与晴美分手之后，回到家乡德岛的凉太，先是迷上了一个比自己年长，且带着个小孩的酒吧女子，不仅将做生意赚的一点钱全花在那女人身上了，最后甚至连与人合作办公司的经费，也全都被那位酒吧女子卷走。负债累累的凉太在老家德岛无法呆下去了，于是只身去了九州。在九州，凉太遇到了一位开酒吧的妈妈桑，这位生活不幸的妈妈桑是个能干要强的人，一个人带着小女儿独立生活。妈妈桑对凉太非常好，二人最后同居并结婚……

晴美边听凉太叙述这些，边看着凉太抽烟的那双手：手指被烟熏成黄黑色，一个大拇指的指甲，被深深地剪到了肉缝里去，露出指甲下面红红的肉来——这景象看得晴美的心里一阵阵地绞痛。

"怎么会从九州来东京的呢？人家能允许你来么？"晴美问。"人家"自然指的就是那位开酒吧的妈妈桑了。

"哦，她离家出走了。"凉太深深地吸了口烟，漫不经心地回答说。

"啊？为什么？"

"有一天，她突然对我说：我没法再跟你一起过下去了。说完便领着小女儿离开了家，从此在我眼前消失了。"凉太从嘴里吐出一个烟圈，回答晴美说。那语气，仿佛是在描述一个与己无关的别人的故事。

面对十四年后再次出现在自己眼前的凉太，想到凉太在自己提出分手之后，继续再找的其他女人，都与自己那么相似——都比他年长，且有一个小孩……想到这些，再看看眼前这个落寞的中年男人，晴美心里说不出的内疚：凉太是自己的人生中主动选择的第一个男人，虽然自己只比凉太大四岁，可是当初自己毕竟已经踏入社会，而凉太还是个稚气未脱的学生……晴美对凉太的这种内疚，令晴美认为自己对于凉太这一切的不幸，负有一种无法推卸的责任。这种无法推卸的责任感，令晴美对凉太产生出一种新的欲望——她希望自己能够帮助凉太重新站起来。希望重新看到与十四年前一样充满朝气的、总是笑意吟吟的木下凉太。

凉太在晴美的住处附近租了个小单间住了下来。一开始，晴美就像对待"失散"多年的弟弟那样对待凉太：她为凉太购置了整套新行头，将凉太从里到外打扮一新，就连凉太的内裤也都全部换上了新的。被晴美打扮得耳目一新的凉太，重新散发出一种令晴美熟悉的气息，晴美仿佛又看到了十四年前那个令自己迷恋得不惜抛家弃女的英俊少年。因此，当凉太走过来将双手放在她的肩上，就像十四年前一样，用那双浅褐色的眼睛深深地凝视着她的时候，晴美再次感受到来自凉太的、一种令自己无法抗拒的魔力，情不自禁地倒在凉太的怀里。在时隔十四年之后，两具成熟的男女之躯，再次叠合缠绵在一起……

凉太的出现，令晴美安静的写作生活变得拥挤起来。小田还和过去一样，一半时间在家，一半时间则来晴美这里。小田来的时候，晴美的时间是属于小田的；小田回到海边的家之后，晴美的时间便开始属于凉太。晴美与小田之间原本"不伦"的三角关系，因为凉太的加入，开始演变成了一种奇妙的"四角关系"：小田、小田太太、晴美、凉太，成了这"四角关系"中的四位男女主角。

晴美无法放弃小田——她认为自己是爱小田的，与小田一起共有的八年时间，无论是写作还是生活，晴美都认为自己无法离开小田；但晴美也无法拒绝凉太——每次看到凉太那双褐色的眼睛，晴美就会对凉太产生出一种无法控制的情感，会心生莫名其妙的爱怜。小田安静温和的气质，对于晴美而言，有如一味镇静的良药，令晴美内心变得平和恬静；而凉太呢，凉太则是一味鸦片，明明知道不能碰，碰了后果很严重，可是晴美还是克制不住碰了触摸了，并为此而变得患得患失，忐忑不安。晴美明明知道这样的四角关系，既愧对小田，也对不起凉太，可是却怎么也鼓不起勇气对小田坦白，只能在心里自我安慰：跟小田坦白什么呢？自己与小田既无名分，也非夫妻，何况小田还是有家有室的男人，更何况凉太多少还是个自由的单身，从这点来说，反倒是凉太更适合自己。——晴美的心，就在这种矛盾的自我说服中摇摆不定。摇来摆去的结果，便是盼着这种奇特的四角关系就这么一直维持下去，不要节外生枝，不要发生任何变故才好。

可是，凉太却开始不答应了。凉太不满于晴美周旋在两个男人之间，认为这样不仅是"不贞"，而且还"不洁"。随着与凉太相处的时间增加，凉太对于晴美的不满也越来越多，他开始不断地责备晴美，甚至在晴美面前自虐，威胁要晴美与小田分手。

一个夏季即将结束的黄昏，晴美与凉太在离住处不远的一个情人旅馆幽会。在旅馆里，凉太又开始神经质般地找晴美闹事，说晴美现在这样周旋在两个男人之间是"不道德"也"不干净"的，逼着晴美去跟小田摊牌。那天按小田一贯的时间安排，晚上是住到晴美这边来的——想想小田推开门，却发现屋子里空无一人，晴美就着急得不行，一心想着要快点离开旅馆回家去。而凉太却偏偏不让她走，缠着晴美又哭又闹，一会儿威胁一会儿撒泼，这样一直纠缠到将近凌晨时分。晴美想象着独自一人坐在房间里等待着她的小田，知道这一切再也无法隐瞒下去了，于是破罐子破摔地拿起了旅馆房间的电话，拨通了自己家中的号码。

"喂……"电话里传来小田的声音，一如既往的安静平和。

"是我。"听到小田熟悉的声音，晴美的眼泪"哗"地夺眶而出，大哭起来。

"怎么了？你现在在哪里？我马上过去。"听到晴美的哭声，小田大吃一惊，慌忙问道。

"我在旅馆里，木下凉太也在这里，他说我们的关系不道德，要我跟你分手……我，我好难过，我真的好难过，我不知道该怎么办，真的不知道该怎么办……"晴美在电话里边哭边语无伦次。

"让木下凉太听电话！"小田嗓门低沉地说道。

"让你听电话……"泪水未干的晴美将电话话筒递给凉太。

而此刻，刚刚还一直在吵闹不休的凉太，却突然安静了下来，脸色惨白，浑身颤抖着，居然不敢伸手去接晴美递过来的话筒。就这样僵持了好一会儿，凉太忽然自言自语般地嘀咕道："我走，我走，我现在就去见小田，跟他当面说清楚。"说完穿上外套，便转身出门了。在凉太走出房间，关上房门的一刹那，晴美一直紧绷的神经彻底松弛下来，浑身无力地瘫倒在旅馆的床上。

直到好久之后，晴美才知道，那天深夜凉太并没有真的去找小田"当面说清楚"，而只是胆怯地以此为借口逃回了自己的住处。

而晴美与小田八年的岁月，却因为凉太的出现，而不得不画上了句号。

决定与小田仁二郎分手的晴美，为了避免自己触景生情，从以前与小田同居的住处搬了出来，在东京练马区另寻了一处安身之所。

搬到东京练马区之后，在最初的一段时间，小田依旧每天给晴美电话，有空的时候仍会去晴美的新住处看望她，两个人还和从前一样散步、吃饭、聊天。然后，还和从前一样，由晴美将小田送到巴士站，看着小田上车、挥手、离去，一直到巴士开远再也看不见。八年相处的日子，令两个人一下子无法马上改变内心的那份情感依赖，彼此在心中都对对方仍然怀有一份温暖的眷恋。

同样地，木下凉太也会没事有空地常常跑到晴美的住处来。不知不觉中，小田来的次数越来越少，而凉太来的次数越来越多，到最后，小田终于彻底从晴美的生活中消失，而凉太则理所当然地留在了晴美的身边。

纠缠了八年的不伦之恋，在夏季将要结束时悄无声息地画上了句号。回想濑户内寂听的"晴美时代"，每一次与男人分手，做感

情上的决绝时，几乎都发生在夏天将要结束的时候。第一次对丈夫
悌表白自己爱上了小四岁的木下凉太，是在晴美 25 岁那年的夏天
将要结束的时候；后来一个人离家出走到了京都，与凉太开始一段
性爱关系，但也是同样在一个夏季将要结束的日子里分手；再接下
来，与相处八年的小田仁二郎做情感上的决算，仍然是在夏天将要
结束的时候。不知道这是一种偶然的巧合，还是一种奇妙的暗示？
无论是年轻的"晴美"，还是年过半百遁入佛门的"寂听"，都无法
从这种巧合与暗示中寻找到满意的答案，只能苦笑着自嘲说自己
"真是个与夏天无缘的人"。不过，这种"与夏天的无缘"人生，倒
是为晴美提供了丰富的写作素材。1963 年，晴美 41 岁那年，以其
自身的感情经历为原型、以新鲜大胆的笔触描绘女人的"爱"与
"生"、"情"与"欲"的私小说《夏天的终结》，获得同年度的女流
文学奖，为晴美奠定了其在日本文坛的瞩目地位。

七

"白热化的恋爱是不可能长年持续下去的。邂逅、相知、坠入
爱河的两个人，在最初的一两年里，因为彼此探索着对方未知的处
女地，而充满着喜悦、好奇，以及对于回报的期待，两个人之间所
有的时间都熠熠生辉。可是，四五年之后，如果没有双方的努力演
出，两个人一起的时间变得黯淡失色亦便成为一种理所当
然。"——这是 56 岁那年，已经出家五年、法名"寂听"的晴美，
在其随笔集《即使一个人也能活下去》一书中，写下的一段人生
感悟。

与小田仁二郎正式分手之后，木下凉太名正言顺地跟晴美住到了一起，开始了两个人的同居生活。虽然没有办理结婚手续，但二人之间已然是既成事实的夫妻。而且，因为《夏天的终结》一书所获得的好评，各类报纸杂志的约稿接踵而来，晴美开始进入写作最盛期。埋头写作不仅带给晴美笔耕的成就感，也带给晴美丰厚的经济收入。此刻的晴美，不再是那个身无分文、居无定所，常常因为痛苦失意而多次想死的晴美了，她已经从自设的种种人生障碍中，终于跌跌撞撞地走了出来，成为一名在经济上独立、在写作上引人注目的人气作家了。

不仅仅只在写作上开始拥有成就，就是在感情上，曾经刻骨铭心热恋过的恋人，现在也日夜陪伴身边，按理说，此时的晴美，以世俗的价值观来衡量，已经脱离了过去的"邪道"，完全步入了"正轨"，应该感到十分幸福满足了。

可是，晴美却丝毫找不到一点幸福的感觉，反而变得心浮气躁起来。

与晴美同居一室的凉太，因为没有工作，所有的生活费用，全靠晴美一个人赚钱支付。晴美总认为自己比凉太要大四岁，照顾他是应该的。加上时常自责凉太的人生走到现在这一步，自己有不可推卸的责任，因此，晴美对此并无太多怨言。虽然，对于凉太，晴美的内心是矛盾的，一方面认为自己有责任照顾他，另一方面又暗暗期待凉太能早些自我独立，期待两个人之间能够无论是在感情上还是经济上，都能实现一种平等的相处。

凉太也的确想努力，为此还与朋友合作办起了公司。

凉太与朋友一起合办的，是一家专门提供舞台和录音棚之类出租的小公司。小公司开张营业，运作资金是一大难事，为此，凉太开始隔三岔五地向晴美伸手要钱。晴美认为凉太并不是个做生意的料子，内心里也不看好凉太屡屡在口头对她描绘的"事业"，因此，每次凉太开口闭口为他的"事业"来问晴美要钱的时候，晴美都会心情郁闷。一次两次还能忍着，次数多了，晴美便开始忍耐不住地爆发出来，冲着凉太吼：

"这么多的钱，都用在这么一家破公司上，连个中小企业都不是。凭什么我没日没夜工作赚来的钱，就得花在你们那个破公司上？你拿我的钱吃喝玩乐我都没意见，可我讨厌眼睁睁地看着自己辛苦赚来的钱，就这么给扔到了水里。"

在晴美的怒火声中，一声不吭的凉太总是脸色惨白，表情里带着一种明显的屈辱与愤怒。可是无论晴美如何生气，凉太都不会逆流而上，而是尽最大努力克制自己，等待着晴美怒气过后，再来低声下气地跟晴美讲好话，近乎哀怨地恳求晴美拿钱给他。

凉太的种种行径，令晴美的内心充斥着混乱与矛盾。她无法相信眼前这个脸色苍白、总是克制着愤怒和屈辱、一味哀求着问自己要钱的中年男人，便是那个曾经令自己如醉如痴的、阳光一般的英俊少年。除了凉太不断问她要钱去发展"事业"，两个人天天共处一个屋檐下，低头不见抬头见，这种过于紧密的家庭生活，也令已经完全习惯了一个人独处的晴美，产生出一种身处"婚姻"之中的倦怠感。

与凉太在一起的时间越长，晴美的内心便愈加怀念从前与小田仁二郎在一起时的安宁日子。虽说与小田之间的"不伦之恋"长达八年，但因为小田一半的时间属于家庭，只有一半的时间属于晴美，所以，晴美不但没有身处"婚姻"的感觉，反而还因此拥有可以独自呼吸、自由自在的个人空间。

对于跟凉太在一起的这段生活，晴美曾在自传小说《从何而来》里，这样发泄过内心的不满：

> "是啊，是啊，现在我没有再偷别人的丈夫了。凉太是个被前妻抛弃的中年男人，而我则是个离了婚的独身女人。虽然没有办理正式的结婚手续，但是，我现在与凉太同住一个屋檐下，照料着他所有的日常生活，在世人的眼里，我们早就是一对既成事实的夫妻。即使我找了个没有工作、比自己年轻四岁的男人做丈夫，也不会受到世人的轻蔑谴责和道德非难。从世俗的眼光来看，我现在的生活，比起过去做小田仁二郎'爱人'的日子，要正常得多了。可是，难道所谓的正常与道德，就是这种污秽悲惨的东西吗？"

为了逃避这种"婚姻状态"的倦怠感，晴美常常以采访为由一个人外出，或者干脆住到酒店去静心写作。晴美并没想过要与凉太分手，但她期待两个人之间能够保持一种有分有合的"距离感"，因此，当凉太来告诉晴美，他现在上班的路程太远，决定搬到公司附近，独自一人住出去的时候，晴美真是喜不自禁：一方面高兴自己终于可以有自我的独立空间了；另一方面也高兴凉太终于独立起来，不再那么依赖自己了。

只是晴美高兴得有些太早了。

凉太虽然搬出去一个人住，但经济上依旧离不开晴美，晴美辛苦所得的稿费，依旧源源不断地流入凉太的公司，而且更令晴美震惊的是：独自住在外面的凉太，开始有了其他女人。

"我们打算结婚。"凉太漫不经心地抽着烟，这样对晴美说。

"结婚？跟谁？"晴美手中正在剥着的一个柿子，被凉太这句话震惊得差点掉在地上。

"当然是跟那个女孩子。"凉太看着晴美，冷冷地回答说。

凉太背着晴美交往的女孩，是凉太公司里的一个年轻事务员，从学校毕业才刚刚二三年。听凉太说起那女孩的年龄，居然与被自己抛弃的女儿理子相仿时，晴美嫉恨得差点要晕过去。对于凉太如此措手不及的背叛，晴美自言"有一种被自己养的狗给反咬一口的感觉"，心里说不出的震惊与愤怒。

"我只是个平凡的人，而你呢，你是非凡的，无论从哪方面来说。总之，跟你一起生活之后我明白了这一点。我只想跟平凡的女人在一起，过点平凡的、普通的日子，就这些。"凉太冷冷地看着震怒的晴美，说话的语气非常平淡。

凉太每天出现在眼前的时候，晴美都会感觉有些心烦，甚至巴不得他走得越远越好，而一旦凉太想要离开她，甚至还想与其他女人结婚时，晴美的内心感觉便不再是有些心烦，而是彻底抓狂了。一个自己曾经深爱过的男人，供他吃供他住地养着他，还供他钱去发展公司的事业，可他居然会拿着自己辛苦赚来的钱，到外面再去找别的女人，还没心没肺地来告诉你说，他要跟那个另外的女人结婚……遇到这样白眼狼般的男人，想必就是境界再高的女人，也会忍无可忍。

晴美感觉自己愤怒得要发狂了。为了报复凉太的无情无义，她在凉太独自租住的廉价公寓对面的一幢高档公寓里，十分奢华地一个人租下了那幢公寓里最贵的一个套间，站在公寓套间宽大的阳台上，正好可以一眼望到凉太居住着的那幢破旧低矮的公寓楼。晴美心怀恨意，冷笑着要亲眼看看那一对狗男女——那个名叫木下凉太的男人和他想娶的女人，到底能玩出些什么花样？那段时间的晴美，被怨毒与嫉恨撕咬得遍体鳞伤，在那套高档公寓套间里，晴美自杀未遂了两次：第一次安眠药用量不够；第二次在被发觉后半夜里送到医院急救，引发不小的骚乱，并被医生诊断为神经衰弱引起的神经官能症。

凉太无论如何也想不到，晴美的表现会如此激烈。看着晴美在歇斯底里之后写满疲惫的脸，凉太说：

"我怎么也没想到，事情居然会闹成这样！跟你在一起的时候，我明显感觉到你对我的爱，已经完全冷却了，我以为我只能采取这样的方式来对付了。"

凉太的话令晴美心惊。回想起自己对凉太发泄过的种种不满，对凉太居高临下的任性和傲慢，想起跟凉太在一起时，自己内心的倦怠感，晴美不得不在内心暗暗承认，凉太的话是正确的——自己对凉太的那份爱的热度，的确早已冷却了。可是，一想起自己对凉太的付出，想起凉太对自己的负心，晴美内心已然失去的平衡令她无论如何都心有不甘。

晴美这次神经衰弱引起的种种骚乱，让凉太提出分手并与另外女孩结婚的事，变得不了了之，也让凉太在晴美跟前重新找回了昔日的自信——从晴美抓狂的态度以及两次自杀未遂，凉太相信晴美这辈子都无法放弃自己。这次骚乱的结果，让两个人彼此做了自我反省，决定言归于好，让一切从头来过。

为了表示从头开始的决心，晴美和凉太一起在东京的中野本町通重新找了一个新住所，晴美的银行存折和银行卡也全部交给凉太掌管，自己只管负责埋头写作，不问世事。凉太也将公司的那个女孩辞退，不再提结婚的事。在中野本町通的住所，晴美完成了人物传记小说《加乃子的撩乱》。这部传记小说从一个崭新的角度，重新评价了日本著名的小说家冈本加乃子的一生。冈本加乃子出身富豪之家，从小接受良好教育，其丈夫是日本著名的漫画家冈本一平。婚后，丈夫一平生活放浪，加上年仅八个月女儿的夭折，令加乃子彻底崩溃而企图自杀。自杀未遂之后，丈夫一平开始洗心革面，从此对加乃子溺爱娇纵有加，甚至允许加乃子的情人与自己同居一室，还在加乃子因病去世之后，与她的情人一起，给加乃子的遗体铺满爱的玫瑰。加乃子传奇的婚姻生活令世间对她众说纷纭，因此，在《加乃子的撩乱》刊出之后，马上受到广大读者和文学界人士的密切关注。

晴美整整花了两年时间，才终于完成了《加乃子的撩乱》这部传记小说。谈到自己在写《加乃子的撩乱》这本书的过程时，晴美说：一整天的时间，我都在像牢笼一般的书房里度过，甚至感觉就这么一直给关在书房里，在不知不觉中变成一只头上长角的恶鬼，也丝毫不会觉得后悔。

晴美每天在书房埋头写作，与凉太之间的交流变得极少，凉太在干些什么，晴美无暇顾及，自己的银行存款有多少流入了凉太的公司，晴美也毫不知情。

一天深夜，晴美与平常一样，正在书房伏案埋头写作时，喝得醉醺醺的凉太走了进来，手里拿着一瓶威士忌和两个酒杯，对晴美说：

"休息一下，来，一起喝点儿吧。"

"每天早上走出这个家的时候，才感觉心情舒畅一点，但每天晚上再重新走进来，真是要历尽千辛万苦。"凉太朝晴美的酒杯里倒了些酒，说。

"什么千辛万苦？"晴美问。

"难道你自己不觉得吗？"凉太对晴美说，"这个家，因为你紧张的神经，连空气都变得僵硬凝固了！就像一个冷冰冰的、不透气的玻璃瓶，我每天下班回家想要走进来，得使出浑身的力气打破它，才能进得来。"

"所以……"凉太因酒醉而发红的眼睛，直直地盯着晴美，说："所以，我每天不喝到大醉，实在无法走进这个家门。"

凉太突如其来的这番话，令晴美说不出的心惊，回想起自己与凉太决定言归于好的这段日子，自己除了写作之外，对身边的一切都漠不关心，就连在这个家里进进出出的凉太，也被自己视若无物一般。爱情，是需要原能量的，原能量烧尽之后，即使有心想从头来过，也会因为原能量的失却，而无法再度燃烧起来。

而这个时候，晴美在无意中还知道了一件事：凉太原来一直都瞒着她，与那个打算结婚的女孩继续暗中交往，凉太将那女孩从公司辞退，不过是做样子给她看的，而实际上是出资供那女孩去了美容学校学习。

凉太的欺骗终于让晴美下定了分手的决心。在慎重地对凉太提出之后，晴美接受了一家杂志社的邀请，准备去欧洲一个月，边旅行边写游记。晴美原本想通过独自一人的欧洲之旅，与凉太和过去做个彻底的告别，谁知凉太对晴美提出的"分手"二字，丝毫没有放在眼里。晴美为了凉太而两次自杀未遂，给了凉太过度的自信和太好的自我感觉，他相信晴美这一辈子也无法放弃他，这种自信令凉太在晴美面前失去了最后一丝爱的美德——他不再为爱而谦卑，也不再表现出任何忍让。当晴美准备出发去欧洲的时候，凉太擅作主张决定跟晴美同去。他没有跟晴美做任何商量，自说自话地也紧跟着一起登上了飞机。在旁人眼里，两个人的欧洲之行貌似一对恩爱夫妻的蜜月之旅，而实际上，这一个月的欧洲旅行，带给晴美极不愉快的记忆：晴美是带着写作任务上路，每到一处都得伏案埋头工作；而凉太无事一身轻，每天神采奕奕地游山玩水，快活逍遥……看着只懂得一味追求享乐的凉太，晴美的心情变得更加低沉郁闷，在心里愈加坚定了与凉太分手的决心。

从欧洲回日本之后，晴美正式对凉太提出分手，并主动从中野的家里搬出来住到了酒店里。

一天深夜，有人敲响了酒店的房门，正伏在书桌前的晴美，以为是酒店的人来送编辑的口信，于是便起身开门。

打开房门，一身酒气的凉太，如同旋风一样卷了进来。

"别打扰我，明天就要交稿，超过时间的话，可是大事。"晴美边说，边递给醉醺醺的凉太一杯凉水。

凉太接过凉水一饮而尽，泪眼蒙眬地对晴美说：

"我不愿意分手，并不仅仅是为了钱。我希望你明白这一点。再跟着你一起生活下去，会以为我仅仅就是为了钱，如果真这样想，那太可怕了！"

晴美沉默不语。这个话题太长了，而她得连夜赶写第二天的稿子。

眼泪从凉太的双眼慢慢地渗出来，准备转身离去的凉太，突然回转过身来，将双手搭在晴美的肩上，一双浅褐色的眼睛，深深地凝视着她——这是多么熟悉的眼神啊，这样的眼神曾经那样强烈地打动过晴美的心，并为之朝思暮想，不惜抛夫弃女离家出走；这样的眼神，曾经多少次摧毁了晴美好不容易坚定起来的理智……可是，如今，这样的眼神只能令晴美更加万念俱灰，一个声音在心里对晴美说：不要再被欺骗了，这早已不再是情感了，这仅仅只是一种仪式而已。

面对晴美的无动于衷，凉太也无法将这种仪式继续下去了。他终于放弃了努力，转身走出了房间。站在大开的房间门口，晴美静静地看着凉太踉跄的背影，在铺着地毯的长长的酒店通道里，无声无息地越走越远。在默默无言的灯光下，凉太寂寞的背影投下一个有些空虚的圆弧状投影，如同一个莫大的句号一般。

与凉太正式分手之后，晴美寻求律师的帮助，要求凉太归还被他擅自挪用到公司的资金。凉太对晴美的这一做法无比震怒，在威胁、咒骂、哀求，等等，一切手段用尽之后，凉太最后居然反向晴美索取了一笔分手费。

1966 年，晴美 44 岁，在终于结束与凉太之间的一切之后，身心疲惫地离开了东京，重新回到阔别多年的京都。二十多年前，一身单衣、身无分文地离开丈夫的家之后，晴美所选择的落脚点也是京都，那年的晴美年仅 26 岁。而今，年过四十、情感再度失意的晴美，又一次形单影只地踏上了京都这片土地。也许，只有京都这样饱经沧桑却从不沉沦的城市，才能以它温厚平和的气质，愈合晴美在俗世的情爱中被侵蚀得千疮百孔的伤口。

晴美移居京都不久，凉太便与曾经的那位女孩在东京举行了盛大的婚礼。消息传来时，晴美表面看似若无其事，内心依然隐隐刺痛。

虽然晴美将生活的重心安置在京都，但因为日本的知名出版社几乎全部集中在东京，出于工作需要，晴美在东京租借了一处公寓，开始往返于京都与东京之间。独身一人的晴美，开始习惯了在不同的城市之间往返，也开始习惯与不同的男人交往，与他们保持着亲密的关系。这其中，就包括最开头提及的女作家井上荒野的父亲井上光晴。

井上光晴和凉太同年，也比晴美小 4 岁。两人第一次相见，是在 1965 年的春天，井上 38 岁，晴美 42 岁的时候。作为名气相当的人气作家，两人应邀前往德岛举办文学演讲而相识。精力旺盛、元气十足、极其健谈，逢人就炫耀自己拥有文坛最美的太太——这是晴美对井上的最初印象。彼时晴美正与凉太同居，所以，一开始，两人之间仅仅只是作为文学界的同仁你来我往。不过，两人之间虽然有年龄差距，但生日却是同一天——都出生于 5 月 15 日。这种偶然的巧合，让两个人之间的交往，显得有些不一样——似乎有了某种注定的缘分，隐约有了一丝暗默的暧昧。晴美后来能痛下决心与凉太之间彻底了断，不知道与井上的出现是否有关，但可以肯定的一点：在跟凉太越走越远的同时，晴美与井上也越靠越近。因此，在彻底告别凉太之后，晴美很自然地与井上开始了另一段长达六年多的不伦之恋。虽然定居京都，但晴美几乎每周都要去东京——这当然不仅仅只是为了工作，还为了去和井上私会。

被视为硬派纯文学作家的井上光晴，是位天生的小说家——这样说，倒不是赞美井上光晴是位小说天才，而是指井上光晴拥有热爱虚构的天性，因此幼年时的小名就被唤作"爱说谎的光酱"。至今为止，若非"井上文学"的专业研究者，都会轻易掉入井上光晴无意中布下的陷阱——这位小说家连个人身世都是完全虚构的：明明于 1926 年出生于日本福冈，但在个人简历里，却虚构自己出生于中国旅顺；又因为祖上是陶艺职人，而认定自己拥有四分之一的朝鲜血统，因为日本的陶祖，是朝鲜出生的陶工李参平；此外，井上光晴还号称自己做过煤矿工人、因为加入日本共产党而遭受过拘捕；等等。井上光晴的长女井上荒野，在井上光晴去世后，曾经写过一本关于父亲的回忆录，书名叫《好过分的感觉——父亲井上光晴》，书中不仅谈及父亲井上光晴虚构出生地，虚构遭受逮捕的人生经历，甚至还虚构过学历——实际上，出身贫寒的井上光晴只接受过高小义务教育，但却号称自己就读过连大门都没进过的大学。

虚构了自己整个人生的井上光晴，不仅擅于写作，还极为精于话术，这令井上光晴无论出现在什么场合，都会很自然地成为中心人物。井上光晴生前主持的"文学传习所"，常常人满为患，大部分追随者，都是始终忠诚于他的女粉丝。日本导演原一男在井上光晴晚年患上大肠癌后，跟踪拍摄过他三年，记录其患病、手术、病中坚持写作演讲的抗病生活，并剪辑成一部时长两个半小时的纪录片《全身小说家井上光晴》。在这部纪录片里，追随井上光晴多年的女弟子们，面对摄影镜头毫不掩饰自己对井上老师的爱慕："井上先生不仅是人生中永远的导师，还是人生中永远的丈夫。"

妙语连珠而又风流倜傥的井上光晴，无疑对女性充满了吸引力。虽然自己与井上保持着多年的不伦关系，但自己绝非井上唯一的情人——聪明剔透的晴美当然知道这一点。"说到底，这不过是在偷情罢了。"晴美在心里告诫自己说。尤其在听说井上在调布买了地、建了新房之后，晴美心中更加掠过一丝不快：这个男人，虽然乐于跟自己跟其他女人偷情，但归根结底最看重的，还是他美貌的妻子和可爱的女儿们。虽然都是同一天生日，但却不可能拥有同样的人生。晴美是位可以为了爱而抛夫弃女的女人，而井上光晴却不是为了爱而抛妻弃女的男人。家庭对于井上光晴而言，是极其重要的。而偷情，不过是茶余饭后的一种乐趣罢了。

既然是偷情，彼此也不必那么专一认真。为了说服自己不要再次陷入爱的陷阱中无法自拔，晴美尝试着与不同的男人做爱，体验着背叛井上时那种报复般的快感。但很快她就对这种破坏性的冲动产生了厌倦。尤其是在她终于见到长大成人的女儿理子之后。

曾经的丈夫酒井悌，在跟晴美办理完离婚手续之后，为年幼的女儿理子找了一位继母。继母对理子疼爱有加，像呵护自己的亲生女儿一样呵护着理子长大成人。28 岁那年，理子结婚了。新婚不久便将跟随丈夫一起前往法国。离开日本之前，理子拨通了一直写在电话本里，但却从未使用过的电话号码。这是理子第一次给晴美打电话。

晴美终于和女儿理子见面了。离家出走的时候，理子才 3 岁多。时隔 24 年之后，当年的小女儿已经长成容颜端庄的新婚少妇。在跟女儿见面的头一天晚上，晴美整晚无法入睡，一直在想象第二天见到女儿时的情景，躺在长长的黑夜之中扪心自问：阔别 24 年的母女相见，将会是怎样的氛围，怎样的心情呢？我会哭吧？会情不自禁地流泪吧？或者，我不应该流泪，我该满脸含笑才对——毕竟女儿刚刚新婚，她过得很幸福，我应该为她高兴，笑着为她送上祝福才对。即使触景生情，但在女儿面前，也应该微笑着流出眼泪才对……

胡思乱想了一整晚的晴美，第二天在酒店的咖啡厅见到女儿时，脸色非常不好。而且，面对多年未见的女儿理子，晴美也并没有像自己所想象的那样流泪。坐在晴美对面的理子，庄重矜持、高贵大方，令晴美心中暗自感叹"真美！"。而美丽的理子，看着当年被自己唤作"妈妈"的晴美，微微颔首，面无表情。在晴美面前，理子的美丽是没有温度的。

"啊，现在我对面坐着的，并不是女儿，而是被我抛弃的女孩。我生下了她，但她却由爱她的父亲和继母一手抚养大。"晴美在心里想。她发现在真正见到她在内心深处从未放下过的女儿之后，眼泪并没有像她自己以为的那样喷薄而出。

理子的美，冷若冰霜，而晴美被冻结的炙热，也无法融化成一滴泪。

"女儿和我之间，已经存在着不再有泪的距离。"晴美在心里对自己说。

> "大河滔滔不息，可是，逝水永不复回头。那浮游在河床淤水处的泡沫，时而出现，时而破灭，从未有过停息的时候。这世间的人，抑或栖身之所，便如这时隐时现的泡沫一般。"

这是鸭长明在他的《方丈记》里，开篇写下的第一段。《方丈记》在日本被称为无常文学。人生无常，这世间的一切，包括情爱，也不过如泡沫一般。晴美想到这么多年来，自己苦苦追求的情爱，想到哭泣着喊妈妈的年幼的女儿，以及长大成人后，面无表情端坐在对面的女儿，想到自己在离家出走之后，所经历的种种折磨、困苦、挣扎，以及夹杂在这些之间的片刻欢愉——晴美忽然之间感到极度的无力与疲惫。她开始有一种"自我苍老"的感觉，对俗世的一切充满了倦怠感，渴望摆脱人生的枷锁，去做性情所至的自我流放。

47岁那年，晴美在随笔《关于放浪》一文中，这样写道：

> "出家遁世与放浪，现在成为我日夜的憧憬，挑逗着我的心。"

摆在晴美眼前的未来，有两条路：

或者在自我放浪中任生命终结，或自己动手结束生命，彻底解脱；或者出家遁世，如同凤凰涅槃一般，令"过去"死去，让"未来"重生。

1973 年，51 岁的晴美在奥州平泉中尊寺得度，削发为尼，师从今春听大僧正（即日本著名作家今东光），赐法号"寂听"。

出家前，虽活犹死；

出家后，虽死犹活。

寂听称自己的出家，是"死去的活着"。

1979 年，57 岁的寂听周游日本列岛，并游历印度、中国、西班牙、葡萄牙等国家，同时出版了随笔集《有缘人》《风的消息》《古都旅情》，以及长篇《比睿》、人物传记《樋口一叶之恋》。这一年，寂听在"晴美时代"曾经相守八年，并引导她步入文学殿堂的"不伦恋人"小田仁二郎，因舌癌在东京病逝，终年 68 岁。

1991 年，69 岁的寂听在日本为海湾战争的牺牲者冥福祈愿，并自行绝食二十天，以表示对于非人道战争的抗议。那一年，曾经纠缠了寂听的"晴美时代"整个人生的男人木下凉太，因为经营不善彻底破产，抛下家室在自己的公司里悬梁自尽。

1992 年，70 岁的寂听出版新作《问花》，并获得谷崎润一郎奖。同年五月，与寂听同一天生日的不伦情人井上光晴因大肠癌去世，享年 66 岁。晴美削发为尼，成为寂听之后，与井上光晴一直保持着良好的友人关系：井上患癌住院期间，寂听多次前往医院探望；井上去世后，寂听以挚友身份参加井上的追悼会，并一直与井上的遗孀，以及女儿保持着联系。本文最开头提及的话题之作《在那边的鬼》一书，就是井上光晴的长女、同为女作家的井上荒野，在寂听的鼓励与帮助下，得以问世的。

70 岁那年开始，寂听在佛家弟子的日常修行，以及作为尼僧作家撰写多个专栏之余，还耗时六年，在 76 岁那年完成了长篇古典小说《源氏物语》的现代文翻译。《源氏物语》是平安时代的女作家紫式部，于 1001—1008 年写成的一部长篇小说，也是世界上最早的长篇小说。小说以平安时代的日本宫廷为背景，讲述俊美的皇族之子光源氏的爱恋与人生。《源氏物语》至今都是日本古典文学的巅峰之作。近世以来，有不少著名日本作家都曾将《源氏物语》翻译成现代文，例如，著名女诗人与谢野晶子、大文豪谷崎润一郎，

89 岁的濑户内寂听

以及女作家圆地文子等。但以 70 岁高龄挑战大长篇《源氏物语》现代文译版的，却唯独寂听一人。鉴于寂听为日本文学做出的巨大贡献，日本内阁总理大臣为她颁发了作为日本国家最高荣誉的文化勋章。

"我如果不写作，就一定会死。"寂听说。是持续不断的写作拯救了寂听。

为爱献身的晴美的确是死了，而成为佛家弟子的寂听则得到了重生。出家之后的寂听，活得百无禁忌。虽然遁入佛门，依旧大口吃肉，说："无法想象没有肉的人生。没肉吃如何活得下去？出家人吃荤，死后是要下地狱的，我选择下地狱。"

不仅爱肉，还爱酒，八十多岁依旧可以一个晚上独自喝光一瓶白兰地。九十多岁时，还在网上悄悄化名写初恋小说，并在各种公开场合毫无顾忌地大谈性爱，目光炯炯地对自己的信徒们说："知道吗？爱的美妙，就在于偷情。"

2011 年 3 月 11 日，日本发生了史上未有的巨大地震"3. 11 东日本大地震"。大地震之后的大海啸，以及随之而来的福岛核电站的核泄漏，令整个日本陷入无言的悲伤之中。人们开始意识到核电站在带来便利生活的同时，也存在种种威胁生命安全的隐患。为此每天都有成千上万的日本国民聚集在日本国会前示威反核电。那年寂听 89 岁，因为头一年不小心摔跤骨折，卧床半年。但看到电视新闻播出的反核电示威之后，坐着轮椅从京都赶到东京国会前，加入示威静坐的队伍，并面对十多万示威群众发表演说：

"我活了快 90 年了。一个人活到现在，总得为他人做些什么。我认为我之所以能获得生命，是为了能让自己之外的生命得到幸福。核电，不仅是国家的问题，也是世界的问题。不好的事情，就必须让它停止。对方若听不进去，那我就要不断地说到能听进去为止。"

寂听的演说获得了雷鸣般的掌声。

满 90 岁那年，记者采访寂听，问她有什么长寿秘诀：

"寂听先生 90 岁了，在保持健康上一定花不少功夫吧？有什么秘诀呢？"

寂听答："呀！什么秘诀也没有，我也很奇怪自己怎么老也不死，因此天天在研究怎么样可以快点死去。"

寂听认为自己之所以长寿，不过是患上了一种"老也不死的病"。早已生死无惧的寂听，将"我说不定明天就死了"这句话天

濑户内寂听与本书作者唐辛子

天挂在嘴边，诅咒自己最好明天就快快死去。在八十多岁的时候，寂听的一只眼睛便已出现失明。92 岁那年，又被查出患上了胆囊癌，在进行了切除手术之后，差不多卧床了一年。这卧床的一年，对自由自在惯了的寂听真可谓是"生不如死"。但在如此极限的挑战中，寂听依旧用一只眼睛坚持读书，还卧床完成了一部长篇小说《为死做准备》。

患上胆囊癌的寂听以为自己终于可以死了，但先进的医疗技术救活了她。在一年卧床之后，寂听再次奇迹般地康复，并迎来她的第 93 个生日。再次康复的寂听，应邀去早稻田大学给年轻学生们演讲。站在讲台上，披着袈裟的寂听，像个孩子一般"人来疯"，朝着年轻学生大喊："青春，就是恋爱与革命。年轻人一定要恋爱，年轻人一定要革命。"寂听先生说，她所指的"革命"，并非是推翻国家政权那样的"大革命"，而是在日常生活中，每个人对自己进行的"小革命"——为自己带来改变，为自己带来创新。每天改变一点点，每天进步一点点。

"每天进步一点点"的寂听，在 2020 年新冠疫情暴发中安静地迎来 98 岁的生日。疫情期间，无法出门，寂听大部分时间都在京都"寂庵"度过，读书与写作，是每天的日课。直到 99 岁去世前夕，寂听依旧在坚持撰写着 22 个专栏。

"人生无常。"

在《我的性与生》一书里，寂听写道：

所以，在死去之前，就让自己元气十足地写作、阳气十足地娱乐到最后一刻吧。

然后，在我的墓碑铭上要这样写：

爱过

写过

祈祷过

　　2021 年 11 月 9 日，99 岁的寂听因心脏衰竭在京都市内的医院告别人世，前往西方极乐世界，获法名"烨文心院大僧正寂听大法尼"。日本政府为其追赠从三位功勋，以感恩她尽毕生精力，为日本文学作出的巨大贡献。

　　"爱过、写过、祈祷过。"

　　为 50 岁之前的濑户内晴美，以及 50 岁之后的濑户内寂听淋漓尽致的一生合掌。

加藤登纪子记

"礼"的最高表达方式就是"尊重"。在武士道当中,"礼"包含着对敌人与对手的尊重,而当"礼"被使用于男女或夫妻之间时,不仅仅只是指"举案齐眉",而更应该是指彼此对于不同意见、不同个性、不同生活方式的包容。这份"包容之礼",是以爱为前提的,正因为相爱,才能包容对方与自己不同的一切,给予对方绝对的尊重,以及不同选择的自由。

所以,加藤登纪子对她的丈夫藤本敏夫说:

"你是土,我是风。"

因为土与风,它们并不紧紧相偎,它们是彼此独立的自己;但是土与风,它们却从不远离,因为它们始终在相互注视的目光之中延伸自己。

加藤登纪子第一次遇到藤本敏夫,是在 1968 年。1968 年是个多事之年,这一年世界上发生了许多事:苏联入侵捷克、美军越战白热化、美国黑人领袖马丁·路德·金牧师遇刺等。但这一年最引人注目的,是世界各国爆发的学生运动。

1968 年的加藤登纪子，是初出茅庐的大众歌手。

1968 年的藤本敏夫，是全日本学生运动的领袖，学生组织"全学联"委员长。

让我们一起来看看日本歌手加藤登纪子，和她的学生领袖丈夫藤本敏夫的爱情故事。

一

加藤登纪子，日本著名的女歌手和词曲家，曾先后三次获得全日本歌谣大奖，并获得过法国政府颁发的艺术文化勋章，2000 年联合国环境亲善大使。加藤登纪子演唱过不少脍炙人口的日文歌曲，如《一百万朵玫瑰送给你》，以及自己作词作曲的《一个人睡着时的摇篮曲》等。但在登纪子演唱过的众多人气歌谣当中，最负盛名的是《知床旅情》。这支诞生于 20 世纪 70 年代的日文经典歌曲，作为一个时代与它尚未走远的往事，至今依旧萦绕在人们心头。而位于日本北海道东北部的知床半岛，也因为加藤登纪子的这首歌，成为游人向往的风光胜地。多年前中国著名导演冯小刚拍《非诚勿扰》，就曾使用这首家喻户晓的日文经典歌作为片尾曲，为整部电影平添了一丝挥之不去的回味。

1943 年 12 月，加藤登纪子出生在当时被日本人称作"满洲"的哈尔滨。登纪子的父亲幸四郎，年轻的时候离开老家京都，跑到中国哈尔滨的语言学校学习俄语，语言学校毕业之后在当时日本人办的"满洲铁路"找到一份差事，于是就在哈尔滨长住下来。因此，登纪子一家三兄妹，全都是在中国哈尔滨出生的。1945 年，日

加藤登纪子近照

本战败之后，2 岁 8 个月的登纪子跟随父母与哥哥姐姐一起，被遣送回了日本的京都老家。3 岁时登纪子曾跟随父母一起搬家到东京，后来因为父亲失业，一家人又从东京返回京都，直到登纪子上中学一年级时，再一次举家迁至东京，才从此真正在东京定居下来。

说起登纪子的妈妈淑子，真是十分了不起。因为淑子曾经在 91 岁高龄那年，居然还出版了一本人生回忆录《聆听哈尔滨的诗》。淑子连晚年都如此了得，年轻时自然也十分能干自强。1945 年战败被遣送回日本后，有好几年丈夫幸四郎都失业在家，这几年中一家人的生活费，全靠淑子一个人做裁缝来赚钱支撑。登纪子的父亲幸四郎是一位超级音乐迷，少年时代甚至还梦想过成为一名美声歌唱家。从哈尔滨回到日本之后，幸四郎曾进入 King Records 唱片公司，干过一段时间的音乐经纪人工作，甚至还组织过乐团去海外做巡回演出，因此，家中来来往往的，有不少音乐界的朋友。幸四郎喜欢唱歌，在登纪子的记忆里，小的时候是听着爸爸的摇篮曲入睡的。这种从小开始的音乐环境熏陶，对登纪子三兄妹的影响很大：登纪子的哥哥弹得一手好钢琴，是古典音乐的忠实粉丝，而登纪子的姐姐，则是毕业于音乐大学的专业小提琴手；受父亲和哥哥姐姐的影响，登纪子在进入东京都立的驹场高中之后，加入了学校里超人气的广播俱乐部"KHK 驹场放送局"，成了一名校园播音员。

这儿穿插介绍一下日本学校的"俱乐部"。日本从小学高年级开始，一直到大学，都设有各种各样的"俱乐部"——棒球俱乐部、剑道俱乐部、书法俱乐部、文学俱乐部，或者料理俱乐部，等等。这些俱乐部活动在日文中被简称为"部活"，学生们可以根据自己的兴趣爱好，选择想要加入的俱乐部。加入俱乐部不仅是培养学生们学习之余的个人兴趣，更是学生们交朋结友，发展自己的人际圈子的最佳途径之一。

因为俱乐部是自由选择参加的，所以，会出现特别有人气的俱乐部或者特别冷门的俱乐部。例如登纪子加入的这个广播俱乐部"KHK 驹场放送局"，是学校里超人气的一个俱乐部，想进去的人太多，而名额又有限制的话，就会有些难度了。所以，登纪子居然能考入"KHK 驹场放送局"，令家里人着实吃惊不小，因为小时候的登纪子特别内向，总是牵着妈妈的衣角藏在妈妈背后，是个连见着陌生人都害羞得不敢大声说话的小女孩子。

广播俱乐部"KHK 驹场放送局"对登纪子的性格起到很好的锻

炼作用，高中生的登纪子彻底告别了过去的内向腼腆，脱胎换骨成了一个开朗活泼的女生——对于自己的性格转换，登纪子本人也感觉很不可思议，因此只好自圆其说地这么解释：小时候，也许是因为胆小，而现在这个开朗明快的人，才是真正的自己吧。

登纪子做任何事都拥有一种执着的投入精神，加上天生一张可爱的娃娃脸，进入"KHK 驹场放送局"没多久，很快就成为中心人物。高中二年级的时候，登纪子还当上了"KHK 驹场放送局"的副局长，指挥着"KHK 驹场放送局"里的一百多名成员，就连后来成为日本著名影星的吉永小百合，当时都是登纪子手下的一名"后辈小将"。

作为校园播音员，登纪子对于新闻时事会特别关注。当时登纪子的哥哥是一桥大学的学生，并且是大学里"共产主义同盟"的高中生辅导员。受哥哥的影响，还在高中时代，登纪子便开始参加大学生们的反体制运动。1960 年的日本，经历战后 15 年的元气复苏，在步入经济高速成长期的同时，也开始进入了日本学生运动的"昌盛期"。从 20 世纪 20 年代初开始，日本的学生组织就深受马克思主义和社会主义风潮的影响，1948 年，在日本共产党的支持下，日本各大学的学生自治会结成了"全日本学生自治会总联合"（简称"全学联"）。1955 年，日本共产党内部出现分裂，对当时的社会主义国家苏联发出质疑和批评的学生被日本共产党开除，这些被日共开除的学生们形成了日本的新左翼势力，派属"共产主义同盟"（简称"同盟"），主宰着日本"全学联"的一切。

1960 年 6 月，日本"全学联"发动学生们游行示威，反对日美两国重新修订《日美安保条约》，登纪子也跟十来个同学一起，身穿高中生制服，手拿标语走在游行队伍中喊口号。但后来因为示威的人越来越多，气氛变得异常紧张，登纪子这些年龄较小的高中女生被劝说提早退场。6月15日那天，电视新闻报道说："全学联"成员之一、东京大学女学生桦美智子在试图冲入日本国会时，与警察发生冲突当场死亡。桦美智子的死，不仅引爆了全日本超过600万人的大罢工，以及超过30万人的"国会大包围"，也令当时才16岁的登纪子内心受到巨大的冲击。那是登纪子第一次感到"国家"这个机器的可怕。

1962年，18岁的登纪子考入东京大学文学系，并加入了东京大学的"演剧研究会"。"演剧研究会"的成员们不仅要训练发声，还经常排练各种舞台剧，并定期举行演出。每次演出，登纪子被派到的角色，都以老太太居多——这对于正值青春年少的登纪子而言，心情难免有些郁闷。不过，让登纪子更郁闷的是，每次"演剧研究会"有公演活动，作为女孩子不仅要干各种杂活，还得像个母亲一样照顾身边的男同学。因此，一年多之后，登纪子便退出了"演剧研究会"这个学生俱乐部。

退出"演剧研究会"的登纪子，业余时间便跑到父亲的俄国料理店里打工挣零花钱。有一天，父亲幸四郎突然对登纪子说：

"我说你啊，有个全日本业余歌手大赛，我已经帮你报了名，听你偶尔哼哼几句，感觉还不错，去试试吧。"

父亲的话，吓了登纪子一大跳。那时候登纪子刚刚年满20岁，正陷于青春期的初恋，对于尚无明确目的的未来，内心一片迷茫。听父亲说参加歌手大赛若能获得优胜，便可以去欧洲旅游一圈——仅仅这一条，便足够吸引一个年轻学生的好奇心。登纪子于是开始积极努力地做参赛准备，希望能拿到冠军，便可以"逃出"日本到欧洲去。

但是登纪子失败了。第一次业余歌手比赛，登纪子演唱了法国著名的传奇天后女歌星埃迪特·皮亚芙的一首《七大罪状》——这是一首表白成熟女人浓烈爱欲的激情歌曲。因为选歌不当，这次比赛登纪子只获得了第四名——大赛评委批评登纪子说："你长着这么一张孩子脸，怎么能唱埃迪特·皮亚芙的歌？"

登纪子拥有一种"逆流而上"的个性，属于那种"越败越勇"的人，正因为第一次歌手大赛的失败，所以反而激发了登纪子的斗志，下决心第二年非拿到第一名不可。为此，登纪子特意报名去参加专业的音乐培训班，认真练习换气与发声，并自己跑到乐器店买了把吉他，开始学习吉他弹奏。

功夫不负有心人，第二年的全日本业余歌手大赛，登纪子如愿以偿大获全胜，顺利登上冠军宝座。因为这一契机，还是大学二年级学生的登纪子，有幸与唱片公司签约，开始步入职业歌手之门。

签约成为一名职业歌手之后，忙于演出的登纪子整整休学了两年时间，直到 1968 年，登纪子进入东京大学的第六个年头，才终于修完规定的学分，获得东京大学的毕业文凭。1968 年春天，在登纪子参加大学毕业典礼前后所发生的一些事，以及发生在这年春天的一次邂逅，从此改变了登纪子一生的命运。

在继续讲述登纪子的爱情故事之前，这儿有必要穿插介绍一下 1968 年的世界大环境和日本的学生运动，因为接下来要登场的本文男主角藤本敏夫，是日本学生运动的领袖人物。

早在 1966 年，中国就爆发了以青年学生"红卫兵"为先锋的"文化大革命"，到 1968 年，以红卫兵为首的"文革"武斗事件越演越烈；1968 年 1 月，法国街头也开始惊现头戴解放帽，胸佩毛泽东像徽章的"法国红卫兵"，这年 5 月，法国爆发了席卷全国的"五月风暴"学生运动；与此同时，以哥伦比亚大学为首的美国学生们也开始了要求校园民主、反对越南战争的游行示威活动，并多次与警察发生激烈冲突；1968 年 10 月 2 日，就在第十九届奥运会在墨西哥举办的前十天，墨西哥政府派出大批军警镇压在特拉特洛尔科广场抗议示威、要求民主自由的学生，在这场镇压中，大约 300 人死亡，2000 多人受伤，2000 多人被捕，特拉特洛尔科广场血流成河，成为墨西哥历史上著名的屠杀学生惨案。

1968 年席卷世界的学生运动风潮，如同传染病一般，也同时感染到日本学生的头上。虽然日本没有形成中国式"全国上下一片红"的"文化大革命"，但进入 60 年代之后，围绕着《日美安保条约》问题、冲绳归还问题、反对越南战争，以及校园民主化、反对学费上涨，等等，学生运动一直此起彼伏。到了 1968 年，受欧美和中国等各国学生运动的影响，日本各所大学的学生自治会的联合体"全学联"，开始将不同信仰不同派系的各类学生团体汇集在一起，展开全国性学生运动，称为"全学共斗会议"，也就是"全体学生共同战斗"的意思，简称为"全共斗"。

1968 年是"全共斗"学生运动的高峰，那年全日本有 165 所大学卷入纷争，70 所大学的校园被学生们以路障筑垒的方法强行封锁。就如同中国"文革"中的红卫兵一样，日本的学生们也不上课了，而是兴高采烈地投身到学生运动当中去。"全共斗"的学生领袖，不少是崇拜马克思列宁主义的左翼青年，因此，当时发生在中国的"文化大革命"，令这些拥有共产主义理想的左翼学生们十分向往，甚至还产生了不少毛泽东的崇拜者。这些学生们在东京大学的校门上用红漆刷上标语"帝大解体、造反有理"，并在标语正中间悬挂上毛泽东的标准肖像。

1968 年初，东京大学发生了著名的"东大纷争"事件。

　　"东大纷争"的直接起因，是由东京大学医学部的学生们抵抗"实习制度"引起的。当时，医学部的学生在毕业之后都要到大学附属医院无薪实习一年之后，才可以获得参加医师考试的资格。这种实习制度，实际上是为了填补医院劳动力空白，换句话说就是白给医院干一年活还不给一分钱。这种明显的剥削学生劳动力的手段自然遭到学生们的抵制，于是学生代表一方的"青年医师联合"给大学附属医院方提交了一份"自主研修计划"，希望医院方能以这份"自主研修计划"为基础，重新制定一个合理的实习制度。

　　医院方负责人虽然收下了学生们的"自主研修计划"，但是束之高阁，根本采取无视态度。而这时候，日本厚生省通过了一个"登录制医师"制度。这个"登录制医师"制度规定，医学院学生毕业之后，在医院义务实习二年可获得"登录医师"资格，而弄出这么个"登录医师"资格，目的是为了将其与获得正式医师资格的人区别开来。这种人为制造的等级制度也引发了医学部的学生们的不满，并认为"登录医师"制度与先前的"实习制度"毫无区别，换汤不换药。因此，东京大学医学部的学生们，为表示对不合理制度的抗议，于 1968 年 1 月 29 日开始，进入无限期罢课中。

　　2 月 19 日，医学部的学生偶尔在医院病房遇见了医院的上田院长，便要求与上田院长对话。上田院长以在病房对话会影响患者为由，提出将对话地点改至内科医局，学生们答应了，但结果在内科医局左等右等，上田院长一直不见人影，学生们这才知道上了上田院长的当。上田院长言而无信的欺骗做法，令学生们十分愤怒，并一怒之下抓住当时在场的医局长春美健一，将其软禁到第二天早晨。学生软禁自己的指导老师，这还了得？东京大学校方毫不含糊地对此事进行了严格处分，在 17 名受到处分的学生当中，有 4 名被学校开除。可是，被处分的学生当中，其中有一名事件发生时，其人远在九州，根本不在东京。然而，校方明知处分有误，仍坚持错误，拒绝修正——事情到此，学生们积累已久的怨气终于彻底爆发出来，愤怒的医学部学生们占据了东京大学校园内的安田讲堂进行静坐示威，阻止并拒绝参加 3 月 28 日的大学毕业典礼。

当时，作为人气偶像歌手的登纪子，在大学毕业典礼之前就接到媒体的电话，约好要去现场采访她的东大毕业典礼。因此，按正常程序，3 月 28 日那天，登纪子是应该穿上礼服参加毕业典礼并接受媒体的采访的。但是在经过一个晚上的再三思考之后，3 月 28 日毕业典礼那一天，登纪子最终选择了脱下毕业礼服，换上套头衫和牛仔裤，加入到静坐示威的学生行列之中。

第二天，"歌手加藤登纪子与学生一起静坐示威"的照片在日本的报纸和杂志上大幅刊登了出来。而正是这张新闻照片，改变了登纪子的人生。

二

登纪子参加抵制毕业典礼的静坐示威之后没过几天，便接到一位老友打来的电话，说：

"登纪子，有人想见你。"并在电话中告诉登纪子说，想见她的人，是学生运动领袖藤本敏夫。

藤本敏夫——在当年的学生中，是个十分响亮的名字。1944 年1 月出生于日本关西甲子园的藤本敏夫，当时是同志社大学新闻系学生，反帝"全学联"的委员长，学生运动中数一数二的风云人物。因此，就连登纪子这样的"明星学生"，在听到藤本敏夫的名字之后都会心生敬仰。

与藤本敏夫第一次见面那天，登纪子身穿白底起粉红和蓝色小花的迷你短裙，显得十分俏皮可爱。见面的地点约在登纪子父亲幸四郎开的俄国料理店。幸四郎的俄国料理店位于新宿的歌舞伎町，幸四郎为其取名为"スンガリー"，"スンガリー"翻译成中文汉字，就是流淌在东北黑龙江的那条美丽的"松花江"。

登纪子坐在父亲开的"松花江"俄国料理店里等了没多久，就见一群年轻人走进了店里，其中一位高高瘦瘦的青年，黑色便裤上套着一件洁白的白衬衣，衬衫最上面的三颗纽扣全敞开着，梳理得一丝不苟的头发有一小缕不经意地耷拉在额头上，给脸部增加了些许阴影度，令整个面部看起来显得很有立体感。

"这个人，居然就是藤本敏夫吗？"登纪子呆了呆，有些不太相信自己的眼睛。因为在登纪子的印象中，学生运动的领袖们都是些浑身臭汗、不修边幅、邋里邋遢的家伙，像藤本敏夫这样整洁干净、时尚帅气的学生领袖，登纪子还是第一次看到。

藤本敏夫在登纪子对面坐了下来，彼此简单自我介绍之后，藤本便单刀直入地问：

"下次的学生集会，你能来唱首歌吗？"

原来，藤本在看到登纪子与同学们一起静坐抗议的新闻报道图片之后，马上打电话联系登纪子的朋友，希望认识一下登纪子，并想请登纪子去为学生们的抗议活动唱歌助威。

面对藤本提出的要求，登纪子想也没想便开口拒绝了。登纪子拒绝的理由是：不愿意为了迎合任何一种政治口号而歌唱。而且，登纪子认为将唱歌跳舞这么快乐的活动与政治混为一谈是不可取的、值得批判的。登纪子告诉藤本说，总之，不希望自己的演唱成为一种政治手段，更不喜欢自己的演唱事业受到任何包含政治目的的影响。

登纪子说了许多拒绝的理由，坐在对面的藤本只是安静地听着，不做任何反驳，也不发表任何个人意见，简直与平时站在人群中心大声发表演讲、高声呼吁呐喊的那个学生领袖判若两人。在登纪子滔滔不绝说了许多话、为自己申辩之后，藤本看着登纪子微微一笑，只开口说了两个字，"是啊"，便就此结束了这个话题。

"这真是一种绝妙的结束方式。"35 年后，登纪子在回忆录《蓝月亮叙事曲》里，追忆与藤本敏夫第一次见面的情形时，这样写道。

那天的第一次相见，虽然登纪子拒绝了藤本提出的给学生运动演唱助威的请求，但是，登纪子与藤本，还有另外几位一起来的同学却依旧谈得十分投缘，一群年轻人在父亲幸四郎的"松花江"俄国料理店里边喝边聊。在喝下不少伏特加之后，一直显得十分安静的藤本站起身来，说：

"走吧，换个地方，今天要喝个一醉方休。"

于是一群人纷纷起身转换"战场"，去了新宿的一家 GOGO 喫茶店。GOGO 喫茶店是 60 年代末在日本十分流行的一种酒吧，提供各类价格公道的酒水与快餐小吃，并且还可以跟随现场的乐队演奏边喝边跳，因此很受当时年轻人的青睐。

在 GOGO 喫茶店里，藤本一直保持着豪饮状态。而且，无论多少酒喝下去，藤本都始终方寸不乱，丝毫不显醉态。即使身处喧哗的人群之中，藤本也可以一个人安静地沉醉在只属于自己的世界里。藤本所表现出来的一切，都令登纪子感到他如此与众不同。

一群人在 GOGO 喫茶店闹了近乎一个通宵之后，又去登纪子家吃了一回茶泡饭，这时窗外的天空开始泛出清晨的鱼白色了。登纪子将藤本和几位同学送到了家附近的电车站，让同学们搭乘清晨的第一班电车返回学校。在电车站，同学们都与登纪子客客气气地挥手告别，只有藤本一言不发，连"再见"二字也懒得说，便飞快地第一个钻进了电车车厢里。看着藤本头也不回的背影，登纪子有些怅然若失，心想："这以后也不会再见面了，所以，就连说'再见'的必要也没有了吧。"

可是，到了第三天下午时分，登纪子家的电话突然响了，刚拿起话筒，就听到电话那头有个声音在说：

"见个面吧。"

居然是藤本打来的电话！登纪子说不出地意外与惊讶，搁下电话，二话没说，便穿上外套飞奔出了家门。

匆匆赶到跟藤本在电话里约好的代代木喫茶店时，藤本还没到，登纪子要了杯饮料，一个人上了喫茶店的二楼等着藤本。等啊等啊等，从傍晚五点一直等到晚上九点多，整整等了藤本四个多小时，等到喫茶店都开始播放晚安告别曲了，依旧不见藤本的身影。眼看着喫茶店的店员们都开始动手关灯了，登纪子不得不站起身来，无比失望地准备离去，刚刚走到楼梯的拐角，就看到一个身穿白衣黑裤的年轻人也正朝楼上走来。

"藤本君！"登纪子万分惊喜地喊道。

原来，比登纪子晚到一步的藤本，一直坐在喫茶店的一楼等着登纪子，两个人一个在二楼等，一个在一楼等，结果彼此空等了对方四个多小时。

藤本抬头看了看登纪子万分惊喜的表情，居然满脸的平静，好像什么事也没发生过一样，一言不发便转过身带头朝喫茶店门外走去。看到藤本在前面走，登纪子也马上乖乖地紧跟在后，两人一前一后地走出了喫茶店。

两个人走出喫茶店之后，另找了一家露天酒吧坐了下来。在喝下不少威士忌之后，和第一次见面时的沉默与安静不同，那天的藤本，话变得特别多。

藤本对登纪子说起自己的过去，说他小时候一生下来就被亲生父母寄养到一个做木匠的远亲家里，一直到上学时，才回到父母身边。因为从小不在父母身边生活，藤本一直很难与父母沟通，特别是和父亲之间，几乎没有任何共同语言，反而与从小养大他的木匠一家特别亲。藤本唤木匠家的养母为"婆婆"，在藤本心里，婆婆远比自己的亲生母亲还要亲。

"我一直不明白一件事，就是父母为什么要将我寄养在别人家？"藤本对登纪子说。

登纪子没有回答藤本的话，只是安静地聆听。眼前这个人，他说话的声音那么好听，他看人的眼神那么透明，而他的内心那么寂寞……登纪子被这个叫"藤本敏夫"的年轻人深深吸引住了，虽然才第二次见面，但两个人之间，不是学生运动中的"同志"关系，也不是同辈之间的"学友"关系，而是可以毫不提防地将自己整个儿"扔"给对方，也丝毫不用担心不用害怕的、可以掏心掏肺的一对年轻男女。缘分，真是一种妙不可言的东西。

那天一整个晚上，都是藤本在说话，而登纪子在倾听。天色黎明的时候，两个喝得醉醺醺的年轻人，登上了登纪子家公寓的顶楼，眺望着远方在微暗的晨曦中将要落幕的街灯，藤本开始放声歌唱：

"在美丽的知床半岛，

越橘花朵朵迎风含笑，

在这鲜花盛开的时节，

往事请你不要忘掉。

一起在欢饮歌唱，

爬上了山坡远眺，

远远地望见国后岛，

白夜过去天将晓。

不是因为风光好，

漫步海滨醉意难消，

看这里四处多寂静，

月儿照海面银波闪耀。

那一天月色多美妙，

想把你轻轻拥抱，

当我悄然靠近岩礁，

你已在那里微笑。"

这是登纪子第一次听到《知床旅情》这首歌，惆怅、温情，却又淡淡地感伤。身为一名职业歌手，登纪子参加过许多演出，但至今从来没有为了某一个特别的人而歌唱过自己的心声：她只是一名大众歌手，站在舞台之上，为了歌唱而歌唱而已。而在舞台之下，第一次有一位年轻的男子，为了自己在黎明的晨曦中高歌。登纪子被藤本的歌声深深打动了。歌声中，有一股情感在两个人心中越积越强，并最终跟随着晨曦中的阳光一起喷薄而出。在这份喷薄而出的情感之中，登纪子听到藤本在她的耳边轻叹说："我可该怎么办？"紧接着，藤本的嘴唇紧紧地贴住了登纪子的唇，连着登纪子的整个人，都被藤本强而有力地拥入怀里。

1968，是登纪子永远无法忘怀的一年，那一年登纪子和藤本都是 24 岁。在认识藤本敏夫之前，登纪子一直不知道自己在为谁而歌唱，而在认识藤本敏夫之后，登纪子开始从一名大众歌手，逐步迈入原创歌手之路，"歌手加藤登纪子"真正地诞生了。

登纪子说：1968 年，是属于她的一根红线，将她与藤本敏夫、与未来的人生连在了一起。

三

从 1989—2019 年这三十年，在日本的年号当中，被称为"平成年代"。平成年代的日本年轻男生，被日本媒体冠以"草食男子"的新名词，意指他们已经完全失去像父辈一样的"肉食男子"的雄性本质，变得跟"草食动物"一样柔软无力。

这些"草食男子"的父母辈，正是登纪子和藤本他们那一代。六七十年代的日本，经济迅猛发展，学生运动高涨，生活在这个时代的日本男人，"肉食系男子"是日本社会的主流。这个时代的日本男人们，谈论的话题是政治运动，崇拜的偶像是高仓健，追求的气质是目光冷峻、面无表情，骨子里渗透着一股强烈的"大男子主义"情结。作为学生领袖的藤本，更是这类"大男子主义"情结的典范。

登纪子与藤本两个人，平时很难得见一次面，一个是职业歌手，忙于各地演出；一个是学生领袖，忙于策划运动，因此轮到两个人终于能见上一面的时候，一般都到了午夜之后。而藤本是个酷爱朋友的人，即使难得与登纪子约会一次，只要朋友们一声招呼，便可以将登纪子搁下说走就走，登纪子为此不知道被藤本弄哭过多少回。每次与登纪子告别时，藤本从不说再见，也从不回头，总是一言不发扭头就走。藤本的冷峻，与登纪子的热烈，形成截然鲜明的对比。

那段时间，登纪子曾经这样给藤本写信：

"你令我感觉到你似乎是个与我不相干的人，尽管有时候你会突然靠得很近，可是，又会一瞬之间突然变得很远。……

"我没有你想象的那么坚强，也没有你想象的那么聪明。我有许多无法忍耐的事。看到你面无表情，我也回应以同样的面无表情，可其实，我是多么希望得到你全部的理解和慰藉。

"我总是感觉到，我们之间的爱，是那么容易损坏。跟你在一起时，有时候我会无缘无故地感到一种孤寂。当你的指尖离开时，当你的嘴唇离开时，这种孤寂就涌上心头。

"人活着，多一些宠爱，不是更好么？多显示一些柔弱，不是更好么？"

这是登纪子凌晨一点半写给藤本的一封信。尽管登纪子常常被藤本的大男子作风弄哭，尽管藤本的忽冷忽热令登纪子感觉到这份爱如此游移不定，但登纪子骨子里所拥有的"逆流而上"的性格，令登纪子偏偏就对藤本这样的男人着迷。

1968年5月，法国巴黎的学生们发动了"五月风暴"。为了呼应巴黎的学生运动，6月21日，藤本率领了500多名学生，将东京神田—骏河台一带全部封锁包围起来，一度构成"神田解放区"。这一场学生暴动，最终以警察机动队捕获几十名学生告终。藤本被捕的时候，登纪子正在外地演出，在返回东京的途中，在飞机上读到了学生领袖藤本被捕的新闻报道。那天，正是一个多月前两个人约好见面的日子，下飞机之后，登纪子便直奔新宿一家俩人约会时常去的酒吧，明明知道藤本不可能来，登纪子依旧一个人坐在那儿孤独地等待了一夜。

二十天之后，藤本终于从拘留所里被放出来的时候，登纪子正在准备前往俄罗斯进行为期四十天的巡回公演。当时的俄罗斯还叫"苏联"，与美国和日本是势不两立的敌对国家，在两国关系紧张时期，登纪子能获许前往苏联演出，是件很不容易的事。

在临出发的前一天，登纪子终于找到机会与藤本匆忙见了一面。这一次的藤本，显得格外沉默，两个人呆在一起的半天时间里，藤本几乎没有说一句话，告别时，藤本出乎意外地塞给登纪子一封信，带着藤本的信，登纪子登上了前往苏联的客轮。

"这五年的学生运动，我都做了些什么呢？

真遗憾。

每次将要迈出新的一步时它却总是在崩溃。

为何会崩溃？是因为毫无意义。

从头再来吧，既然是失望，那就好好品尝失望吧。"

在四十天的苏联巡回公演中，登纪子无数次阅读藤本写给自己的这封信，她无法明白，作为"全学联"委员长的藤本，内心到底在想些什么？他到底在接受怎样的煎熬呢？

登纪子的苏联之行十分快乐圆满。当登纪子带着俄罗斯的浪漫情怀返回日本时，适逢藤本再次被捕之后的再次释放，许久不见的藤本，看起来显得更加阴郁沉默。面对着眼前再次从拘留所出来的藤本，回忆起自己在苏联度过的四十天美好时光，登纪子不由得心情复杂，她突然意识到自己与藤本的世界，是多么不同！她是属于音乐的，音乐的世界那么美好明亮；而他是属于政治的，政治的世界无比沉闷黑暗。

"分手吧。"当登纪子开口对藤本说出这么一句话时，连她自己都感到那么突然。

而藤本则什么也没说，一言不发地便转身离开了。既然已经说出了"分手吧"，两个人也就不再通电话，不再约会，不再有任何联系，那个叫"藤本敏夫"的男人，突然之间彻底从登纪子的生活里消失了。与藤本"分手"的那段日子，登纪子变得心浮气躁，坐立不安，身体里就像被植入了成千上万只蚂蚁，撕咬得她片刻不得安宁。

"我看你们还是不要分手的好。那个人是你的守护神，那个人不在，你会变成什么样子，可真是令人担心啊。"看着一反常态的登纪子，母亲淑子这样说道。

那个老是被警察抓起来蹲拘留所、老是将自己弄哭的男人，他居然会是自己的守护神吗？登纪子觉得母亲的话很不可思议。可是，没有了藤本的日子，登纪子感觉自己失去了寄托和方向；没有了寄托与方向的日子，让登纪子的内心一片茫然，对一切都变得无所适从。

"我们还是见面吧。"登纪子终于克制不住地给藤本打了电话。这一次短暂的"分手"，对于登纪子居然漫长得如同一辈子的煎熬，看着再次出现在眼前的藤本，登纪子表现得就像个孩子一样想哭又想笑。

面对登纪子的千回百转柔肠寸断，藤本依旧保持着一贯的冷静本色，慢条斯理地开口说了这么几句话：

"就算我们生活在各自的世界里，那又有什么关系？当我们彼此想要做些什么时，有我在，也有你在，这不就很好？"

藤本这几句话说得不动声色，但却深深渗进了登纪子的心里。藤本是个不轻易表达情感的男人，这几句话，是登纪子和藤本交往以来，听过的最充满温情的话，也是登纪子第一次感受到，这是藤本从内心里发出的、对自己的真诚表白。

10 月 21 日是"国际反战日"，这天晚上藤本率领数千名学生占领了新宿车站，学生们破坏电车，燃烧枕木，天空中飞舞着学生们扔向警察的石头，和警察射入学生群中的催泪弹与水枪，整个东京陷入麻痹状态。登纪子茫然地坐在电视机前，呆呆地看着电视里的现场特报，想到这场学生暴动之后，等待藤本的又将是拘留所的铁门，登纪子的脑海里只剩下无语的空洞。

可是藤本这次意外地从警察身边逃脱了，并从此陷入了躲避追捕的逃亡生活。东藏西躲的藤本，与登纪子完全失去了联系，寂寞得近乎绝望的登纪子，只能从报纸上搜索藤本的消息。

11 月 7 日，藤本刚出现在首相官邸前的示威学生当中，便被警察当场抓获，这次，藤本被判八个月的监禁。藤本被抓之后，登纪子才总算等到了一丝他的消息，那是藤本从拘留所里邮寄出来的一张卡片，上面写着这么一行字：

"现在我唯一的朋友，只有一只偶尔从洞里探出头来的小老鼠。"

那年的冬天特别寒冷，一直到第二年的 1969 年 3 月，东京依旧大雪纷飞。看着窗外冰天雪地的世界，想象着在冰冷的铁窗内，失去自由的藤本一个人孤寂度过的漫漫寒夜，登纪子拨动吉他，写下了这首《一个人睡的摇篮曲》：

一个人睡觉的时候

小子啊你一定很冷吧

就好像抱着个女孩子一样

给她暖暖身吧

一个人睡觉的时候

天花板上的老鼠

也会为我们唱歌吧

来跟我一起唱吧

一个人睡觉的时候

思念着某人

稻谷壳的枕头

也会被回忆弄湿吧

一个人睡觉的时候

那见异思迁的风啊

咚咚地敲着窗

是在呼唤你吧

一个人睡觉的时候

黎明的蓝色

也会告诉我们吧

告诉说一个人的时候

其实也很不错

1969 年 6 月 16 日，登纪子的这首《一个人睡的摇篮曲》被录制成唱片，凑巧的是，录制唱片这天，正好也是藤本关押 8 个月之后获释出狱的日子。与藤本久别重逢的登纪子，怀着满腔柔情将这首为藤本而作的新歌唱给他听，可是，藤本听完之后的反应，却大大出乎登纪子的意料。藤本说：

"这么寂寞的一首歌！好讨厌啊。"

说完，便推开门头也不回地冲出屋外，消失在大雨之中。那天晚上，登纪子冒雨在东京街头四处寻找藤本，却哪儿也找不到藤本的影子。雨水与泪水，淋湿了登纪子的全身，也湿透了登纪子的心，走在大雨滂沱的街头，登纪子的脑海里幻想着藤本种种遇难的场面，感到一种无助的绝望。

登纪子的担心不是毫无道理的。藤本在狱中的 8 个月期间，学生组织"全学联"内部出现了严重分裂，一场轰轰烈烈寻求民主自由、呼吁冲绳回归、反对日美条约的，本应充满正义的学生运动，已经完全演变为相互斗殴、充满血腥暴力的内耗与暴动。作为学生领袖的藤本，在被监禁 8 个月释放出狱之后，蓦然发现，身为"全学联"委员长的自己，在离开了 8 个月之后，对于这场一直全身心投入的学生运动，突然一下子变得"找不到北"。身边原来的许多同志兄弟，一个个突然之间似乎都变成了陌路人，这突如其来的变故，令藤本内心布满了惶恐与不安。登纪子的一首《一个人睡的摇篮曲》，更加增添了藤本的失落与孤寂，作为一个经得起风雨的大男人，他不愿意让登纪子看到如此脆弱的自己，只好转身逃进深夜的雨里。

藤本再次重新回到登纪子的身边时，是被朋友们抬着回来的。那天雨夜，在离开登纪子的住处之后，藤本便被一群不明派系的学生绑架，殴打到奄奄一息后给抛扔在上野车站附近，幸好被朋友们及时找到，抬着他送到了登纪子的住处。

"1969 年，无比黑暗。"2002 年，藤本在病榻前撰写回忆录时，这样写道：

"内耗真是一件可怕的事。一直共同并肩奋斗的朋友，突然之间对我拳打脚踢、发号施令。我也奋力朝那家伙坐着的椅子一脚踹过去，当时发出的'嘭'的一声，我至今都无法忘记……"

1969 年，曾经胸怀纯粹的正义感和浪漫英雄主义情怀而轰轰烈烈开展起来的学生运动，最终因为学生组织的内部分裂和互相争斗而变质，并逐步走向沉沦。不仅仅是藤本，还有许多和藤本一样充满青春激情的年轻学生们，随着学生运动的逐渐扭曲，一场原本美好的梦想被残酷的现实撕扯得粉碎。与藤本属于同一年代的日本作家村上春树，就曾经在《挪威的森林》一书中对 1969 年做过这样的描述：

"1969 年这一年，总是令我想起进退两难的泥沼——每迈一步几乎整只鞋陷入滞重而深沉的泥沼，而我就在这片泥沼中气喘吁吁地挪动脚步，前方一无所见，后面杳无来者，只有昏暗的泥沼无边无际地展延开去。"

1969 年的年底，登纪子为藤本而作的《一个人睡的摇篮曲》，荣登畅销金曲排行榜榜首，获得全日本歌谣大奖。

> "一个人睡觉的时候
>
> 天花板上的老鼠
>
> 也会为我们唱歌吧"

在激情飞扬之后，发现唯一与自己相伴的，居然只剩下一只老鼠——这是一种怎样的失落与惆怅啊！充满人生梦想的年轻学生们，用他们最宝贵的青春，在整个60年代书写出了最震撼人心的篇章，也在1969年，用他们陷入泥沼般进退两难的失落，为20世纪60年代的最后一年，画上了一个无比孤寂的句点。

登纪子的《一个人睡的摇篮曲》能获得全日本歌谣大奖，并引起无数听众的共鸣，正是因为这首歌演绎出了一个时代的失落与孤寂吧。

四

1971年底，登纪子以一曲《知床旅情》再次获得全日本歌谣大奖。此时距离登纪子初识藤本敏夫，并第一次聆听藤本为自己而歌唱的这首《知床旅情》，已经过去了整整三年。三年的时间，曾经轰轰烈烈的学生运动，最后以急遽的败北而宣布告终。

1972年初，藤本因在学生运动中犯有"妨害执行公务罪"和"收集准备凶器罪"被判处实刑三年零八个月。因为1968年底到1969年6月，藤本已经被警方关押了八个月，所以，藤本还得从1972年4月21日起继续进监狱里蹲上三年。

说起来有一点不可思议的是，在4月21日藤本入狱之前，不少过去的"狐朋狗友"们都轮流找上藤本为他开派对送行——倒好像藤本不是要去蹲监狱，而是要去什么地方升官就职似的。而藤本在入狱之前，也已经完全从思想上下决心要对自己的过去悔过自新——令藤本有如此深刻悔过思想的，是因为在学生组织内部分裂的时候发生过人身伤亡，作为曾经的学生领袖，藤本觉得自己有不可推卸的责任。藤本期待通过三年的监狱生活，好好思考学生运动的失败之痛，将自己与过去完全根断，重新开始一份新的人生。

在藤本入狱之前，登纪子隐隐感觉自己的身体有些异样，却又不知道该如何对藤本说明，只是征求藤本的意见说：

"在你入狱之前，我们先将结婚手续办了吧？"

登纪子深爱着藤本，爱这个老将她弄哭、喜欢像高仓健一样扮酷，却又性格坚定、言行一致、敢于担当的，有着强烈大男子主义情结的男人。这种爱，没有道理也毫无缘由，因为真正的爱情，从来是不需要理由的。

可是藤本坚决不同意。藤本对登纪子说：

"作为一个要从尘世中消失三年的男人，你让我如何去对你父亲开口说，'请将女儿嫁给我吧'。我说不出口。而且，这三年我也不愿意捆绑你的自由。等三年之后我自由了，两个人彼此的心情仍没改变，那时候再考虑结婚吧。"

4月21日，藤本与一班"狐朋狗友"们在日比谷公园的中华料理店举行了入狱之前的告别派对之后，在朋友们的目送下，一个人安静地走进了东京的高等检察厅。与此同时，登纪子刚刚到达秋田的公演会场。在演出之前的半个多小时，登纪子独自一人行走在空无一人的秋田海边，过去与未来，如此茫然无绪不可梳理。聆听着海鸥的鸣叫和波涛击岸的海浪声，登纪子回忆起1968年第一次见到藤本时的情景——从1968年到1971年，三年的时间可以令一场轰轰烈烈的学生运动消逝得无影无踪，如同大海的潮涨潮落一般不留下一丝痕迹，不留下一个脚印，时间的力量是如此的强大可怕。而登纪子与藤本之间，仅仅只是一对相爱的恋人，按日本的法律规定，在藤本服刑期间，除了直系家属，其他任何人不得探监，也不得写信联系。登纪子无法想象，将两个人完全隔绝的这三年离别，对于她和藤本而言，将会意味着什么？

然而，世事总是难以预料，法律再无情，时间再强大，也抵挡不了命中注定的缘分。

藤本刚刚入狱才几天，登纪子就发现前几天对自己身体异样的担心得到了验证：她怀上了藤本的孩子。

最开始确认到自己果然怀孕了的时候，登纪子内心充满了不安和绝望——因为藤本在入狱之前，已经十分明白地告诉过登纪子：身为阶下囚，他不会考虑家庭，也无从奢谈婚姻，他无法对登纪子做出任何形式的承诺。

怎么办？该怎么办呢？

没有人可以商量。

也没有人可以诉说。

还绝不能让人看出"破绽"，因为她是一位歌手，是公众人物。未婚先孕，男方还是一位成为"阶下囚"的左翼过激派学生领袖——粉丝们知道这些，心里会怎么想呢？

最令登纪子绝望的，是藤本在入狱之前，将话说得那么绝，让登纪子对两个人的前途，看不到一丝希望。

就在登纪子犹豫不决，甚至在考虑是否要将肚子里的孩子"拿"掉的时候，登纪子想到了一位人物，此人是登纪子和藤本的前辈友人，名叫寒河江善秋。

生于1920年的寒河江善秋，比登纪子和藤本年长二十来岁，是位身份比较特殊的人物。"寒河江"是姓，"善秋"则是名字。寒河江既是作家，也是日本的社会活动家，曾经为日本战后的农业复苏做出过巨大贡献。寒河江活着的时候，在日本的精英群体中享有很高声誉，不少日本的精英人士都称其是自己的"老师"。但是一般的普通民众，很少人知道寒河江的名字，因为寒河江的人生哲学是"半遁世"。所谓"半遁世"，就是不管做什么工作，都只使半分力，而留下另半分力，不属于任何组织和社会，只完全属于自己。寒河江认为只有这样，才能从现代社会的嘈杂中，悠然地细细品味人生之趣、人生之稽、人生之苦。换句话言之，就是：人人生有一双手，应该只用一只手去工作，而另一只手则应该时刻留出空闲来，这样，生活中遇到什么有趣好玩的乐事，才能随时一把抓住。日本社会的主流思想是"一生悬命"，也就是凡事全力以赴的意思，但寒河江的人生哲学与之相反，讲究的不是"一生悬命全力以赴"，而是"半身悬命半力以赴"——另一半的力气呢，则应该储存起来，留着滋润自个儿的精神，享受自个儿的人生。

当时，正逢日本学生运动轰轰烈烈地走向失败，不少学生运动的精英分子正处于"信仰失落期"，因此，寒河江的人生哲学，对这些人起到很大的影响，登纪子和藤本就是深受"寒河江人生哲学"的影响者。登纪子后来在继续自己的歌手生涯时，都一直力求"曝光度"越少越好，并认为作为艺人在大众面前曝光频率越高，作为"艺人"本身的商品价值就会越来越劣化。因为大众会厌倦，再美好的事物，无论谁看久看多之后，都会产生"审美疲劳"。而藤本后来刑满出狱之后，毕生致力于与自然相关的农业活动——这些思想与行动之中，都有"寒河江人生哲学"的影子，当然这是后话了。

话题扯远了。重新回到登纪子面对的未婚先孕这一"难题"上来。

寒河江善秋是藤本的朋友，在藤本入狱之前，藤本曾在寒河江善秋主持的"无相庵陶房"居住过数月，当时登纪子只要有时间，就会去"无相庵陶房"和藤本一起学习手工陶器制作，因此得以与寒河江熟识。跟藤本一样，登纪子也极其钦佩寒河江的见识与智慧，因此在人生犹豫不决的关头，寒河江是登纪子第一个想到的能为自己出谋划策的良师益友。

在"无相庵陶房"里，寒河江听明登纪子的来意之后，说了几句这样的话：

"为了藤本君，请将孩子生下来吧。我相信这一定也是藤本君所希望的。而且，退一步说，即便是做个未婚妈妈，那又有什么不好？"

寒河江简简单单的几句话，令登纪子彻底打消了心里的顾虑：是啊，最坏的结果，也就自己成为一个未婚妈妈而已，那又如何？又有什么不好？

登纪子决定要亲口告诉藤本自己怀孕一事，她赶到藤本被关押的"中野刑务所"要求探监，并在探监申请单的"关系"一栏中，填写上"妻子"二字。

刑务所的接待警官看了看登纪子填写的单子，怀疑地问道：

"你是藤本的妻子？"

"是的。"登纪子大声回答说。

听了登纪子的回答，接待警官什么也没说，转身便进到刑务所里面去了。隔了好一会儿，才重新出来，对登纪子说：

"对不起，您不能探监，刚问过藤本了，藤本说他没有妻子，跟您的关系也只是普通朋友。"

警官的这几句话，真是如同当头一盆冷水，直浇得登纪子全身冰冷，她没想到藤本会对警官说自己只是他的"普通朋友"。可是，登纪子是个喜欢"逆流而上"的人，尽管藤本对警官否认自己是他的妻子，但登纪子不依不饶，下定决心就非要成为这个叫"藤本敏夫"的家伙的妻子不可。

登纪子找到藤本的律师，请律师出面去刑务所探望藤本，并帮忙递交给藤本自己亲手写下的一封信：

"我决定要跟你结婚，并将我们两个的孩子生下来。

"我想了很多很多，但除此之外，别无他法。我已经下了决心了。即使为此我不再做歌手也可以，即使为此改变我全部的人生也可以。为了能拥有和你在一起的人生，我愿意赌上全部，请告诉我你的想法：你是否愿意？"

狱中的藤本从律师手中接过登纪子的信，看完之后，想也没想，便开口对律师说：

"请转告登纪子，我愿意娶她为妻。"

5月6日，藤本入狱之后的第16天，登纪子终于以"未婚妻"的身份在中野刑务所见到了藤本。仅仅两个多星期的离别，狱中的藤本便整整瘦了七公斤。当理着光头、身穿灰色囚服的藤本，由看守领着出现在登纪子眼前时，登纪子感觉自己一句话也说不出来，只是呆呆地站着，直直地盯着站在对面的藤本。

"预产期是什么时候？"还是藤本先开口。

"十二月。"登纪子回答。

"是吗，那可是很冷的时候啊。"藤本说。

其他还说了些什么，登纪子完全记不清了，只记得在看守的监视下，与藤本互相确认了两个人决定结婚一事，然后，短暂的见面时间便"被结束"了。

与藤本在狱中见面，互相确认过彼此决定结婚的心愿之后，登纪子接下来做的第一件事，就是去拜访所属事务所的女社长石川好子，与她商量结婚引退一事。石川好子是登纪子的恩师，登纪子能从一名业余歌手冠军，成长为一名家喻户晓的大明星，全都得益于石川好子的栽培。众所周知：培养一名艺人不易，而培养一名人气的红艺人更难。而艺人在培养成功，终于出名之后，为了保持艺人的人气度，获取更多更大的经济效益，许多艺人所属的事务所都不允许艺人结婚，甚至也不允许恋爱。因此，登纪子去拜访自己的恩师石川好子时，内心是忐忑不安的，并已经在心里做好了被拒绝被反对的种种准备。

可是，石川好子的回答，却大大出乎登纪子的预料。

"我支持你！"石川好子对登纪子说，"与作为一名歌手相比，作为女人的幸福更重要。"

这儿不得不钦佩一下登纪子的好运气——因为并不是每一位艺人，都能像登纪子一样，拥有这么通情达理的社长和经纪人的。何况当时的登纪子，正凭借一首《知床旅情》红透日本，事业也正是十二万分的人气冲天，是最能为事务所带来最大经济效益的黄金时期。这么关键的时刻，能如此爽快地同意登纪子急流勇退，去与成为阶下囚的藤本结婚生子，若非拥有豁达的胸襟和相当拿得起放得下之魄力，实在很难做到。石川好子的智慧与开明，令登纪子和藤本一辈子都对她心怀感恩之情。

得到恩师石川好子的支持，登纪子大松了一口气。当天晚上，登纪子与石川好子商定好：七月份的演出全部结束之后，就正式从歌坛引退。

接下来，登纪子写好结婚申请书，自己盖章签字之后，再请律师拿去中野刑务所让藤本签字盖章，然后提交给藤本家所在地的区役所——至此，两个人的结婚登记手续便全部完成了。接下来，登纪子终于如愿以偿，以藤本的直系亲属身份，每月可去监狱探望藤本一次，并且可以无限制地给藤本写信。而藤本作为囚徒，只允许每月给家人回复一封信。

5月31日，登纪子所在的事务所为登纪子召开了记者发布会，发布会上，登纪子向媒体宣布自己与藤本结婚的消息，并宣布自己将在婚后引退，安心等待孩子的诞生。

现代日本的一些习惯，依旧与旧式中国的一些习惯类似，例如，女方嫁入男方家之后，都要改作夫姓。因此，登纪子与藤本结婚之后，户口本上的名字就变成了"藤本登纪子"，为此，登纪子给狱中的藤本写信时，这样写道：

"从六月份开始，请称呼我为藤本登纪子。"

而狱中的藤本，则回信对登纪子说：

"你还记得5月6日这一天吗？那天你来探监，我们确认了彼此的心迹决定结婚。那是多么愉快的结婚仪式，不是神式婚礼，也不是佛式婚礼，而是官式的狱中婚礼，桌子一侧站着的看守，就是我们的婚礼见证人。5月6日这一天，就是我们的结婚式，请你一定要记住。"

五

转眼就到了1972年的年底。12月7日那天，登纪子与藤本的第一个孩子诞生了。

"是个和你长得很像的女孩子。"

登纪子写信告诉狱中的藤本说。

藤本给登纪子回信：

"请给孩子取名为'美亚子'吧。"

"美亚子"的意思，就是"美丽的亚洲孩子"，这是藤本在狱中苦思冥想了一整天之后，送给刚出世的女儿的第一份礼物。

登纪子在美亚子诞生之前宣告引退，结束了作为歌手东奔西跑的生活，得以享受了一段相当安逸宁静的日子。那段时间登纪子经常去寒河江善秋的"无相庵陶房"制作陶器。此外，还撰写了两本随笔，并整理了藤本入狱前的手稿出版，书名为《人类能在这个时代生存吗》。这是藤本入狱前撰写的一本关于环境问题的书稿，20世纪六七十年代，关注环境问题的专著还不多见。由此可见，曾经的学生领袖藤本敏夫，在对于地球的环境保护认识上，的确是个先知先觉的人。

女儿美亚子诞生之后，登纪子开始每天为女儿写成长日记，将美亚子的一举一动都记录下来，邮寄给狱中的藤本看：

"今天第一次给美亚子喂母乳了。"

"昨天出院了。"

"昨晚终于第一次与美亚子同睡一间房……"

"这孩子的眉毛、嘴巴、鼻子，都那么固执地全继承了你的样子。还有顽固地张嘴大哭的时候，自以为是地紧闭嘴唇的时候——这样的时候，最为可爱了！"

"母乳很多，我感觉自己太幸福了。"

美亚子第一次与狱中的爸爸见面，是在翌年四月份的时候。四月的日本已经很温暖，阳光下漫山遍野的樱花开放，温暖的春日里，登纪子将四个月大的美亚子喂得饱饱的，然后抱上孩子一起去刑务所探望藤本。当时藤本已经从中野刑务所被调遣到偏远的黑羽刑务所——藤本在大学念的是新闻系，所以刑务所的警务人员根据藤本的学历，给他分配了一份文案工作，但藤本自己死活不愿意，说他将来出狱之后想去乡下务农，非要求从事农业劳动不可，刑务所的人拗不过藤本的执着，便将藤本调遣到偏远的黑羽刑务所去负责刑务所内的园艺。黑羽离东京很远，登纪子领着孩子去探望藤本，仅仅往返的时间就需要六个多小时。

在灰色的钢筋水泥高墙内，登纪子兴冲冲地抱起才四个月的美亚子给藤本看。藤本虽然满脑子大男子主义，外表比高仓健还表现得更酷，但骨子里其实是个十分腼腆的人。第一次见自己的女儿，藤本表现出来的不是激动，而是害羞——他歪着头，傻傻地笑着，却不敢仔细端详孩子的小脸蛋一眼。而四个月的美亚子，似乎也很不喜欢监狱这个"新环境"，在短短 15 分钟的探监时间里，一直不停地放声大哭。孩子的哭声让登纪子狼狈不已，而第一次做爸爸的藤本更是不知所措，倒是一边的老看守温和地安慰这对年轻夫妻说：

"没关系，没关系！哭是婴儿的工作嘛！"

15 分钟的探监时间很快过去了，一直表现得有些腼腆的藤本，在离开探监室往里走的时候，似乎突然想到了什么，转过头来，安静地朝登纪子笑了笑，说了一句这样的话：

"以后你想要做些什么，记得一定要跟美亚子商量。"

时间过得飞快，眨眼间美亚子已经七个多月了，登纪子克制不住对于舞台的冲动与思念，抱着女儿美亚子一起，举办了婚后的第一场"回归音乐会"，开始重返歌坛。接下来，为了吸收更多的音乐元素，登纪子将女儿交给母亲照顾，独自一人踏上了为期 40 天的世界周游之旅。在墨西哥、秘鲁、阿根廷、玻利维亚，还有美国纽约，登纪子邂逅了各国不同风格的音乐人，这种"音乐的邂逅"，为登纪子日后自成一色的原创音乐风格，打下了极为牢固的基础。

1974 年 9 月 6 日，因为藤本在狱中的出色表现，他被获许提早半年刑满释放——这对于登纪子而言，真是个突如其来的大好消息。藤本出狱的前一天，登纪子正在京都开演唱会，当天晚上演唱会结束，登纪子便急匆匆赶回东京，跟等在东京的朋友汇合，连夜驱车去黑羽刑务所，迎接提早获释的藤本回家。

9 月 6 日清早 6 点 30 分，提早获释的藤本准时出现在刑务所的大门口，看到终于获得自由的藤本的身影，登纪子内心说不出的激动，恨不能马上扑上前去，紧紧抱住藤本说："太好了，太好了！"而在监狱里蹲了近三年"禁闭"的藤本，性格完全跟过去一样毫无改变，酷态依旧，安静照常，依旧那么风平浪静。看到登纪子和去接他的朋友，藤本什么也没说，只是微微点了点头，便低头钻进了来接他回家的汽车里。

重获自由的藤本刚出狱时在登纪子面前的表现，就像个被宠坏了的任性孩子，显得十分没心没肺。

藤本在乡下偏远的监狱生活中，已经习惯了新鲜自然的空气。刚回到东京市区，开口说的第一句话是：

"这空气，可真够糟的！天啊，你们居然就生活在这样的地方？"

走到登纪子与孩子一起生活着的公寓楼的楼下时，藤本甚至还满脸同情地看着登纪子说：

"你们居然住在这样吵的地方，好可怜呀！"

藤本出狱的当天晚上，双方的家人全来了，在难得一聚的全家大团圆晚宴上，藤本一口气喝光了八瓶啤酒，边喝边说：

"哇塞！这啤酒怎么这么难喝？俺在刑务所里惦记了它整整快三年，没想到居然味道这么差！"

又说：

"没想到这么早就给放出来了，还多呆上半年的话，就可以看到我亲手种下的菊花开花了。"

藤本边说边满脸的遗憾，一副恨不得马上重新返回刑务所去，继续再呆上半年才好的样子。登纪子和全家人都满心喜悦地看着藤本，对他没心没肺地说三道四回报以阵阵欢笑。这个性格固执的男人，这个任性的孩子，他终于自由了，他终于回家了，这可比什么都好。

俗话说：一颗螺帽要与螺孔完美地匹配，需要多方精细地磨合。

一个男人与一个女人要和谐地在同一屋檐下生活，也如同螺帽与螺孔一般，需要不断地精雕细琢。

登纪子与藤本恋爱三年，结婚也有三年，尽管连孩子都有了，但两个人真正在一起生活，这还是第一次。对登纪子而言，生活中突然"多"出一个人来，而且还是个有些任性的、性格固执的大男人，要好好适应他，还真需要爱心与耐心。

就像藤本入狱前的"欢送派对"一样，出狱之后的藤本，每天都被各路朋友拉去参加大大小小的"出狱庆祝派对"。那段时间，登纪子几乎每天晚上都抱着孩子在家等着藤本，每次都要等到凌晨12点过后，藤本才会满身酒气地进屋。伺候好藤本沐浴更衣休息之后，轮到登纪子总算能安心躺下休息时，都已经天近黎明了。而第二天一大早，通常是登纪子眼睛都还睁不开的时候，藤本就已经精神抖攃地起床了——藤本在监狱里是位特优秀的"模范囚徒"，每天大早四五点天不亮就起床种花除草，养成了早起的习惯。看到藤本早起，登纪子即使睡眠不足，也会马上爬起床为藤本准备早餐。藤本在监狱里养成了吃杂粮的习惯之后，绝不肯再吃精白米，因为藤本认为杂粮对身体更有益，干起活来也更有力气。而才两岁多的女儿美亚子，才刚刚学会吃饭，只能吃精白米。为此，家里虽然一共才三个人，登纪子却得根据各人要求不同，准备三种不同口味的料理。

这些看起来似乎都是生活中的小事，但生活中令人感动的，往往是小事；生活中令人疲惫的，往往也是小事。为了适应与藤本一起的生活，登纪子的确是花了不少心思，费了不少力气。而且，日本女人对于"家庭"这一概念，有她们自己的解释。例如登纪子，虽然是日本一流的知名歌手，但她结婚之后，在"歌手"这一身份的同时，还有另一个身份——"主妇"。登纪子在外面再人气、再风光，但回到家里，她的身份就只剩下丈夫的妻子、孩子的母亲这个"主妇"角色了。在日本，"主妇"是被当作一门职业来看待的，女人在家里没干好家务、没照顾好丈夫孩子，那就是一种"工作失职"。这样的思想，在"肉食男子"横行的藤本和登纪子他们那个年代，尤为突出。常常有人感叹日本主妇家务做得好，其实那不一定是日本主妇天生勤快，而是日本主妇也跟日本男人一样，十分敬业罢了。

六

日本有位很出名的免疫学者叫多田富雄，曾说过一句这样的至理名言：

"女人是实体，男人是现象。"

简单解释一下这句话的大意：日常生活中的女人们，大都喜欢依据现实的判断，来决定自己的行动。女人的行动，很多时候是对于具体事物所产生的无意识条件反射，因此女人是具体存在的"实体"，是现实主义者；而男人则是"意识中心"动物，对于具体的现实，男人们更喜欢选择视而不见，并将自己拘泥于某些抽象的概念之中，下意识地开展行动，所以男人是由意识和概念这些抽象物所组成的一个"现象"，是理想主义者。

登纪子就是这样典型的"实体女人"：感性，并且根据现实生活需要来决定自己的行动。

而藤本与登纪子相反。藤本是个典型的"现象男人"，是个执着的理想主义者。

"现象男人"藤本在入狱之前，便开始着手对环境问题与农业生产进行研究，在服刑期间不仅坚持农业实践，同时还阅读了大量有关环境与农业的专业书籍，并决心以环保型农业生产作为自己的人生目标。因此，藤本出狱之后没多久就成立了"大地保护会"，自己出任会长。这个"大地保护会"的主要工作，是在农村推广转换无农药、无化学肥料的农业法，换句大家熟悉的用语，就是推广生产无公害的"绿色农产品"，并帮助这些生产"绿色农产品"的农家成立销售链，将消费者与生产者直接串联起来，这样消费者食用得安心，而"绿色农产品"生产者的农家也不用为寻找买家发愁。

前面提到过：藤本在入狱前，曾经在寒河江善秋的"无相庵陶房"居住过几个月。寒河江善秋不仅是位终生实践"半遁世"生活的半隐之士，同时还关注日本的农业发展，倡导顺应自然的生产方式，对于现代社会所追求的"生产力"与"效率性"发家致富，寒河江毫无兴趣。

寒河江的思想，对藤本产生了一定的影响。加上藤本的童年，正是战败的日本最为一穷二白的时候，"食粮短缺"在幼年的藤本心中留下了极其深刻的印痕。而且，在将近三年的监狱生活中，犯人们凑在一起向往得最多的，也是"吃"——真可谓"民以食为天"。这些与"吃"相关的人生经验，令藤本得出这样一个结论：人要吃饭就得种地，想要吃得有品质，就得种出有品质的粮食。人类幸福生活的最根本源泉，在于幸福的农业——"现象男人"藤本沉醉在自己对于"农与食"的意识中心里，并因此对土地与农业，产生出无比固执的热爱，不惜将其作为自己毕生追求的事业。

藤本的"大地保护会"发展得十分顺利，没几年就升级为"大地株式会社"，并开始获益盈利，而藤本则顺理成章地成为公司的董事长。这个时候的登纪子也没闲着——她一边坚持歌曲创作，一边还继续为藤本又生下了两个女儿，以至于事务所的同事们都打趣登纪子，说：登纪子，日本艺人中连生三个孩子的，恐怕就只有你了，可以去申请日本之最啦。

即使从旁人的角度来看，此刻的登纪子，应该说一切都是顺心得意的：自己的事业一帆风顺，丈夫藤本的公司也经营得有声有色，而且，家中还人丁兴旺，拥有"多来咪"三个花朵般可爱的女儿——承蒙上天如此青睐，还有什么不满意的呢。

可是，就在生活一切都趋于安稳平和、如鱼得水的时候，藤本突然对登纪子说：他辞掉了"大地株式会社"董事长的职务，并将公司让给了别人。

"为什么呢？"登纪子看着藤本，心里真是说不出的惊讶。

"我在千叶的乡下看中了一块地，准备搬到乡下去。是离开东京的时候了。"藤本满脸的淡定，轻描淡写地回答登纪子说。

原来，随着"大地株式会社"的壮大，藤本的一个新念头也不断在内心扩张：藤本认为仅仅是成立一个贩卖农作物的公司，还无法真正地深入农村这一底蕴厚足的生产市场，必须住到乡下去，到农业第一线去，才能够真正地做到支援农业生产和农业建设，才有可能以农为本，以自己的农村生活实践，身体力行地向世人倡议新时代的田园生活方式。

在藤本的鼓动下，一开始登纪子对藤本的"幸福农业论"也表现出积极的赞同，并和藤本一样地认为：让孩子们在大自然中长大，更有益于身心健康。怀着对未来的田园生活的浪漫幻想，登纪子很快就腾出一个周末的整天时间，领着三个女儿，兴致勃勃地跟随藤本一起跑到东京旁边的千叶县鸭川市山区的岭冈山，去看藤本一早相中的物件，以及藤本想买下来进行农业实践的那一大片土地。

可是确认过鸭川岭冈山周边的现状之后，登纪子内心所有的浪漫想法顿时消失得无影无踪：藤本看中的这个地方，是个偏僻的山区，前不着村，后不着店，想要购买日常生活用品，最近的超市也得驱车 40 分钟——居住在这样偏僻的地方，自己以后的演艺活动怎么办？周围连个书店也没有，孩子们的日常学习怎么办？考虑到这些十分现实十分具体的问题，登纪子有史以来第一次开口对藤本说出了"不"。

"我不想住到乡下去，绝对不行。我还是就这样住在东京好。"登纪子认真考虑了一个晚上之后，这样对藤本说道。

听到登纪子的这几句话，藤本目瞪口呆的脸，以及随之而来的震怒，让登纪子一辈子都忘不了。

"你这人怎么说变卦就变卦？开什么玩笑！"藤本愤怒地朝登纪子扔下这句话之后，便头也不回地摔门而出。

接下来，是夫妻之间无言的冷战。藤本每天大早出门，晚上回家后也飞快地进屋，将自己反锁在自己的房间里，不仅不愿意与登纪子见面，就连登纪子准备好的饭菜也绝不张口伸手，家里的空气变得前所未有的凝固和沉闷。

但这次登纪子下决心绝不让步——东京是日本的文化中心，而登纪子钟爱的演艺事业的基石也在东京。离开东京，对登纪子而言，就是离开自己钟情的舞台，放弃自己一生为之努力的、作为一名歌唱者的人生价值和社会价值。这样的放弃，对于登纪子而言，是不可想象的，也是无论如何都办不到的。

一个要住到乡下去，在大地之间实践自己的幸福农业理想，向大众展现一个新时代的农村生活模式；一个要继续留在城市的中心，坚守自己热爱的演艺事业，保鲜自己的社会价值。两个人的想法如此毫无共通之处，而且彼此都绝不让步，可该怎么办呢？

"好好谈谈吧，光是生气，什么问题也不能解决。"夫妻之间整整冷战了三个月之后，还是登纪子首先放下了架子，主动找上藤本，要求好好谈谈。多年的夫妻，登纪子十分了解藤本的个性，自己不先做出谦让，以藤本花岗岩石一般的顽固，是绝不会让步的。登纪子并不指望能劝说藤本别住到乡下去种田，但夫妻俩同住一个屋檐下，低头不见抬头见，总不能一辈子就这样跟仇人似的不说话。

"你真的懂得我想要的是什么吗？我并不是说要让生活完全改

变。但是为了实现我的理想，必须抛弃现在东京的生活，去千叶的乡下重新开始。我决定的事，你不赞成不跟随的话，那还算什么夫妻？同一条船上不需要两个船头，你到底是选择我所决定的生活，还是不选择？"

藤本是个认准一条死理，就绝不会回头的男人，因此，一开口，就毫无商量余地地让登纪子作出选择。

登纪子耐心地跟藤本说明自己内心的想法，并说，自己要一边照顾孩子，一边继续演艺事业的话，除了留在东京，别无选择，不可能住到那么偏远的乡下去。

"所以，为了维持现在的生活，我无论如何都只能留在东京。"

登纪子对藤本说。

"现在的生活？"

藤本十分不高兴地对登纪子道：

"现在的生活，可全是属于你的。我要用我自己的收入，开始全新的生活，至今为止的所有生活，全都必须抛弃。"

"你在说什么？"登纪子不相信自己的耳朵，"现在的生活都是我的？难道跟你没有一点关系？"

"对！"藤本毫不让步地回答说，"现在的生活，都是你自作主张营造出来的，我不是你手中的绳子，我有权利用自己的收入开始全新的生活。"

藤本的一番话，总算让登纪子彻底明白了藤本内心的另一个真实想法：藤本不仅要身体力行地实践自己向往的田园生活，同时也想抛弃"歌手加藤登纪子的丈夫"这个贴在自己脸上的标签。作为一个顽固的大男子主义者，藤本很讨厌人们一提到自己的名字时，首先就会想到"歌手加藤登纪子的丈夫"这一定义语，这对于拥有强烈自尊心的藤本而言，是件极为没有面子的事。正因为如此，藤本出狱之后，筹建公司也好，筹集资金也好，从来没有打过登纪子的招牌，也从来没有利用过登纪子的名气。两个人各忙各的事业，家庭费用负担，也是平分秋色，各司其职，谁也不依赖谁。虽然同住一个屋檐下，但两个人的经济是彼此完全独立的。

按现在一般人的想法，这种不给彼此增添经济负担的婚姻生活，应该是说不尽的轻松快活。但是藤本不是这样想，藤本是个极其注重"男人的脸面"的超级大男子主义者，他希望登纪子将做歌手赚的钱都扔到水沟里去，并大言不惭地对登纪子说：

"用俺的钱，过俺决定要过的生活，俺脑子里只有这一种婚姻生活方式。"

可是，藤本的大男子主义要求，对登纪子这样自强自立的女人而言，又如何可能呢。登纪子除了对藤本说"NO"，不知道还能再回答些什么。

"既然你无法接受我的想法，那我只好自己一个人从零开始出发了。只能如此了。除了分手，没其他办法。"藤本对登纪子说。两个人通宵达旦争论的结果，最后就只剩下两个字：离婚。

七

相恋三年，结婚八年，十一年的情感，如今居然闹到要离婚了。不是因为两个人没有感情，也不是因为谁有了外遇，只是因为两个人有不同的目标和理念，都想过自己想要的生活，谁也不想成为谁的附庸。

登纪子内心十分伤感。而藤本呢，因为已经跟登纪子谈好了，决定要离婚了，所以也不再对登纪子怒目相向，而是摆出一副十分彬彬有礼的样子。既然马上就不是一家人了，就得内外有别，对于不再是"家人"的"外人"，自然得保持应有的礼节礼貌——藤本是个典型的日本大男人，自然也有这样典型的日本式思维方法。藤本所表现出来的陌生的礼貌，深深刺痛着登纪子的心，眼睁睁看着藤本对自己的敬而远之，再看看三个无忧无虑、毫不知情的女儿，登纪子好多次都忍不住一个人躲起来偷偷抹泪。

当时正值 1980 年的年底，两个人决定过完 1981 年的元旦之后，就正式办理离婚手续。

元旦长假刚一结束，登纪子趁着藤本离开东京出差的机会，在家里给藤本留下一封短信，一个人领着三个孩子回了娘家。

登纪子给藤本的信里这样写道：

"我们从家里搬出来了，接下来你想怎么办，就怎么办吧。"

登纪子的母亲淑子，在听登纪子说准备要跟藤本离婚的时候，半响没有吭声，想劝说登纪子几句什么，却又不知道该从何说起。隔了好一会儿，才叹了口气，对登纪子说：

"当年，我也想跟你父亲离婚，但现在回想起来，心里很庆幸，幸亏当初没离成。"

看着母亲淑子充满无奈的双眼，登纪子想起曾经还在跟藤本恋爱的时候，两个人决定要分手，那一次，是母亲淑子对登纪子说："我看你们还是不要分手的好。那个人是你的守护神，那个人不在，你会变成什么样子，可真是令人担心啊。"

回忆着母亲淑子曾经对自己说过的话，回忆起自己和藤本相识相恋到结婚的这么些年，想起狱中的藤本曾经在信中对自己倾诉，

"我唯一的朋友，只有一只老鼠"，想起自己为藤本而写的歌《一个人睡的摇篮曲》，"一个人睡觉的时候，小子啊你一定很冷吧……"，想到这一切的一切，登纪子感到心中阵阵生痛。她想象着藤本出差回家之后，看不到自己和孩子的身影，在空无一人的家里，只看到自己留下的一封短信——他会是什么心情呢？他会不会好好吃饭？会不会好好照顾自己？他是那么固执的一个人，一个总是喜欢将自己的柔弱隐藏起来，即使受伤也要偏偏故作毫不在乎的一个人。这样的一个男人，自己真的领着女儿一起离开了他，他将会何等的寂寞和孤独啊……登纪子就在这样的胡思乱想中，焦虑不安地在母亲家里度过了好几天，直到某天晚上，藤本终于来按响门铃的时候。

当登纪子打开房门，将藤本让进屋时，走进房间的藤本看着登纪子，什么也没有说，便张开双臂将登纪子紧紧抱住，在近乎窒息的拥抱中，泪水从彼此的眼眶中流了出来，炙热而湿润，温暖地渗透着彼此的内心。多年的夫妻，心意相通的人，还需要什么言语呢，这份紧紧的抱拥和热泪，已经表白了两个人心中想说的一切。

"就算我们生活在各自的世界里，那又有什么关系？当我们彼此想要做些什么时，有我在，也有你在，这不就很好？"——在藤本温暖的怀抱里，登纪子想起多年前，差点要跟藤本分手时，藤本对自己说过的这句话。

爱他，并不是要为他奉献一切，而是要给他最大的自由。这样的爱，如同灿烂的阳光——阳光洒遍爱人的全身，但却绝不束缚爱人的自由与心灵。无论爱人如何选择，阳光始终温暖、始终舒展，令人感受到尊重。这或许才是男女之间，最高境界的一种爱。

1981年，藤本正式移居到日本千叶县鸭川市岭冈山，并在鸭川岭冈山创立了农业组合法人、自然生态农场"鸭川自然王国"，藤本本人亲任鸭川自然王国的"国王兼杂役夫"。原本只有一处的家，因为藤本搬去了千叶鸭川的乡下，也被分成了两处——登纪子领着三个未成年的女儿留守东京的家中，负责在东京的一切；而藤本则独自一人在鸭川乡下另开创出一片天地，专注于自己的农业实践。农闲时藤本会返回东京家中小住，而登纪子只要没有演出安排，就会领着孩子们一起，住到鸭川乡下的家里去跟藤本团聚。一家人很快适应了这样来来往往的生活，无论是登纪子还是藤本，两个人都对这种游走于城市与乡村之间的二元生活感到满意，并十分享受。两人几乎忘记了最初的吵闹，一致认为这是至今以来最高的一

加藤登纪子与丈夫藤本敏夫
于鸭川自然王国

种生活方式：既享受了质朴的田园生活，又没有离开文明的都市环境。

藤本移居乡下，实践着以土地为本的农耕生活，而登纪子留守城市，在海内外大大小小的演出中，忙碌得如同一阵风。所以，登纪子对藤本说：

"你是土，我是风。"

而藤本则对登纪子说：

"你是游牧民族，俺是农耕民族，若是这两个民族能和谐相处，地球也不会糟蹋成现在这样子。俺要是跟你决裂的话，那可就是人类本身的大课题了。"

时光飞逝，转眼藤本移居鸭川乡下已经六年有余。历经六年的发展，"鸭川自然王国"已经步入轨道，并发展得有声有色：不仅从"食"与"农"之根本出发，推广种植和栽培各类无公害绿色作物，同时还随着"自然王国"成员的不断增加，逐步成立了自己的教育、医疗、休闲等多样性的功能空间。此外，考虑到对环境的保护和对自然资源的利用，藤本还在"自然王国"内建了一栋完全利用太阳能源的"太阳能住宅"。日本作为世界数一数二的先进国家，一直到了 21 世纪初之后，日本政府才正式启动太阳能住宅的民间普及推广。而藤本之所以提早二三十年在自己的"自然王国"里建起太阳能住宅，则源于他的超前意识：藤本认为太阳能住宅普及化是个迟早的问题，因此他提前尝试，并以此为试点，希望自己的这个太阳能住宅，能成为提供各类数据的"研究对象"，为今后太阳能住宅的普及推广起到有价值的作用。

藤本建的太阳能住宅，靠南边是整面墙的落地大玻璃，坐在阳光普照的客厅中，透过落地玻璃朝外望过去，是满目碧翠连绵的山岭。在山岭中，藤本亲自动手，修建了一条登山散步专用的"游步道"；在屋外的小河上，藤本还动手用树墩修了一座小木桥。

"这儿实在是太美了！"登纪子越来越倾心于藤本一手创建的这个"自然王国"了，并满心欢喜地对藤本说，"这么美好的地方，真应该叫上朋友们都一起来热闹热闹，好好庆贺一下。"

登纪子回忆起自己小时候，曾经很多次幻想过自己长大成人之后的结婚典礼：在一碧万顷的大草原上，身穿白色婚纱，与喜欢的人手挽着手，在大自然中接受所有人的祝福……再回想起自己与藤本的"狱中婚礼"：没有鲜花，没有婚纱，没有祝福，甚至连证婚人都没有，只有一个监狱看守，站在一侧见证他们彼此表明心迹。

"你还记得5月6日这一天吗？那天你来探监，我们确认了彼此的心迹决定结婚。那是多么愉快的结婚仪式，不是神式婚礼，也不是佛式婚礼，而是官式的狱中婚礼，桌子一侧站着的人，就是我们的婚礼见证人。5月6日这一天，就是我们的结婚式，请你一定要记住。"登纪子回想起狱中的藤本曾经在信中写给自己的这段话，想起自己从小埋藏在心中一直未能实现的心愿，这样开口对藤本提议道：

"今年的5月6日，是我们结婚15周年的纪念日，我们举办一个盛大的结婚纪念派对如何？"

"哦？"藤本不置可否地问，"你真的想办？"

"真的呀，当然是真的！"登纪子回答藤本说。

"肯定真的？"藤本不放心地再问。

"肯定是真的。"登纪子毫不迟疑地再答。

1987年5月6日这天，天气出奇地好，蓝天白云下的鸭川大地，一改平时的安详静谧，一夜之间忽然变得热闹非凡——有200

多个男女老少兴高采烈地从全国各地赶到"鸭川自然王国"来，参加登纪子和藤本的 15 周年结婚纪念派对，甚至连电视台、新闻社等各大媒体也纷纷出动，提着摄像机和话筒从东京赶过来，为登纪子和藤本的结婚纪念派对进行现场直播。

派对在"自然王国"的野外举行。在众人的掌声和欢呼声中，全身白色西装礼服的"新郎"藤本，手挽着头戴白色礼帽、身着一袭白色婚纱的"新娘"登纪子，出现在野外派对的草地中央——这一年，登纪子和藤本都是 43 岁。为登纪子和藤本主持结婚纪念派对的，是著名音乐评论家伊藤强和加东康一。藤本面对着电视台递过来的直播话筒，表达了他内心对于鸭川大自然的敬意与感谢：

"以前被人说成是'加藤登纪子的丈夫'时，心里会感到很别扭，但现在完全不会了。我们也遭遇过离婚危机。是这儿的大自然，帮助我们跨越了难关。"

而登纪子则面对摄像机这样说道：

"今天是结婚十五周年的快乐纪念日，同时也是我的结婚毕业日——是从'结婚'这一问题集中毕业的日子。"

对于自己上面所说的这几句话，登纪子后来在自传《蓝月亮叙事曲》中，做了这样的解释：

"我们在婚姻中所行走的线路，大概与许多人一样，就是总认为结婚之后的自己，与真实的自己会发生迎面而来的碰撞。因此总是纠结于，因为结婚了，所以不得不这样，不得不那样。但是，后来的我们，已经不再拘泥于结婚这一形式，而是彼此都朝着自己喜欢的道路、喜欢的方向去努力。我们用这样的方式来表明自我的存在。也许有人会说，这不是很基本的事吗？不是的。因为从结婚开始，要达到这一境界，需要经历一段很长时间的搏斗，不经历这种搏斗，不但无法找回自己，也无法掌握和拥有自由——这便是我从十五年的婚姻生活中所学习到的。"

在十五周年的结婚纪念派对上，登纪子还演唱了她在那年刚刚推出的一首新歌《一百万朵玫瑰》：

> 小小的家和油画布　除此之外再无其他
>
> 贫穷的画家　他爱上了女演员的她
>
> 他想将爱的玫瑰献给她
>
> 有一天他将街头的玫瑰全买下
>
> 一百万朵玫瑰花
>
> 给你给你给你献给你
>
> 推开窗子推开窗子望过去
>
> 广场上铺满了鲜红的玫瑰花
>
> 那天早晨她看到了鲜红的玫瑰海洋
>
> 心想这是哪儿的有钱人在开什么玩笑嘛
>
> 那个卖掉了全部家当和油画布
>
> 为她买下了全城所有玫瑰的穷画家
>
> 正站在窗下默默凝视她
>
> 一百万朵玫瑰花
>
> 你啊你啊你啊你看到了吗
>
> 推开窗子推开窗子望过去
>
> 那鲜红的鲜红的海洋一般的玫瑰花

《一百万朵玫瑰》这首日文歌，源自苏联的同名歌曲。歌词内容来自一个真实的爱情故事。歌中所唱到的贫穷画家，为出生于格鲁吉亚的原始主义画家尼科·皮罗斯马尼（1862—1918）。

尼科·皮罗斯马尼于 1862 年 5 月 5 日诞生于格鲁吉亚卡赫季州的一个农民家庭，尼科是家中最小的男孩，他的上面有二个姐姐。尼科的父亲是个狂热的神话故事的崇拜者，他们拥有一个小小的葡萄园，一家人过着质朴而满足的田园生活。

但是这样的日子随着尼科父母的去世而很快结束了。8 岁的尼科被贵族收为养子，从乡下被带到了格鲁吉亚的首都第比利斯。在收养他的贵族家里，尼科得到了良好的待遇，他除了每天洗碗和给大家煮茶，其他时间则用来阅读和学习。但尼科最喜欢的事是画画，他在自己房间的墙上画满了画。从幼年时代开始，尼科就对创作表现出极大的兴趣，却对物质的东西漠不关心。

歌中所唱到的女演员名叫玛格丽特，是一名法国的舞蹈演员。1905 年玛格丽特到格鲁吉亚演出，由此邂逅了已为中年男子的尼科。当时的尼科和朋友一起合伙开着一家小食品店，生意还不错。玛格丽特的出现令尼科感觉她"宛若从天而降的美丽天使"，他对她一见钟情，令他不仅愿意将心交给她，还心甘情愿地为她变卖所有的财产，换取全城的玫瑰来铺满她窗前的广场。

曾获得诺贝尔奖提名的俄罗斯作家康斯坦丁·格奥尔基耶维奇·巴乌斯托夫斯基，在其著作里对于尼科的浪漫故事有过这样的描述：

"一车车带露的玫瑰直铺至广场的边缘，如同数十亿彩虹从天撒落。"

尼科的浪漫故事到此戛然而止。玛格丽特不久就离开了格鲁吉亚去了别的城市。尼科只是想对玛格丽特表达自己炽热的爱，但并不愿因为爱而束缚玛格丽特的心。我爱你，并为你奉献上一百万朵玫瑰，但你是自由的——这便是尼科的爱情。尼科后来因为贫困潦倒、健康欠佳而不幸离世。在尼科去世之后，人们才终于发现了他那蕴含格鲁吉亚田园风情的画作，以及他生前如玫瑰的海洋一般浪漫却又短暂的爱情。人们将尼科的故事写成了一首凄美的歌谣，并取名为《一百万朵玫瑰》。这首歌于1982年由苏联歌坛天后级人物安娜·普加乔娃首唱之后，在苏联引起巨大反响。1987年，登纪子将这首俄语歌曲翻译改编成日文，歌曲一经推出便迅速风靡了整个日本列岛，成为日本脍炙人口的怀旧经典歌曲之一。

登纪子在自己与藤本的结婚纪念派对上演唱这首《一百万朵玫瑰》。她想告诉藤本，也想告诉自己，还想告诉这世间相爱的男女：

爱是玫瑰，爱也是自由。

爱他（她），就送他（她）玫瑰。

爱他（她），就给他（她）自由。

八

从"结婚"这一习题集里完美毕业的登纪子，不仅在婚姻中寻找到了自己想要的幸福，同时也在婚姻中真正拥有了一份如鱼得水的自由，这份幸福与自由滋养着登纪子的人生，令她的演艺事业获得质的飞跃。

1988年，登纪子在美国开始了首次全美巡回演出，并成功地在美国纽约著名的卡内基音乐厅举办个人演唱会；之后第二年又在法国巴黎召开个人演唱会。登纪子欣赏法国的文化与艺术，并致力于法国音乐与文化的推广。在登纪子所演唱的歌曲中，有不少法语原文歌曲，后来法国政府为了感谢登纪子对弘扬法国音乐所做的贡献，曾授予登纪子艺术文化勋章。

1992 年，登纪子与日本著名的动漫大师宫崎骏合作，不仅为宫崎骏的动漫力作《红猪》配音，还为这部人气动画片演唱了主题曲《樱桃熟了的时候》，以及片尾曲《有时候也聊聊过去的事》。

1997 年，登纪子被选为"世界自然保护基金日本委员会"评议员，并在 1997—2000 年这三年时间中，发行了十张主题为《再见我爱的二十世纪》系列唱片；而这一年，藤本成立了"农业食品监查系统株式会社"，并开始在农村推广和导入"环境管理系统"，同时还就任日本农林水产省关东农政局的咨询委员，提倡持续循环型农业普及法。

2000 年，登纪子被任命为"联合国环境亲善大使"。对于联合国的这一任命，登纪子说她能毫无畏惧地接受这一任命，是因为自己身边有藤本这么一个环境问题专家做后盾。回忆起 1968 年与藤本的第一次相识，一直到 2000 年自己被联合国任命为环境亲善大使，登纪子的心里无比感叹：从相识到相爱直到结婚成为一家人，登纪子与藤本，终于在时隔三十多年之后的 2000 年，第一次找到了夫妻二人可以齐心协力、并驾齐驱的共同事业。无论是登纪子还是藤本，都为此欢欣鼓舞，并摩拳擦掌地决心要好好干出番成绩来。

可是，上天并不总是青睐苍生的。2000 年秋天，登纪子刚刚被任命为联合国环境大使没多久，藤本就病倒了。最开始，经检查只在肝脏处发现一些息肉，被诊断为良性肿瘤，但不久之后，疼痛加剧，经医院再次复诊，被确诊为肝癌。

2001 年 7 月，藤本进行了肿瘤切除手术，但因属于肝癌晚期，肝脏被切除了三分之一，被医生告知只能再活一年或者最多一年半。

2002 年 2 月，藤本因无法忍耐的剧痛再次入院，这次经确诊，癌细胞已经扩散到淋巴。藤本自己找到主治医师，主动动手术，但是医生回答说，这样的手术非常危险，而且，即使动手术，也已经毫无意义。

"即使动手术，也已经毫无意义。"——医生的话，如同一块沉重的石头，紧紧压在登纪子的心头上。而藤本则开始边接受化疗，边没日没夜地写稿，并常常不顾医院的纪律，溜号外出考察，与人见面会谈。藤本清晰地知道：上天留给他的时间，真的不多了，而他还有那么多的事要做，还有那么多的梦想没有完成，还有那么多的抱负没有实现。

2002 年的 5 月 6 日，是登纪子和藤本结婚 30 周年的纪念日，和 15 年前的那个盛大的结婚纪念派对一样，这一天的天气也是出奇地好。唯一不同的，是这一天也出奇地安静，家人和朋友们似乎特意将这一天留给夫妻二人，在"鸭川自然王国"的家里，只有登纪子独自陪伴着患病的藤本。

藤本坐在室外的椅子上，在拼命地赶写书稿，而登纪子则一个人在院子里种花。那是一种叫"撒尔维亚"的红色花朵，"撒尔维亚"在中国的俗称是"琴柱草"，而在拉丁语中，代表"康复"之意，而"撒尔维亚"的花语，则是"美好的家庭"和"家族之爱"。

登纪子在院子里一株一株地种下"撒尔维亚"，并不时地抬起头来张望坐在不远处的藤本，看着藤本奋笔疾书的背影，再看着自己亲手种下的这满园的"撒尔维亚"，想起到明年的这一天，这满园的"撒尔维亚"该会开放得如火一般炽热吧。可是，那个总是喜欢耍酷的、性格顽固的男人，明年今日，还能不能再听到他的声音？明年今日，还能不能再见到他的背影？

想到明年的今日此时，藤本也许将永远离开自己，离开这个人世，登纪子的泪水，如泉涌一般。为了不让藤本发现自己在哭，登纪子别过身子，背冲着藤本，双手不停地挥动手中铲土用的小铲子，泪水滴落在泥土里，消失、消融，与刚刚种下的"撒尔维亚"融为一体。

2002 年 7 月 31 日下午三点，藤本彻底告别了他努力想要改变的这个世界，享年 58 岁。藤本的骨灰被安葬在鸭川之中，与藤本最爱的大自然紧紧相偎。临终之前，藤本在病榻上，递给登纪子一张纸条，那是藤本亲手节选的《千与千寻》里的一首歌词：

告别的时候　心情平静

即使从零开始　也依旧侧耳聆听

活着是多么不可思议

死去也是多么不可思议

花朵　微风　和街道　全都相同

开始的清晨　宁静的窗口

因为从零开始　才会渐渐变丰盈

不必去探寻海的彼端

那闪耀的光辉　就在身边

就在我的身体之中

2002 年 12 月，藤本去世之后五个月，登纪子将藤本在病榻上赶写的遗稿整理成书出版，书名为《农的幸福论》。这本书记录了藤本生前对人类社会赖以生存的自然环境被现代文明所破坏的质问与忧虑，以及藤本对"持续循环型田园都市"的展望。2003 年 3 月，藤本去世之后的第七个月，登纪子出版了自己与藤本二人的人生自传《蓝月亮叙事曲》。在书中，登纪子详细地记述了自己与藤本从相识、相恋、结婚、生子，直到藤本因病去世的整整三十多年来的人生故事。在书中，登纪子这样写道：

> "一个人的人生，一个人所存在的意义，是从死亡的瞬间开始的。特别是对于还有那么多梦想没有完成的他而言。他的死，给予我们这些活着的人，留下了太多的'开始'。我必须稳稳地接住他留下的所有的力量，继续他未完成的一切。他的死去，是我的开始。
>
> ……
>
> 在鸭川家门前的院子里，阳光下的'撒尔维亚'开放得十分灿烂。5 月 6 日结婚纪念日种下的那些花朵，热烈地生长着，传递着勃勃生机。天空，拥有和遥远的太古时代相同的藏蓝，而微风的味道，则带着丝丝甘甜。
>
> 是他寻找到了鸭川这个美好的地方，建设和耕耘，并留给了我们。这儿有田野、有山丘，还有和永远一起永恒的时间。
>
> 他的灵魂，永远在这片土地的上空游移，我和女儿们，还有朋友们，想要见到他的时候，只要来到这里，就可以和他一起度过相聚的时光。"

藤本永远地离开了，但是登纪子却感觉藤本就在她的身边，从不曾远去。独自一个人走在鸭川的田野上，登纪子能从田野的微风中，分辨出他的笑声；她仿佛看到他安静的面容，看到一小绺头发，不经意地耷拉在他的额头上，就像她第一次见到他时一模一样。

就像一首歌所唱到的那样：

请不要在我的墓前哭泣吧

我不在那里我并没有在长眠

千之风啊

我已化作了千之风

吹拂在那无垠的天空

秋天里我化作秋光　洒向田野

冬天里我化作如同钻石一般的雪花闪耀

清晨里我化作小鸟将你唤醒

夜晚里我化作星星为你守望

请不要在我的墓前哭泣吧

我不在那里　我并没有逝去

千之风啊

我已化作了千之风

吹拂在那无垠的天空

曾经，登纪子这样对藤本说：

"你是土，我是风。"

今天，在鸭川静谧的夜晚，仰望着窗外蓝色的月光，登纪子在心里再对藤本说：

"如今我是土，而你是风。"

风在土地的上空吟唱，土在风的吟唱中守望。

常相伴、长相守。

永相爱、得自由。

这便是风与土的爱情物语，也是风与土所诠释的爱的方向——自由。

图书在版编目（CIP）数据

日本女事记：6位文化奇女的人生/唐辛子著. —上海：
上海三联书店，2023.8
ISBN 978-7-5426-8086-0

Ⅰ. ①日… Ⅱ. ①唐… Ⅲ. ①女性-名人-生平
事迹-日本-近现代 Ⅳ. ①K833.138.5

中国国家版本馆 CIP 数据核字（2023）第 057696 号

日本女事记：6位文化奇女的人生

著　　者 / 唐辛子

责任编辑 / 陈马东方月
装帧设计 / 七月合作社
监　　制 / 姚　军
责任校对 / 周燕儿

出版发行 / 上海三联书店
　　　　　　（200030）中国上海市漕溪北路 331 号 A 座 6 楼
邮　　箱 / sdxsanlian@sina.com
邮购电话 / 021-22895540
印　　刷 / 上海颛辉印刷厂有限公司

版　　次 / 2023 年 8 月第 1 版
印　　次 / 2023 年 8 月第 1 次印刷
开　　本 / 890 mm × 1240 mm　1/32
字　　数 / 270 千字
印　　张 / 11.625
书　　号 / ISBN 978-7-5426-8086-0/K·715
定　　价 / 78.00 元

敬启读者，如发现本书有印装质量问题，请与印刷厂联系 021-56152633